荒畑靖宏
吉川孝
編著

あらわれを哲学する

存在から政治まで

晃洋書房

はじめに

本書で論じられるテーマはじつにさまざまであるが、その根底にはあるひとつの直観がある。それは、私たちがそのなかで生きている現実、これを哲学者は「世界」と呼ぶことを好むが、この世界はその根本のところで、あらわれるというあり方をしているのではないかという直観である。この直観はまた、次のような直観によっても支えられている。すなわち、私たちの生きる世界と、そこに私たちが見いだすものやことは、その世界に生きる私たちのような主体にとって、いろいろな姿であらわれてくることができるが、しかし場合によっては、そのうちのどれが本当の姿なのかを決めようとすることが意味をなさない場合もある、という直観である。たとえば、この私というものが、宮沢賢治の言うように「仮定された有機交流電燈の［…］風景やみんなといつしよに　せはしくせはしく明滅しながら　いかにもたしかにともりつづける　因果交流電燈の　ひとつの青い照明」（『春と修羅』）でしかないと思われることと、反対に、その存在を有意味に疑うことができない唯一無二のもの、その意味で比類のなき実体そのものでしかありえないと思われることとは、両立しえないにもかかわらず、どちらが本当の私のあり方なのかと問うことが、なにかおかしなことをしているという印象を受ける人もけっしてすくなくないだろう。あるいは、印象派の画家がなんとかしてキャンバスに写しとろうとしていたあのまばゆい陽光と、物理学者の研究対象である電磁波としての太陽光線の、どちらが本当の光なのかと問うことについても同じことが言える。

この直観は、いまこの場でももうすこし明確化することができるかもしれない。というのも、私たちはみな、「あらわれる」のロジックとでも呼ぶべきものをよく知っているからである。それによれば、あらわれるということは、なにかが、なにかに対して、なにかとしてあらわれる、という形式をもつ。

とすれば、世界はその根本において、AがBに対してCとして現象するという形式をもっていることになる。こうしてこの直観は、さらなる哲学的探究へと開かれていく。

さて、この直観にもっとも正直に哲学をした者はだれかと問われれば、十中八九、当時のオーストリア帝国領で現在のチェコ共和国生まれのドイツの哲学者であり現象学（Phänomenologie）の創始者であるエトムント・フッサール（一八五九－一九三八）の名が挙がることだろう。編者も含めて本書の各章の執筆者はみな、広い意味で現象学的な研究から出発した者であるか、もしくは現象学的思考から受けた影響をそれぞれの研究分野で独自に発展させてきた者であるかのいずれかである。ここで、本書の執筆陣のあいだでその現象学的思考のパラダイムを担っているのは、最終章（第16章）の執筆者である斎藤慶典である。というのも私たち執筆者のだれもが、斎藤以上に、右で述べた直観を精緻で明快な哲学的言説に落とし込もうとする努力に自身の哲学的キャリアを捧げてきた哲学者を、つまり斎藤以上に真剣にあらわれを哲学してきた哲学者を知らないからである。その意味で、本書を構成する各章はみな、この斎藤の真摯なあらわれの思考にさまざまなかたちで共鳴する論者たちによる、それぞれの「あらわれを哲学する」試みなのである。

以下、本書を構成する五つの部と、そのそれぞれを構成する各章について、簡単に紹介したい。（本書では各章の執筆者がいずれもなんらかのかたちで「あらわれ」を哲学することになるが、それぞれの考察は、問題設定や関連分野との距離や歴史的背景などの多様な文脈に依存している。そしてこの多様性は当然、各執筆者が「あらわれ」をどのようにとらえるかということの違いに表れ、それは畢竟、「あらわれ」をどう表記するかということの違いに（現れ、表れ、顕れ、あらわれ、……）反映することになる。そのため本書では、「あらわれ」の表記に関してはそれぞれの執筆者に委ねられることになった。したがって本書のタイトルにおける「あらわれ」は、それらすべてを包括するニュートラルな意味で用いられているものとして理解してほしい。）

第1部の主題である「ある」は、もっとも古くから哲学的探究の主題となってきた概念のひとつであると同時に、探究者をもっとも当惑させる概念でもあると言える。そのことは、「ある」をめぐって投げかけられてきた次のような問いを一瞥するだけでも想像できるのではなかろうか。「何が本当にある（存在する）のか？」、「なぜそもそもなにかがある（存在する）のであって、なにもない（無）のではないのか？」、「あるとはどういうことか？」、「あると言われるものはすべて同じ意味であるのか？」——これらの問いは、立てられたとたんに私たちを拒むようにすら見える。私たちはこの問いを前にして、どこから着手すればよいか分からず途方にくれるのである。この第1部にまとめられた三つの章は、いかに遠回しに見えるにせよ、そのような「ある」にすこしでも近づくための、それぞれ異なる観点からのアプローチの試みとして位置づけることができる。

第1章「存在と真理」（荒畑靖宏）は、「ある」と「真だ」は同じものであり、したがって存在についての哲学的探究である存在論と、真理についての哲学的探究である論理学は一つの同じものであるという考えを現代において復権させることを狙った試論である。「復権」と呼んだのは、この考えは西洋哲学の最初期のパルメニデスにおいて鮮烈な輝きをはなったあと、二〇〇〇年以上にわたってほとんど真面目に受けとられてこなかったためである。この考えの復権のために荒畑が新たな角度から読みなおそうとするのが、マルティン・ハイデガーの真理論である。けれども、これは真理論としてはきわめて評判が悪い。だが荒畑は、それはハイデガーの言葉を真理についての哲学的説明として読むからにすぎないことを示そうとする。それの真価はむしろ、二〇〇〇年の時をへだててパルメニデスの思索に連なろうとする試み、つまり存在と真理を同一の現象として研究する哲学的論理学の企てにあるというのだ。

第2章「存在と真理における「多と一」」（秋葉剛史）は、まさに第1部のテーマである「ある」に正面から挑む。世の中にはじつにいろいろなものがある。このとき「いろいろ」あると言われているのは、存在するもののことだけなのだろうか？　それとも、あること、つまり存在そのものもいろいろなのだろうか？　秋葉は、後者の問いに肯定的に答える「存在論的多元主義」の可能性を追求する。そこで必須の課題は、存在は根本的に「多」ではあるが、また別の意味では「一」としても理解できるということを説明することだ。さもなければ、存在の多様性と考えられていたものは、本当は互いに実質的な連関をもたないものたちが偶然一つの同じ言葉で呼ばれていたにすぎないことになってしまうだろう。この課題を果たすために秋葉が訴えるのは、第1章と同じく存在と真理のあいだの密接な繋がりである。つまり、真理論における多元主義は、伝統的なものとは異なる新しいタイプの存在論的多元主義の可能性を示してくれるというのである。

第3章「無と持続——メルロ＝ポンティによるベルクソン批判を巡って」（岡嶋隆佑）は、「ある」の反対である「無」のほうを、しかも時間との関係において考察する。そこで題材となるのがアンリ・ベルクソンの哲学である。ベルクソンは、「なぜ無ではなく、なにかがあるのか」という形而上学の問いにおいて問題となっているような「すべての消去としての無」という概念は矛盾しているとし、そうした絶対的な意味での無は疑似観念にすぎないと主張した。これを、否定的思考の価値を認めない「肯定主義」だと批判したのがモーリス・メルロ＝ポンティである。岡嶋は、このメルロ＝ポンティからの批判を足がかりにして、無に対するベルクソンの姿勢と彼の時間論との深い関係性をあらわにしようとする。メルロ＝ポンティによれば、時間意識には否定の働きが内在しているのに、ベルクソンの肯定主義はそのことを見失わせてしまうとされる。しかしながらじつは、メルロ＝ポンティが時間の本質であるとみなしたもの、すなわち瞬間から瞬間への移行に、ベルクソンは時間の本質を見ていないのであり、これがメルロ＝ポンティの批判の一面性を暴くことになる。岡嶋は、ベルクソンにとっての時間の本質が、時制ではなく時相に、移行ではなく持続に、そして想像力にあることを明らかにする。

第2部の主題である「あらわれる」が、本当の意味で哲学的探究の積極的な主題となったのは、そう昔のことではない。それまでこの概念は、第1部の主題の「ある」と対比されて、真理や実在とは反対のカテゴリーのほうに分類されがちであったと言える。つまり「あらわれ」とは「ただそう見えているだけ」であって、「本当にそうである」のではなく、したがって仮象や見せかけにすぎないと考えられていたのである。もちろん、あらわれこそがすべてであり実在であると考える者たちもいるにはいたが、それは哲学の歴史のなかではあくまで周縁にとどまっていた。この状況を二〇世紀の訪れとともに劇的に変えたのが、あらわれの場としての意識体験を探究する厳格な方法論と堅実な記述実践に支えられた「現象学」を提唱するエトムント・フッサールの出現であった。この第2部にまとめられた四つの章は、さまざまな興味深い「あらわれ」の分析を試みている。

第4章「意識を意識する――「意識」概念への媒介論的アプローチ」（田口茂）は、私たちが「意識」という概念をどのように意識しているのかに注目して、意識へとアプローチする方法を考察する。意識はしばしば「もの」として名指されて実体化されることを拒んでおり、むしろ「対象ではない」「定義できない」などの否定的な仕方で語られることが有効である。田口は、現象学にもかかわりのある京都学派の哲学者・田辺元に依拠しつつ、このような否定的契機に注目して意識を語るような手法を、「媒介論的」と特徴づけている。媒介論的アプローチにおいては、意識は意識として直接に対象として語られるわけではなく、「非意識」との関係を介して語られる。意識を「……の意識」として特徴づける「志向性」も、意識がつねに意識ではない世界を意識するという関係性に注目する発想である。さらには、意識はそれを支える物質的基盤に依拠しており、つまりは身体に媒介されている。意識への媒介論的アプローチは、意識が世界と身体という意識ではないものとつながっていることを抉り出しながら意識がどのようなものであるかを明らかにする。

第5章「体験の一回性について」（村田憲郎）は、体験がしばしば「一度限りのもの」や「一瞬一瞬がかけがえのないもの」と特徴づけられることの意味を検討している。フッサールは、体験が対象に向かう志向的性格をもっており、体験そのものが時間的な流れであることを指摘しているが、村田はこれらの洞察を手がかりに体験が一回性をもつことを明らかにしようとする。意識はその志向的性格において、どのような内容に向かっているのか、さらにはその内容にどのような態度で向かうかによって異なるものとされるだけではなく、過程としての意識は、そのつどの体験の時間位置によって異なるものとされている。こうした体験の過程の一回性は、「別様にはありえない、そのほかの仕方では存在しえない」という意味において、「必然的」とも言えるようなものである。村田は、ニーチェの「永劫回帰」の思想と関連づけることで、体験が「別様にはありえない」ことの意味を示唆している。

第6章「像はどのようにあらわれるのか——フッサールの像意識論を解釈して擁護する」（植村玄輝）は、なにかを実在するものではなく像として見るときに私たちは何を見ているのかという問題を踏まえて、フッサールにおける「像意識」の分析を検討している。写真や絵画などにおいて像があらわれているが、ある時期のフッサールによれば、そこには、「像主題」（肖像画において描かれる実在の人物）、「物的な像」（肖像画のキャンパスの絵の具など）、「像客体」（絵画における人物）というみっつの契機が区別されることになる。しかし、現実的にあらわれるわけではない像客体というのがどのようなものであり、それが物的な像からどのように区別されるのかについては、慎重な検討を必要とする。ここで植村は複数の解釈を検討しながら、像客体がたんに縦横に広がっているだけではなく、ある種の奥行きの次元をもっていることに注目することで、像客体と物的な像とを区別するフッサールの立場を擁護する。

第7章「魔術とは何か——自然主義的アプローチ」（武内大）は、アレイスター・クロウリーをはじめとする実在の魔術師たちを紹介し、彼らが霊的存在者に出会ったとか空中飛行や変身をしたと主張していることの意味を明らかにする。こうした魔術に対してどのような学術的アプローチがなされるのかは大きな課題であるが、武内は、クロウリーの科学的イルミニズムという理念を継承しつつ最新の認知心理学や神経科学の知見を取り入れた自然主義的オカルティズムの立場を参照している。この立場は、さまざまな魔術的現象を心の変容というよりも神経システムの変容として科学的に説明するものであり、魔術における「アストラル体投射(体外離脱体験などにおいて一種の仮想世界にアクセスする)」、「スクライング(水晶玉などにヴィジョンを映し出す)」、「召喚・喚起(神々や天使や悪霊を現実界に呼び出す)」などの技法をトランス状態や夢見状態などの体験と結びつけて現象学的に解釈しており、さらなる実践へのフィードバックの可能性を示唆してもいる。

第3部の主題は「かんがえる」である。私たちはしばしばなにかがあらわれることを思考を通じて受けとめ直している。このようなとき、そのなにかが思考のもたらす秩序のもとに取りまとめられることによって、そのあらわれ方が変化することがある。この意味において「あらわれる」は「かんがえる」と密接なつながりをもっているとも言えるだろう。私たちはさまざまな場面でさまざまな仕方で考えており、哲学することもそうした考えるいとなみの一種である。だが哲学の特異性は、考えるということそれ自体について考えることができるということにある。その意味で哲学とは、すぐれて自己意識的な思考であると言えるだろう。この第3部にまとめられた三つの章は、それぞれ合理的思考、哲学的思考、そして倫理的思考についての自己意識的反省をつうじて、それぞれの思考の可能性と限界をあらわにしようとする。

第8章「デカルトと合理主義の臨界」(秋保亘)は、現代の私たちにとっても依然として通用する、合理的に考えるとはどういうことかということの根本的な枠組みを構築するのに大きな寄与をした一人として、科学革命の一七世紀に生きたルネ・デカルトに注目する。その枠組みとは、きわめて限定的な意味での「合理主義」である。すなわち、自然のなかのさまざまな事物のあいだの関係性を数学的に処理できるものとしてとらえることで諸現象が生じる理由/根拠を合理的に理解しようとする私たちの理性に対してこそ、自然はその本当の秩序を顕わにするという考えである。秋保は、このデカルトの近代合理主義の根幹には、数学的真理とそれを理解し自然に適用する私たちの精神の構造とがともに神によって創造されるという考えがあることをつきとめる。これは一般に「永遠真理創造説」と呼ばれるデカルトの形而上学的教説の一部であるが、秋保は、デカルトのこの創造説と合理主義の関係性をいくつかの側面から考察することで、創造説が示唆する私たちの理性と数学的真理の有限性こそが、自然に対する私たちの「合理的」理解の全包括性と絶対的真理性を可能にするとともに、逆説的にも、この合理主義的枠組みそのものの限界をも画定していることを明らかとする。

第9章「哲学は遅れて——メルロ＝ポンティと構造の問い」（小林徹）は、哲学するという仕方で考えるというのがどういうことなのかを、現象学的方法についてのメルロ＝ポンティの反省と、二〇世紀の哲学・人文諸科学における鍵概念である「構造」についての彼の独自の解釈とに依拠することで明らかにしようとする。そこで哲学的思考にとって本質的なものとして浮かび上がってくるのが、独特の「遅延」である。それは、現象学が立ち返ろうとする「生きられた世界」と、世界についての思考とのあいだの、けっして取り除くことのできない時差のことである。哲学は、そしてとくに現象学は、この遅れを埋めようとするのではなく、むしろこの否定性を積極的に利用することで、一方では、世界や歴史の意味をその生まれつつある姿でとらえようとしながら、他方ではその成果に基づいて、人間諸科学の知見を否認したり基礎づけようとすることなく、そこですでに作動している諸概念をとらえ直そうとする。そしてメルロ＝ポンティのこの哲学観が実演されている好例が、二〇世紀の心理学・社会学・人類学において中心的概念の一つとなった「構造」の概念についての彼の独自の理解なのである。

第10章「認識と倫理——水俣から問われる哲学」（吉川孝）は、英語圏の道徳哲学者アイリス・マードックの倫理学的思考の現代的意義を明らかにする。マードックは、中立的な立場からの価値判断の正当性を吟味している現代倫理学を批判して、私たちそれぞれが偏りをもった「ヴィジョン（見え方）」に根ざしていることを踏まえた思考の可能性を探っており、この点において彼女の考察は、シェーラーやフッサールなどにおける、私たちが自己の「認識」を問い直そうとする現象学的倫理学の営みと共通している。こうした倫理学は、現代の応用倫理学の文脈では無視されてきたが、ミランダ・フリッカーを嚆矢とする認識的不正義の発想に先立つものとして注目すべきである。しかも、日本の水俣病をめぐってはヴィジョンをめぐる問題がはっきりと浮上していたが、それにもかかわらず日本における現代倫理学が欧米の応用倫理学を輸入しながら水俣の問題に向き合おうとしなかった。吉川は、一見すると中立的に営まれているように思われる哲学的思考にも大きな偏りが潜んでいることを示している。

第4部の主題は「よくいきる」である。AがBに対してCとして現象するということがあらわれることの基本形式を形成しているが、ここでのAやCというのは、「もの」や「こと」だけではなく「人」でもあり、つまり「誰か」が「誰か」としてあらわれることがある。誰がどのような人としてあらわれるのか、あらわれた人にどのように応じるのか。このような誰かがあらわれることをめぐる問いは、この誰かがあらわれることを主体がどのように受け止めるのかという問いでもあり、あらわれにかかわる主体の生き方や世界の見え方をめぐる倫理の問いという意味を持っている。この第4部にまとめられた三つの章は、主体が人とかかわりながら生きることに伴わざるをえない諸々の現象——差別、偏見、悪、苦痛、ケア——を、あくまで主体の体験から離れることなく丹念に分析することを目指す。

第11章「現れを迎え入れるという倫理」（小手川正二郎）は、現れることの形式がもっている倫理的意味について、ルネ・デカルト、アイリス・マードック、斎藤慶典を手がかりに考察する。私たちはときに、女性を男性よりも知的業務に適さない者と見なすことがあり、自分でも気づかないままに、男性の場合とは異なった対応をとってしまっている。こうした問題に対処する場合、私たちの偏見を脱ぎ捨てて中立的な立場に移行すればよいと考えられることが多いが、こうした発想は、なにかがあらわれることにおいて身体化された習慣が根強く関与していることを見誤っている。だれがどのようなものとして現れるかを「私」が意のままに変更したり操作したりすることはできないのであり、「私」にできるのは、他者に対して現実がいかに現れているのかについて、他者の証言にしっかりと耳を傾けることにすぎない。小手川は、見知らぬ人や子どもやペットをも含めた他者たちが、世界が全く別様に現れている可能性をほのめかす「師」でありうることを示唆しようとする。

第12章「レヴィナスにおける悪と責任」（**村上暁子**）は、悪とその責任についてのエマニュエル・レヴィナスの思考を明らかにすることで、倫理的思考の新しい展望を開こうとする。そのために村上は、善悪の二項対立図式で善の欠如として悪を考察するのではなく、苦しむ他人たちとそれによって苦しむ自己とのあいだの関係の非対称性という観点から、悪とその責任を考察する。苦痛をこうむる者は、苦痛によって狙い撃ちされているという事実によって苦痛との関係において具体化されているかぎりで、苦痛としての悪を無害化したり意味づけたりすることはできない。その意味で苦痛はつねに無用な苦しみである。ところがレヴィナスによれば、これこそが悪の責任を問題にできる倫理的次元である。なぜなら、自己が他者の苦痛に対して無関心ではいられないという非対称な関係性のうちで「応答責任」への呼びかけが生じるからである。つまり、苦しみとしての悪の問題は、他人がこうむる苦しみによって掻き立てられる自己の苦しみを経由することで、間人間的秩序としての倫理における応答責任の問題へと繫がるのである。これは、悪の因果的責任追及とは別の仕方で悪とその責任について語りうる可能性を示したことになり、それによって、倫理的思考の及ぶ範囲を大幅に拡張する可能性をも示したことになると言える。

第13章「私は「私」から出られるのか」（**中村佑子**）は、筆者自身が幼少期から抱きつづけている「私が「私」に閉じ込められている」ことへの絶望と「私」のありようを含めた世界が別様でもありうるという希望とを、哲学的分析の俎上に載せようとする希有な試みである。そこで重要な役割を果たすのは、筆者自身がヤングケアラーとして、次いで母親として担ってきた「ケア的主体」としての体験である。このありふれていると同時に特異でもある主体性の体験をつうじて、筆者は、自分が閉じ込められていると思っていた「私」が、じつは一様ではなく、ゆらぎ、ゆさぶられ、二重化し、撹乱され、主客を侵犯しあいながら往還しつづける変容体であることを見いだす。そしてそれこそが、筆者が幼少期から追い求めてきた希望のありかであることが示唆されるのである。

最後の第5部の主題は「ともにある」である。哲学においては古代から、私たちが友愛や正義などによって結びついた共同体において生きることが重要な課題であった。さらにデカルトから始まる近代哲学においては、神に代わって比類なき統一原理となった〈わたし〉がいかにして他者とともに――等しきものとして――生きることができるのかという問題も浮上する。こうした共同体においては、誰かの存在が別の誰かの存在と結びついたり、離れたり、対立したりしている。私たちは、それぞれがそれぞれとして存在しながら、別の誰かとともに存在しており、私たちが「ある」ことは「ともにある」ことと不可分になっている。この第5部にまとめられた三つの章はいずれも、そのような「ともにある」という次元を、それぞれ、死別、愛と赦し、自由と政治といった視座から考察する。

第14章「喪失という撹乱――死別を中心に」（中真生）は、ジークムント・フロイト、やトマス・アティグ、ロニー・ジャノフ＝バルマンを手がかりに、死別をはじめとする喪失体験をめぐる問題を検討する。喪失体験とは、自分の大事なものや人が、あるからないへと移行するのを経験することであり、そこでは、自分は相変わらずあるにもかかわらず自分の存在と同じくらい確かなものがなくなっている。こうした経験では、私たちがないものを強く思い、ないものを欲するあまり、あるとないの不均衡が生じることになる。さらに故人は、私たちが世界のうちでふるまうときの前提にもなっており、故人のいるはずの馴染みの世界の経験は現実の世界とずれを生じさせている。中によれば、一度ばらばらになった自分と世界へのかかわり方をふたたび立て直すには、故人との関係が形を変えて保たれながら、自分の新たな世界へのかかわり方の中に組み込まれることが必要である。

第15章「不可視性と共同体の倫理――アウグスティヌス「説教」九九における聖書解釈から」（佐藤真基子）は、「罪深い」とされる女性に触れられたときにイエスが彼女を斥けなかったことをめぐる聖書の記述に注目して、アウグスティヌスの倫理学の意義を明らかにする。アウグスティヌスによれば、ファリサイ派のシモンは、女性の罪深さを認識できないイエスは預言者ではないと判断したが、そこには「罪深い」人とそうでない自分とを区別して、自らを他人より優位に置こうとする者の高慢が見いだされる。こうした自らの弱さに無自覚である高慢な人は、共同体の分断を生むがゆえに問題視される。佐藤は、イエスの愛のもとに形成される共同体においては、赦しと愛とが、つまり善く生きる自由が与えられることと善く生きる自由を求めることが入れ替わることに着目して、与える者の愛と与えられる者の愛が融合する瞬間においてこそ、善く生きるという「倫理的」生が現れることを示そうとする。

第16章「自由と政治――〈ただ共にある〉ことを護る」（斎藤慶典）は、自由と政治の関係について独創的な形而上学的考察を展開する。それによれば、私たちの生きる現実の根底には自由があるが、それは根源自由（「なぜ」ということなしに「ある」が与えられていること）、積極的＝応答的自由（何ごとかを「よし」と欲する私の思いが現に現れているというそのこと）、法の下での消極的＝限定的自由（私の積極的自由と他人たちのそれをその可能性において両立させる法という仕組みの下に包摂することによって存立する自由）へと変貌・発展しつつ、私たちの現実をよりよい方向に導いてくれる可能性を秘めている。そしてこの可能性は、唯一自由を根底に置く体制である民主主義において「純粋な可能性」として護られることで、揺るぎないものとなる。だがそのためには、自己解体と自己維持＝再建の狭間をたえず往還しつづけるなかでかろうじておのれであろうとする運動としてしか、民主主義が可能ではないということを認めねばならないと斎藤は主張する。

最後に、本書の成り立ちについて簡単に述べさせていただきたい。そもそものきっかけは、慶應義塾大学文学部教授の斎藤慶典先生が二〇二二年度（令和四年度）いっぱいで定年退職されるのを記念して、同大学大学院文学研究科で斎藤先生から指導を受け、現在は同僚である荒畑靖宏が、斎藤先生と哲学上の深いかかわりをもった者たちが一堂に会する（おそらくは）最初で最後の場を、なんとか書籍のかたちに残したいと考えたことにあった。そこで荒畑は、斎藤門下ですぐ下の後輩であった吉川孝を共同編者に迎えて、計画を練り始めた。最終的には、ありがたくも晃洋書房の井上芳郎さんが編者たちの想いを寛大に受けとめてくださったことで、本書はこのように陽の目を見ることができた。この場をかりて、あらためて井上さんに感謝申し上げます。こういうわけで、本書に論考を寄せてくれた執筆者の面々（斎藤先生をのぞき、編者二人を含めて総勢一五名）は、みななにかしらのかたちで斎藤先生と哲学をとおして深くかかわってきた者たちである。多くは、慶應義塾大学文学部ならびに大学院文学研究科で正式に斎藤先生を指導教授としていた者だが、それにとどまらず、斎藤先生への授業に出席したことがきっかけで哲学の道に入り込んだ者や、斎藤先生と長らく勉強会・研究会をおこなってきた同志のような方々も含まれる。本書の各章を見くらべてもらえばすぐ分かると思うが、本書の執筆陣は、その研究テーマにおいても、その議論のスタイルにおいても、じつに多様である。にもかかわらず、私たちの誰ひとりとして、斎藤先生の強靱で揺るぎない思考スタイルから強烈な印象を受けなかった者はいないと断言できる。私たちにとって、斎藤慶典はじつに手強い哲学的対話の相手であった。だから彼は私たちにとって、教えを乞うべき師匠というよりは、自分が生き残るためにはぜひとも倒さねばならない相手、あるいはすくなくともその攻撃を耐え忍ばねばならない者として屹立していたのである。すこしおおげさに聞こえるかもしれないが、本書の執筆者はみな多かれ少なかれ、斎藤先生とのこの死闘をくぐり抜けることによって鍛えられてきたのだと言えるだろう。本書をわれらの師であり友であり好敵手である、斎藤慶典先生に捧げる。

編者

目次

第2部 あらわれ

第7章 魔術とは何か
自然主義的アプローチ

武内 大 *Dai Takeuchi*

第3部 かんがえる

第4部 よくいきる 163

第5部 ともにある

第1部

ある

第1章　存在と真理

荒畑 靖宏
Yasuhiro Arahata

はじめに

何かが存在することと何かが本当であること。日常的には、私たちはどちらかということの二つをそれほど厳密に区別せずに暮らしていると言ってよい。桃太郎の伝説が本当のことだということは、桃太郎が存在したというのと同じことだし、長さも質量もゼロであるような弦が存在するということは、超弦理論が本当だ（正しい）というのと同じことである。ところが、一歩哲学の世界に足を踏み入れると、むしろこの二つを分けないことは深刻な誤りに繋がると信じられている。というのも、存在するとかしないとか言われるのは、哲学において一般に「世界」や「実在《リアリティ》」と呼ばれる側に属するものたちであるのに対して、真であるとか偽であると言われるのは、世界や実在について信じられていることや言われていることだからであり、その両者を一緒にすることは、哲学において決定的に重要な主観（性）と客観（性）の区別をうやむやにするという重大な過ちを犯すことだと考えられているからである。ところが、二五〇〇年以上前にギリシアの地で哲学が始まったばかりの頃は、「ある」と「真」はほとんど同じものとして扱われていたことが知られている。もちろん現代人は、いくらポストモダンを気取っても、どうしても未分化なものの中に原始性や未開性を見てしまいがちである。しかし、こと哲学においてはその態度こそ野蛮さの証しである場合がしばしばある。本章は、存在と真理の同一性という考えが、分けてしかるべきものを分けていないために生じた原始的な錯誤ではなく、現代の私たちにはもはや不可能だと思われるある区別に基づく正当な考えであるということ、このことを紀元前五世紀前後のギリシアに生きたパルメニデス（Parmenides, 紀元前五二〇年頃－四五〇年頃）の思索と、時代はぐっと下って二〇世紀のドイツの哲学者ハイデガー（Martin Heidegger, 一八八九－一九七六）の思考に依拠しながら見ていく。

1 「ある」と「真」

「ある」と「真」――存在と真理。この二つの概念は哲学的にはよく似た境遇にある。第一に、両者ともに、いざその概念をきちんと定義しようとすると循環などの論理的問題を引き起こすことから、しばしば定義不可能な原初的概念だとみなされてきた。第二に、これらはいずれもその反意語が厄介なパズルを生みだすことで有名である。「ある」に対立するのはもちろん「ない」――否定、非存在、無――だが、たとえばごく普通の「カフカはドイツ人ではない」という否定文（否定命題）すらも面倒な哲学的問題を引き起こす。それは、たとえばこの文が真であるとした場合、何がこの文を真にするのかと問うときに生じる。この問いへの一つの答えは、それを真にするのはカフカが（現在で言う）チェコ人であるという事実だというものだろう。だがその同じ事実は「カフカはチェコ人である」という文を真にするものでもある。というのも、カフカがドイツ人ではないことを決定的な仕方で確かめるために私たちができることは、カフカがチェコ人であることを確かめること以外ではありえないからである。すると、「カフカは……人ではない」という形式の真なる文はそれこそ無数に作れるのだから、一つの同じ事実が無数の異なる文を一斉に真にするということになる。

このことに困惑をおぼえる人は、一つの事実が無数の関連する文を真にするのではなく、真なる文の数だけ事実が存在するのだと考えたくなるかもしれない。だがこれは言うまでもなく悪手である。これが意味するのは、私たちの生きるこの現実が、カフカはチェコ人であるという事実だけではなく、カフカはドイツ人ではないという事実からもなるということだ。ここで前者のような事実を「肯定的事実」と呼び、後者のような事実を「否定的事実」と呼ぶとすると、この現実世界は一握りの肯定的事実と、それを取り巻く圧倒的多数の否定的事実からなっていると考えねばならなくなる。これは不気味なイメージである。不気味なのは、世界の大部分がネガティヴなものからできているということではなく、世界の大部分を構成するはずのものがどこにどのようにあるのかがまったく分からないからである。カフカがチェコ人であるという事実とは別の、カフカがドイツ人ではないという事実は、どこをどのように探せば見つかるのだろうか？　すると結局私たちの手許に残されるのは、「カフカはドイツ人ではない」という文だけである。だが以上の考察から分かるのは、かりにこの否定命題が何らかの仕方で真になるとしても、それは「カフカはチェコ人である」のような命題が真になるのとはまったく異なるメカニズムによってでなければならないということだ。そしてこれが意味するのは、否定としての「ない」は肯定としての「ある」の純粋な対立物ではありえないということだ。こうして、「ある」の反意語としての「ない」は不可能であることが判明する。

「ない」を存在しない（非存在）という意味で理解した場合も同様である。問題となるのは「x は存在しない」という形式の非存在命題である。命題「ヴァルカンは存在しない」が真であるとしよう。すると「ヴァルカン」と呼ばれている惑星（かつて水星の内側軌道を公転していると考えられた惑星）は存在しないのだから、この命題は存在しないものについて語っていることになる。存在しないものとは無である。しかし、無について語ることなどできるのだろうか？　ましてや、無について語る文がどのようにして真でありうるのか？　よって、「ある」が存在の意味で解されているかぎり、それには反意語が存在しないことになる。

　もちろん、以上のようなパラドクスから――それを解くのではなく――逃れるすべがないわけではない。実際、二五〇〇年以上におよぶ西洋哲学の歴史には、この困難に立ち向かった天才たちの奮闘の跡がいくつも見られる。けれども注目すべきなのは、紀元前五世紀初頭のギリシア世界において「ある」についてはじめて主題的に思索したとされる――いわば存在論（オントロジー）の創始者であると言ってもよい――パルメニデスが、「ある」と「ない」をめぐるこのパラドクスを正面から受け止め、「ない」については知ることも考えることもできないという主張から議論を始めているという事実である。彼は『自然について』と呼ばれる哲学詩集の冒頭（断片2）で、馬車を駆って真理探究の道を邁進してきた若者に対して、このさき進むべき道について女神が次のように説く場面を描いている。

すなわち探究の道はただこれら（二つ）だけが思い浮かびうる。／一方の道は、有るとし、無いということはありえぬ、とする道である。／これは「説得」（し納得させる女神）の道である。なぜなら彼女は「真理」（女神）に供し従うからである。／他方の道は、無い、として、断じて無いとすべきである、という道である。／だが実際、きみに指摘しておくが、この道は、まったくもって尋ね聞くべきすべもないけものみちなのである。／なぜならきみは、無いものを識るわけにはゆかないし（なにゆえならばそれは出来ないことだからである）、指摘するわけにもゆかないからである。（井上忠『パルメニデス』、Ⅱ 真理の道(1)、訳一部修正、以下『パルメニデス』と略記）

ようするに、実際はこの若き探究者にとって選択の余地などないということだ。彼の目の前にあるのはただ主語なしの「ある（エスティン）」ということだけであり（「エスティン」は英語のbe動詞にあたる動詞「エイナイ」の直説法現在三人称単数形である）、これが真理探究者にとっての唯一の所与なのである。

ところでパルメニデスはこの箇所で、「ある」の道は真理の道でもあると示唆している。しかもここでは、いま私たちが問題にしている「ある」と「真」の第二の共通点のことが言われているのだと考えることすらできる。というのも、ここで話を「真」に戻すなら、その反意語とされる「偽」もまた、否定や非存在としての「ない」と同様のパラドクスを生みだすと思われるからだ。たとえば私が、カフカはドイツ人であるという偽な判断をするとしよう。この判断が偽であるのは、カフカはドイツ人ではないからである。つまり、カフカはドイツ人であるという事実などないからである。すると私は、偽な判断ができるためには、あらぬもの、つまり無を考えることができるのでなければならないことになる。しかしそれはパルメニデスの言うように不可能である。かくして、真であるものと対立するものとしての偽であるもの（偽な判断・信念・思考……）は不可能であることが判明する。こうして「真」もまた、「ある」と同じく反意語をもたないことが分かる。若者の前にあるのは、真理へといたる道と虚偽へといたる道の分岐点ではなく、真理の道ただ一つだけなのである。

以上より、対等な反対者をもたないという意味で比類なきものであるという点で、存在と真理は一致することが明らかとなる。そしてこれは、ある重大な事実を示唆していると思われる。それは、存在についての哲学的探究である存在論と、真理についての哲学的探究である論理学が、じつは一つの同じものであるということだ。この同一視を根本に置く論理学研究の企図を、「哲学的論理学」もしくは「形而上学的論理学」と呼ぶことにしよう。

2 「ある」の真実的用法

ところがじつは、存在の比類のなさについてのパルメニデスの思索は、したがって哲学的論理学の構想も、西洋哲学の歴史の中でけっして主流にはならなかった。たとえばプラトン（Platon, 紀元前四二七－三四七年）などもすでに対話篇『ソフィスト』において、「あらぬ」が「存在しない」という意味ではなく「それとは違う」という意味で用いられることを指摘してパルメニデスの議論に欠陥があることを示唆している。根本の部分ではこれと同種の区別に基づくと思われるが、ミル（John Stuart Mill, 一八〇六－一八七三）による批判のほうが現代の私たちにとっては分かりやすいかもしれない（ミル『論理学体系』第一巻第四章第一節を参照）。彼によれば、存在についてのパルメニデスの思弁は、「ある」が、「地球がある」のように存在を意味するのに使われる場合と「地球は太陽系第三惑星である」のように述定を意味するのに使われる場合とで、核心部分では同じことを意味しているという考えに依拠している。しかしながら、存在の「ある」が何を意味するにせよ、述定の「ある」がそれと比較できるような何かを意味していることはありえない。というのもその言葉は、一つの文のなかで主語と述語を繋げるという構文論的な役割を果たしているにすぎず、それ単独では何も意味しないからである。ようするに、存在の「ある」は述語によって補完される必要のない完結した絶対的用法なのに対して、述定の「ある」は述語による補完を必要とする非絶対的な用法であるのに、パルメニデスはこれを一緒くたにしてしまっているのだ。こうしてミルは、「この小さな場所から生じた靄が早い時期に形而上学の全表面を覆ってしまった」（同所）と述べ、パルメニデスからはじまる存在論／形而上学がただのまぼろしであるかのように断ずる。

したがって当然、パルメニデスが示唆している存在論と論理学の同一視は、ミルのような近代人にとっては、古代人の犯した幼稚な間違いにしか見えないことだろう。彼にとってむしろ論理学は、この世界にどのようなものが存在するのか（しないのか）とか存在する（しない）とはそもそもどういうことなのかといった問題にかかずらうことなく、判断や思考をその形式の面から研究する科学である。この傾向は現代においてはさらに先鋭化され、論理学とは「何から何が論理的に出てくるのか」の研究、つまり論理的帰結についての形式的な研究であるという理解が一般的になっている。ここにいたってもはや論理学は真理の観念すら必要としないように見える。

これに対して西洋古典学者のカーン（Charles H. Kahn, 一九二八-）は、じつはミルのほうこそ、「完結的／非完結的」という構文論的区別と「存在的／述定的」という意味論的区別を混同することによって、パルメニデスの断片2の「エスティン」の意味を理解しそこねていると批判する（カーン「ギリシア語動詞の「ある」と存在の概念」を参照）。ミルは、「ある」（"to be"、「エイナイ」）の完結的（絶対的）用法はつねに「存在」を意味し、反対に非完結的用法の場合には、主語と述語を繋げるという形式的なはたらきをしているだけでとくに何も意味しないと思い込んでいる。ところがカーンによれば古典ギリシア語には、主語しかとらない完結的用法の「エイナイ」が「真（本当）である」とか「事実である」を意味するという事例が見られるのである。これを「ある」の真実的意味とか真実的用法と呼ぶことにしよう。カーンは、パルメニデスの断片2の「エスティン」こそこの真実的用法の好例だとみなす。その根拠は、先述したとおり、この断片が存在の道を真理にしたがう道と同一視しているということである。

ところで、「エイナイ」の真実的用法を、考えようによってはパルメニデス以上に馬鹿正直に受けとめたと考えることのできる哲学者が、じつは現代にもいる。それがハイデガーである。二〇世紀ヨーロッパ哲学の記念碑的作品と言ってよい『存在と時間』（一九二七年）は、「ある」一般の意味を探究する普遍存在論のための土台構築の作業として、人間のあり方を時間性という観点から分析する「基礎存在論」を展開した書である。そしてまさにこの存在論の書の中で、ハイデガーは、近代以降の哲学をつうじて歪曲され誤解されていった古代ギリシアの真理概念――「アレーテイア」――を現代に甦らせようとするのである。

3　ハイデガー真理論の眼目？

とはいえハイデガーの真理論は、彼に好意的な読者のあいだでもけっして評判がいいとは言えない。積極的な批判としては、それが真理概念の適切な分析であることを否認する声もあれば、「アレーテイア」概念の適切な取り戻しであることを疑う声もある。けれども哲学界全体で見ると、そもそも真理について何か吟味に値することを述べた理論として受け入れられていないように見える。だがそれは、ハイデガーが真理について述べていることが意味不明だからではない。彼の言っていることはある意味ではきわめて明瞭である。彼は、真理とは隠されていないことである、と言っているのだ（彼は「アレーテイア」を語源から解釈してそう訳す）。むしろ彼の真理論の問題点は、それが「真理の○○説」と呼ばれる理論とそもそもどういう関係にあるかが不明確だという意味で、その眼目が分からないということにある。そうした理論として有名なのは、真理とは判断（信念、思考、命題、……）と事実（現実、実在、世界、……）との対応にあるとする対応説や、ある命題の真理性は特定の命題集合との整合性にあるとする整合説などであろう。ところで『存在と時間』の真理論の中心である第四四節の冒頭では、当節の成果の一つとして、「適合」とか「一致」という伝統的真理概念が派生的である（根源的ではない）ことが明らかになると予告されている。すると予想されるのは、一致という真理概念の派生性が示されるなら、この概念に依拠する真理の対応説の誤りも示されるというものだろう。ところが、二つの理由からそれは事実ではない。

第一の理由はこうだ。『存在と時間』第四四節のハイデガーは、たとえば判断や言明がその対象と一致することという意味での真理の現象が可能になるための前提条件を探究する。これを彼は真理現象の

「実存論的‐存在論的基礎」と呼ぶ。ここで「実存（Existenz）」というのは、私たちのような存在者――これを彼は「人間」や「人格」といった伝統的な表現を避けて「現存在《ダーザイン》」と呼ぶ――に特有のあり方のことを指す。よって私がいま座っているこの椅子や私が眺めている壁のこの絵は実存しない。すると彼は、真理現象の基礎を最初から人間の存在のうちに求めることに決めて分析を始めたことになる。その分析の成果の一つが、「最も根源的な意味での真理とは現存在の開示性である」（『存在と時間』第四四節）というテーゼである。この「開示性」とは、現存在に本質的にそなわっている「みずからの存在とともに、またみずからの存在をとおして、この存在が、自分自身に対して開示されている」（同書第四節）という事態を意味する。ひらたく言うなら、自分がある世界の内に存在していること、またどのように存在しているかということを、忘れようのない仕方で分かっているということである。さて問題は、根源的な真理現象とは現存在の開示性であるというテーゼがかりに正しかったとしても、それと比べて派生的な真理概念に依拠する対応説が、たとえば言明の真理の説明として間違いであることになるわけではないという点にある。示されるのはせいぜい、「真理の「在処」は言明（判断）である」（同書第四四節）という伝統的な見方が間違っていたということくらいだろう。またそもそも、言明真理の実存論的基礎を探究するという彼のやり方に共感しない者にとっては、これはハイデガーが真理概念を不当に拡張するためのシナリオにすぎないと思われるかもしれない。

　ハイデガーの真理論が伝統的な「真理の○○説」と何の関係もない第二の理由はこうだ。そもそも第四四節において「伝統的真理概念の派生性」ということで示されているのは、知性という主観的な実在《リアリティ》（モノ）と事物という客観的な実在《リアリティ》（モノ）のあいだの実在的《リアル》な関係としての一致という特定の観念がどのように生じてくるのかという概念発生論である。もうすこし詳しく言うと、現存在には、自分の生きる世界の中に没入して、何を理解するにも、没入先の世界の中でさしあたりたいていの場合に出会う対象をモデルにしてしまうという傾向がある。これをハイデガーは現存在の世界への「頽落」と呼ぶが、この頽落によって影響を受けるのが、自分のような存在者が、あるいはこの椅子のような存在者が、あるいはこの絵画のような存在者が、それぞれどのような存在の仕方をしているのかということの理解である。頽落した現存在は、自分が没入する世界のある固定されたアスペクトをモデルにして、自分の出会う存在者をひとしなみにモノとして理解してしまう。デカルト（René Descartes, 一五九六－一六五〇）が思考するモノ（精神）と延長するモノ（物体）の二元論をとなえたのはその典型である（その意味では、デカルトの二元論は存在論的には一元論である）。かくして頽落する現存在は、みずからの存在とともに経験しているはずの根源的真理現象（開示性）から離れて、知性というモノと事物というモノがどうやって一致（合致、対応、……）というモノ同士の関係に立てるのかという問いを真理の哲学的問題であるかのように考えるようになった。——これがハイデガーの描く「伝統的真理概念の派生性」の顚末だが、これによって示されるのはせいぜい、まったく別種のモノ同士である知性と事物が一致するという特定の考えが派生的だということだけであって、そもそも一致という概念一般が真理の観念と無関係であるということではない。むしろ、現実が私たちの考える（信じる、判断する、言う、……）とおりであるとき、あるいは現実があるとおりに私たちが考える（信じる、判断する、言う、……）とき、私たちはごく自然に、私たちの思考（信念、判断、言明、……）は真であると言うが、一致や合致という観念が言っているのはこれ以上のことではないのかもしれない。そしてハイデガーは、この観念自体に瑕疵があることをまったく示せていないのである。

4 論理学（真）と存在論（有）の同一性

こういったわけで、多くの研究者は、そもそもハイデガー真理論の理論的価値を計りかねているというのが実情である。けれども『存在と時間』の真理論の眼目は、それが存在論の書の中に登場しているという事実から切り離しては見えてこない。なぜなら、第四四節の眼目は、論理学を判断論や認識論から切り離して、古代ギリシアにおいてそうであったように、存在論（形而上学）とふたたび結び合わせることにあるからである。現に第四四節は次の文章から始まっている。「哲学は古来より真理と存在を一緒に並べてきた。パルメニデスが存在するものの存在を最初に発見したとき、存在は存在を看取して理解することと「同一視」された。いわく、なぜなら思う《ノエイン》こととある《エイナイ》ことは同じだからである」（同所）。最後の一文は、パルメニデスの『自然について』の断片3「なぜなら自己同一《おな》じものが思われうるし、また有りとされうるのだから」（『パルメニデス』III 真理の道(3)）の引用である。このパルメニデスの直観が正しいなら、つまり、「[…] もし真理が存在と根源的に連関しているというのが正しいのなら、真理の現象は基礎存在論の問題圏域の中に入ってくる」（『存在と時間』第四四節）ことになる。真理はもとより論理学の主題である。だが、当時のハイデガーの周囲において論理学と言えば、ロッツェ（Hermann Lotze, 一八一七－一八八一）から始まる「妥当」現象の哲学的研究としての判断論や、新カント派的な意味での論理学、つまり自然科学や精神科学の規則論や方法論としての論理学、そして推論計算の研究としての新興の記号論理学などであった。ハイデガーには、これらはいずれも真理の根源的現象を見失っており、その結果として、パルメニデスの直観、つまり存在論（形而上学）と論理学の同一性を見失っていると思えたのである。

ハイデガーは、一九二五／二六年冬学期の『論理学』講義（『ハイデガー全集第二一巻　論理学』、以下『論理学』と略記）を、古代ギリシア哲学が自然学と倫理学、そして論理学の三部門に分かれていたことの意味を吟味することから始めている。そこで明らかとなるのは、自然学（エピステーメー・ピュシケー）が客観的対象の総体としての世界についての普遍的な学であり、倫理学（エピステーメー・エーティケー）が他者や自分自身に対してふるまう特異な存在者としての人間一般についての学であるのと並んで、論理学がロゴスについての学（エピステーメー・ロギケー）として哲学の第三の部門をなすと考えるべきではないということだ。むしろ「ロゴスとは、[…]そこにおいて人間(エートス)と世界(ピュシス)という[…]二つの普遍的領域のあいだの存在連関が顕わになるところのものである」(『論理学』第一節)。なぜなら、「語ることは、[…]人間が自らの存在に導きを与える根拠となるふるまいであり、またそのうちで世界が論じられるところのふるまいである」(同所)からである。つまりここでロゴスは、人間が自分自身の存在に対してなんらかの態度をとることを可能にするものであると同時に、世界を構成する多種多様な存在者たちに対して態度をとることを可能にするものにほかならないと考えられている。これはすなわち、『存在と時間』の言葉を使うなら、ロゴスこそが「開示性」の在処だということである。開示性とは、現存在に対して自分自身の存在とその存在が営まれている場としての世界(これをまとめてハイデガーは「世界内存在」と呼ぶ)が開かれてあることであり、これこそが、ある世界の中で現存在がさまざまな存在者に遭遇することが可能であるための存在論的-実存論的条件だからである。

5 『存在と時間』第四四節の真相——哲学的論理学の可能性

以上のような背景のもとで見るならば、ハイデガーの「真理論」にまつわる不可解な点のいくつかは解消すると思われる。

第一に、存在論の書である『存在と時間』で、かなりの紙幅を割いて「真理」が論じられていることの意味も明らかになる。なぜなら、開示性の在処としてのロゴスについての認識が正しく「論理学」と呼ばれるためには、論理学の主題である「真理」が「存在」と同一のものである——「最も根源的な意味での真理とは現存在の開示性である」——ことが示されねばならないからである。つまり第四四節は、論理学が存在論にほかならないということを示すための節なのである。

第二に、伝統的真理定義の一角である「真理の「在処」は言明(判断)である」を否認することの眼目も明らかとなる。ハイデガーの結論は、言明においてはじめて真理が可能になるのではなく、逆に言明のほうが現存在の開示性のうちに根拠をもっているというものだ。たしかに、現存在に対してそれ自身の世界内存在をはじめて開示できるような真なる言明など存在しない。たとえば「私はある」という文を私が主張的に発話することによってはじめて、私に対して私の実存が開示されるわけではない。世界の存在についても同様である。かといって、「私はある」はたとえば「私はルネ・デカルトである」という文の暗黙の論理的前件だというわけでもない。むしろ私の存在や世界の存在が与えられている(es gibt)ことは、そもそも何らかの存在者について真ないし偽な言明が可能であるための存在論的な条件なのである。これはつまり、命題論、判断論、そして認識論からの、論理学の離別の宣言であり、真の論理学は、正しい描写や誤った描写をしうる言明(判断、命題)ではなく、ロゴスの存在開示力を第一の研究対象とすべしという古代の哲学的論理学(エピステーメー・ロギケー)の復古宣言である。

これによって、第三に、第四四節の小節cの一見したところ不可解な問題設定も理解可能となる。というのもハイデガーは、当節の研究は最後に、「真理が与えられている(es gibt Wahrheit)」と言われるときの存在論的な意味と、真理が与えられているのを「われわれは前提せざるをえない」と言われるときの必然性の様相の意味を明らかにすると言うからである。ここで言われている「真理」を、現存在と世界の開示性と読み替えるなら、これはまさに形而上学的論理学の根本テーゼとして読むことができるだろう。

第四に、第四四節の目標の一つは、「真理の根源的な在処を判断であるとしたのも、真理を「一致」だとする定義を最初に提示したのも、論理学の父であるアリストテレスだ」(同所)という通説を否定することだとされるが、なぜこの俗説を潰すことがそれほど重要だったのかも理解できる。アリストテレス(Aristoteles, 紀元前三八四-三二二年)が『形而上学』で提示した真偽の定義は、対応説のもっとも早い定式化として挙げられることが多いが、それを文字どおりに訳すと、「あるもの(ト・オン)についてあらぬ（メー・エイナイ）と言う（レゲイン）か、あるいはあらぬもの（ト・メー・オン）についてあると言うことは偽であり、あるものについてあると言うか、あるいはあらぬものについてあらぬと言うことは真である」（同書第四巻第七章）となっていて、いずれの場合も「ある」に当たる言葉は、パルメニデスの断片1と同様、述語をとらない完結的（絶対的）用法である。もしこの「ある」が存在的な意味ではなく真実的意味で使われているのだとしたら（この文は真理と虚偽の定義なのだから、これは十分ありうることだ）、アリストテレスの定義は、まさしく形而上学的論理学ならではの真理（虚偽）定義であることになろう。

だから、現代の読者が『形而上学』を読みすすめた先で、「しかし、非複合的なものについては、あるとかあらぬと言われるのは何か、すなわち、何が真で何が偽であるのか？」（同書第九巻第十章）という問いに逢着して当惑するならば、その人は「ある」を存在的な意味でしか理解していないのである。複合性は、アリストテレスの言葉で言えば「結合」と「分離」は、言明（ロゴス・アポファンティコス）の構造そのものなので（アリストテレス『命題論』第一章を参照）、言明の真偽の可能性の条件ではあるだろう。しかし、もっぱら言明を主題とする『命題論』とは違って、『形而上学』がロゴスの真偽を問題とするときは、ロゴス一般のもつ存在開示（アレーテウエイン）の可能性が探究されていると考えるべきだ。アリストテレスの答えは、非複合的なものの場合に真であるとは、触れることと言及すること、逆に偽であるとは無知であること、その意味で触れていないということだというものだ（『形而上学』第九巻第十章）。ここで重要なのは次の二点である。第一に、命題や言明ではない非複合的なものに関するロゴスの真理性は、「言う」ことと並んで「触れる」ことにあるとされているが、この両者が同じ箇所で「ノエイン」の一語で言い換えられていることからしても、単なる感覚や知覚（直に見ている、聞いている、感じている……）のことが言われているのではなく、ハイデガーに言わせれば、言うことと触れることに典型的に見られるような「看取（Vernehmen）——理性における看取」（『論理学』第一三節（b））の働きこそがアレーテウエインの働きなのである。よって、第二に、この場合の真理に対立するのは、間違いという意味での偽ではなく、知らないということ、「アグノエイン」を文字どおりに訳すなら、看取していないことだということである。だからこそ、ハイデガーによれば、第一に、「アリストテレスは、［真理の在処は判断だとする］テーゼを主張したことなど一度もなかったのだから、ロゴスの真理概念を純粋なノエインに「拡張」する羽目になったことも一度もなかった」（『存在と時間』第四節）のだし、第二に、「アイステーシス［知覚すること］と観念を見ることの「真理性」は、根源的な発見することである。そしてノエーシスが第一に発見するからこそ、ディアノエイン［弁別的思考］としてのロゴスも発見機能をもつことができる」（同所）のである。

またこれによって、最後に、トゥーゲントハット（Ernst Tugendhat, 一九三〇―）が急先鋒となって批判するハイデガー真理論の欠陥も釈明可能になると思われる。トゥーゲントハットは、アリストテレスのこの「拡張」にハイデガーが不当に便乗して、「あるとおりに言う／言ったとおりにある」という言明真理の規範的次元を捨象し、「ある」の開示性そのものを真理と呼ぶことにより、真理概念の眼目を破壊してしまったと批判する（トゥーゲントハット『フッサールとハイデガーの真理概念』を参照）。しかし、完結的用法の「ある」の真実的意味を見失うことによって古代の形而上学的論理学の可能性を見失ったミルと同様に、トゥーゲントハットも、ハイデガーがこだわったロゴスの真理の存在論的意味を見失うことによって、自然学と倫理学を統合する――したがってピュシス（自然）とノモス（規範）の対立を解消する――哲学的論理学の可能性を見失ってしまったと言えるのかもしれない。

■ 文献

アリストテレス『形而上学』、出隆【訳】、岩波書店、上巻・一九五九年、下巻・一九六一年。
カーン、C・H「ギリシア語動詞の「ある」と存在の概念」(Charles H. Kahn, “The Greek Verb ‘To Be’ and the Concept

of Being" in his *Essays on Being*, Oxford U.P., 2009, pp. 16–40)。

トゥーゲントハット、エルンスト『フッサールとハイデガーの真理概念』(Ernst Tugendhat, *Der Wahrheitsbegriff bei Husserl und Heidegger*, de Gruyter, 1970)。

ハイデガー、マルティン『存在と時間』(Martin Heidegger, *Sein und Zeit*, Max Niemeyer, 1927)。

———『ハイデガー全集第二一巻　論理学』(Martin Heidegger, *Gesamtausgabe*, Bd. 21, *Logik, Die Frage nach der Wahrheit*, Vittorio Klostermann, 1976)。

ミル、J・S『論理学体系　論証と帰納　第一巻』、大関将一【訳】、春秋社、一九四九年。

第2章 存在と真理における「多と一」

秋葉 剛史
Takeshi Akiba

はじめに――存在に関する一元論と多元論

私たちは日頃から、様々なものの「存在」についてごく自然に語っている。たとえば、私の目の前には一本のペンがあり、この宇宙には数千億を超える数の銀河が存在する。日本には裁判員制度が存在し、5と20の間には四つの素数がある。道徳的に許されない行為というものが存在し、この原稿の締め切りまでにはまだ時間がある。などなど。このように私たちは、文字どおりありとあらゆる種類のものの存在について日常的に語っており、しかも特に違和感や疑問をもつことなくそうしている。

しかし、存在すると言われるもののこの圧倒的な多様性をあらためて目にすると、ある疑問がわいてこないだろうか。たしかに私たちは、どんなものに対しても「ある」や「存在」といった言葉を当てはめる。だがこれらの言葉が表していること、つまり、存在それ自体の意味は、すべての場合で同じだろうか。たとえば、ペンが「ある」と言われるときには、何らかの種類の因果作用や知覚経験の可能性が意味されているのに対し、素数のようなものが「ある」と言われるときにはこうしたことはまったく意味されていない。つまりこれら二つの場合で、「ある」に込められた内容はまるで違っているようにみえる。一般に、「ある」や「存在」によって表されること、つまり、存在することそのものの内実は、それぞれの場合で異なっているのではないだろうか。

この疑問に対しては、まず、いま示唆された《存在自体の多様性》なるものは単なる見かけにすぎない、という比較的素っ気ない応答があるだろう。この応答によれば、存在するものの種類はたしかに多様だが、それがどれほど多様であっても、存在することそのものが多様であるということにはならない。「ある」や「存在」それ自体の意味は、どんな種類のものに適用されたときにも同じであり、存在はその意味で厳密に一様（一義的）である。存在に関する「一元論（一元主義）」と呼ばれるこの見方は、たしかにうなずける点も多く、現代の存在論では標準的な立場になっている（cf. クワイン「なにがあるのかについて」（一九四八年）。哲学史上の議論としてスコトゥス『存在の一義性』（十三〜十四世紀ころ成立）も参照）。一元論者によると、存在が一様であるのは、それと密接な結びつきをもつ同一性や量化の概念がそうであるのと同様だ。すなわち、「同一である」や「三つ」などの表現が、物体に適用されたときと素数に適用されたときで意味を変化させるわけでないのと同様に、「ある」や「存在」の意味も、異なる種類のものに適用されることで違ったものになるわけではない。

だが一方、右で示唆された《存在自体の多様性》という考えを素直に受け入れるという道も、十分考慮に値するものであるように思われる。本章で考察したいのは、存在に関する「多元論（多元主義）」、ないし「存在論的多元主義」と呼ばれるこちらの見方だ。この見方によると、存在に関する多様性は、単に存在する「ものの種類」のうちにだけでなく、それらが存在する「仕方」自体のうちにもある。ここで「存在する仕方」というのは、あるものにとって「存在するとはどういうことか」の内実を定め、それが成立することで当のものが存在に至るところの基準ないし条件のことだ。たとえばペンのような物体にとっては、《一定の因果的な力をもつこと》がこうした条件になるかもしれないし、素数のような数学的対象にとっては、《適切な種類の命題が証明可能であること》がそうした条件になるかもしれない。そしてまた、社会制度、意識、道徳的善悪、等々のものにとっては、さらに別の諸条件がその役割を果たすかもしれない。存在論的多元主義によると、様々なものはそれぞれ異なるこうした条件を自身の「存在の仕方」としてもち、これらの様々な「存在の仕方」は何か一つに還元されることはない。この意味で存在は、その根底において「多」なのである。（多元主義に関する現代の議論としては、たとえばハイデガー『存在と時間』（一九二七年）、ライル『心の概念』（一九四九年）、マクダニエル『存在の細分化』（二〇一七年）を参照。）

これはなかなか自然で悪くない考えのようにみえる。だがこの多元主義は、一元主義と比べればあくまでチャレンジャーであり、それと張り合えるだけの説得力をもつためには果たさねばならない課題が色々ある。その中でも本章で焦点を当てたいのは、存在がもつ「一」としての側面に説明を与えるという課題だ。いまみたように多元主義は、ものが存在する仕方は様々だと主張する。しかしそれらの様々な「仕方」は、互いに何の実質的な関連もない、ただの雑多な要素の寄せ集めとして放っておかれるべきものでもない。それらが他でもなく存在の仕方と呼ばれ、同じ「ある」といった言葉で表されるという事実がある以上、最低でも、それらが統一的に扱われることの理由は明らかにされる必要がある。つまり多元主義は、存在は根本的に「多」だという見方から出発しつつも、それがある派生的な意味では「一」としても理解できるということを何らかの仕方で説明できなくてはならない。（この観点から対比すれば、一元主義は「一」としての存在から出発し、その「多」としての側面を派生的なものとして理解しようとする立場だと言える。）

本章では、主にいま述べた課題を念頭におきながら存在論的多元主義の可能性を検討していく。そしてその際、重要な比較項として、同じく「多と一」という問題に取り組んできた真理論の議論を参照することにしたい。以下でみるように、真理と存在の間には興味ぶかい並行関係があり、特に真理論の中で提案されてきた多元主義の立場は、ここでの主題である存在論的多元主義の可能性を探るうえで貴重な手がかりを与えてくれる。とはいえ、両者の並行性については一定の留保が要ることも、本章の最後で明らかになるだろう。

1　多元主義のいくつかのモデル

まずは少し広い観点から、存在論的多元主義の基本的発想がどのような形で展開されうるかを眺めておこう。本節ではそのため、西洋哲学の中にみられる二つの代表的な多元主義のモデルを簡単に紹介する。そしてその後で、それらのモデルでは表現するのが難しいと思われるタイプの多元主義もあることを確認する。

多元主義のモデルとして一つ目にふれたいのは、アリストテレス（Aristoteles, 紀元前三八四－三二二年）の著作（特に『カテゴリー論』）に由来するとされるものだ。（以下の紹介は解釈としてやや厳密でないところもあるが、彼の中心的アイディア（少なくとも『カテゴリー論』のそれ）は損ねていないはずである。）アリストテレスによると、「ある」と語られる様々なものは、それが属するカテゴリー（存在者の最も基本的な類）に応じて異なる存在の仕方をもつ。たとえば、ソクラテスのような個別的実体が存在する仕方は、《人間》という種が存在する仕方とは異なり、これらのものが存在する仕方はまた、《蒼白さ》という性質や《主人－奴隷》という関係、《2022年10月1日》という時点などが存在する仕方とも異なる。これらの存在の仕方は、いずれも他に還元されない独自のものであり、存在はその意味で「多」である。

ただしアリストテレスは、これらの様々な「存在の仕方」がどのように統一されるかについての説明と解釈できることも述べている。彼によると、様々な「ある」ものの中でも、最も本来的で第一の意味でそう言われるのは、ソクラテスやこの馬のような個別的実体である（『カテゴリー論』2a10–2b）。そして他のすべてのものは、この基礎的な存在者をそれぞれ何らかの意味で規定するものであることによって「存在するもの」の身分を獲得する。たとえば、《人間》という種は個別的実体（個々の人間）の本質的な説明規定であることで、《蒼白さ》は実体のうちにありそれを特徴づけることで、《2022年10月1日》は実体が位置しうる何かであることで、それぞれ実体と関係する。つまり実体以外のものの存在の仕方は、実体が規定される際の異なる「様式」として捉えることができるのであり、それゆえそれらは、実体を「焦点」とする構造のうちで——その焦点である実体の存在の仕方と共に——統一されていると考えることができる（同著者の『形而上学』第四巻第二章、1003a33–b20も参照）。以下ではこの見方を、多元主義の「焦点構造モデル」と呼ぶことにしよう。（この見方は存在の「類比」説などとも呼ばれるが、本章ではいま挙げた名称を用いる。）

多元主義のモデルとして二つ目にふれたいのは、「程度モデル」と呼びうるものだ。このモデルは、ものが多かれ少なかれ満たしうるような何らかの基準に着目し、様々な存在の仕方の違いを、その基準をどのくらい完全に満たすかに関する違いとして捉える。そのような基準の候補には色々なものがあるが、たとえば、《明晰判明に思考されうること》というのはその一つかもしれない。これに従えば、様々なものは多かれ少なかれ完全にこの基準を満たし、その度合いに応じて互いに異なる存在の仕方をもつことになる。あるいはこの他にも、《一であること》、《変化を免れていること》、《他のものに依存せず自足的であること》といった基準に訴えた程度モデルも考えることができるだろう。

存在の「多」の側面をこのように理解する場合、その「一」の側面を説明することは容易になる。もし様々な存在の仕方の違いが、ある基準Sを満たす程度の違いに他ならないとすれば、それらの仕方はすべてSという共通の要素によって統一されることになるからだ。これはたとえば、多少なりとも山歩きの好きな人々が、その好きの程度は様々であっても、みな山歩きの好きな人としてまとめられるのと類比的である。（なおこの程度モデルは、一見すると一元主義の一種にみえるかもしれないが、必ずしもそう捉える必要はない。なぜならこのモデルの支持者は、基礎的なのはあくまで何か特定の程度を伴った存在――程度d_1でSを満たすこと、程度d_2でSを満たすこと、等々――であり、すべてのものに共通に適用可能な一般的な存在（一としての存在）は、それらの具体的な存在の仕方からその程度を捨象することで得られる派生物だと考えることができるからだ。）

さて以上、多元主義の伝統的な二つのモデルをみてきたが、すでに示唆したように、これらのモデルではうまく表現できないと思われるタイプの多元主義もある。右の二つのモデルは、様々な「存在の仕方」の統一性をそれぞれある単純なやり方で説明していた。すなわち焦点構造モデルでは、様々な「存在の仕方」は、実体という一種類の存在者を中心にまとめられ、また程度モデルでは、ある一つの基準を通じてまとめられていた。だがこうした統一性の説明は、「存在の仕方」をこれらとは違う仕方で理解する多元主義、なかでも、導入部で（自然なものとして）ふれたタイプの多元主義には利用できないと思われる。というのも、もしそこで言われたように、物体の存在を基礎づけるのは《一定の因果的な力をもつこと》であり、数学的対象の存在を基礎づけるのは《ある命題が証明可能なこと》だとすれば、これらの条件は、何か一種類の存在者が規定される異なる様式としても、何か一つの基準が満たされる異なる程度としても理解できないと思われるからだ。

では、このようなタイプの多元主義が存在の「一」の側面を説明するにはどうすればよいだろうか。ここで重要な手がかりを与えてくれるのが、導入部で言及した真理論における「多と一」をめぐる議論である。そこで次節ではいったん存在論を離れ、そちらに目を向けることにしたい。

2　真理の多元主義

具体的な話に入る前に、ここで真理論を経由する意図についてもう少し説明しておこう。しばしば述べられるように、存在と真理の概念の間にはきわめて密接な関連がある。すなわち、存在と真理はどちらも、およそどんな領域のものに関しても語られうる一般性(領域中立性、超範疇性)をもち、またその間には内的とも言える必然的関係がある。たとえば、何かが存在する場合、その何かが存在するということは一つの真理であるし、何らかの(肯定)命題が真である場合、それによって語られる何かが存在する(前掲『カテゴリー論』14b10、フッサール『論理学研究 1』、二五二頁)。そしてこうした一般的な関連を背景に、近年ではより明示的に、真理論の中で展開されてきた「多と一」をめぐる考察を、存在論でのそれに援用する試みも出てきている(代表的なものとしてエドワーズ『真理の形而上学』(二〇一八年))。以下で行うのも、そうした流れに属する一つの議論だ。

真理論の様々なトピックの中でも、ここで注目したいのは「真理の本質」をめぐる古くからの議論である。様々な真なる命題に共通し、それらを真たらしめる本質的特徴とは何だろうか。この問いに対しては伝統的に、一元論の諸説から答えが提案されてきた。代表的なのは、「命題が真になるのは世界の事実と対応することによってだ」という対応説や、「命題が真になるのは斉合的な信念体系の一部であることによってだ」という斉合説などである。だがこれらの説はどれも、一部の命題領域に関してはもっともらしいが他の領域に関してはそうでない、という批判を受けてきた。たとえば、対応説は、物理的世界に関する真理の説明には適しているようにみえるが、数学的真理や道徳的真理に関してはもっともらしさを欠き、逆にこれらの真理をうまく説明するようにみえる他の説(たとえば斉合説)は、物理的世界に関する真理の説明には適していないようにみえる。つまり伝統的な真理論は、どれも単独では真理の全範囲を覆うのが難しいとされてきたのである。

しかしこの問題は、伝統的真理論の一元論的な前提を拒否すれば避けられるだろう。実際それを行うのが、「真理の多元主義」と呼ばれる立場である(レン『真理』、第七章)。この立場によると、命題を真たらしめる性質(真理の本質)はすべての命題領域を通じて同じなのではなく、むしろ異なる領域では異なる性質がその役割を果たす。たとえば、物理的世界に関する命題の領域では《世界の事実と対応する》という性質が、道徳命題の領域では《斉合的信念体系に含まれる》という性質が、それぞれ真理の本質として機能するかもしれない。（つまり伝統的真理論の諸説はそれぞれ部分的には正しかったかもしれない。）多元主義によると、各領域の命題は、こうした性質のいずれか（自身の領域に適したもの）をもつことで真になることができる。そしてこれらの「真になる仕方」は、どれも他に還元されない独自のものであり、そのようなものとして互いに対等な身分をもつ。

ただし、このような仕方で真理を「多」として理解する場合、存在論的多元主義のときと同様、真理の「一」としての側面をどう説明できるかが問題になる。この点に関して真理の多元主義者は、命題領域ごとに異なりうる真理根拠性質とは別に、領域中立的で単一な真理概念というものをもち出す。ここでいう真理概念とは、どの領域の命題についてであれ、「真」という語を適切に使用できるためにひとが把握していなければならない事柄を内容として含むものとされる。そしてその内容は具体的には、真理と内的なつながりをもつ他の諸概念との相互関係を述べる一群の自明な（おそらくアプリオリな）原則、たとえば、「命題ｐが真であるならばｐの否定は真でない」や、「ｐという信念が正当化されていてもｐが真であるとは限らない」といった諸原則によって定まるとされる。実際、真理の「コア原則」とも呼ばれるこれらの原則は、真理の概念を所有する者なら否定すべきでない（逆に否定するなら真理概念の所有が疑われる）ような原則と言ってよいだろう。一般的な真理概念の内容は、こうした「コア原則」の全体によって表されると考えられるわけである。

そして真理の多元主義者によると、このように理解された真理概念に訴えれば、各領域での真理の本質とされた諸性質がなぜ実際に「真になる仕方」と呼ばれてよいのかも説明できるようになる。ポイントは、《事実と対応する》や《斉合的信念体系に含まれる》といった性質それ自体について一般に成り立つような諸々の事柄に注目することだ。そうするとわかるのは、そうした事柄の中には、各性質に固有な事柄とともに、右でみた真理の「コア原則」に対応したものが共通部分として含まれているということである。たとえば、《事実に対応する》という性質に関しては、「命題pが事実に対応するならばpの否定は事実に対応しない」や、「pという信念が正当化されていてもpが事実に対応するとは限らない」といったこと――前述の原則の「真である」を「事実に対応する」に置き換えたもの――が成り立つだろう（ただしこの性質について成り立つ事柄の中には、「pが事実に対応するか否かは私たちがpに関連するどんな心的特徴をもつかとは独立である」といった、コア原則に対応物のないものも含まれるだろう）。そして同様のことは、《斉合的信念体系に含まれる》という性質に関しても言える。つまり《事実に対応する》と《斉合的信念体系に含まれる》という性質はどちらも、それをもつことによって各命題が真理のコア原則を満たす（真理概念の適用範囲に入る）ようになる性質だと言うことができ、それゆえそれらは「真になる仕方」を構成する性質としてカウントできるわけである。

3　単一の存在概念にもとづく多元主義

さて真理に関する以上のような多元主義は、それ自体として興味ぶかい立場だと思われるが、同時にこの立場は、第1節の終わりで言及したタイプの存在論的多元主義を定式化するための手がかりを与えてくれる。本節ではこのことを確認しよう。

まず確認すると、いま問題となっている存在論的多元主義は、様々な「存在の仕方」を、何か一種類の存在者が規定される様々な様式でも、何か単一の基準が満たされる様々な程度でもないような「多」として捉える立場だった。より積極的な仕方で言えば、この多元主義によると、たとえばある種類の物体の存在は、その種に特徴的な《諸々の因果的な力をもつこと》によって成立し、数学的対象の存在は《それを指示する肯定命題が適切な公理系で証明可能なこと》によって成立する。そしてさらに、道徳的事実、意識、社会制度、芸術作品などのものも、それぞれ異なる条件の成立によって存在に至る。

ではあらためて、このような仕方で存在の「多」の側面を捉える場合、その「一」としての側面はどう説明できるのか。ここで一種の範型として役立つのが、前節でみた真理の多元主義である。この立場に倣って考える場合、一つ目の段階として、存在の概念を一群の「コア原則」によって規定される単一の概念として特徴づけることが必要になる。ここでコア原則というのは、真理の場合と同様、「存在」と内的なつながりをもつと考えられる一群の概念（同一性、量化、例化など）の間の相互関係を述べるものであり、たとえばその中には、「xが存在するならば何らかのyはxと同一である」、「xが存在するならばxは何らかの性質をもつ（例化する）」といった原則が含まれることになるだろう。これらの自明な諸原則は全体として、領域中立的な存在概念の内容を規定するわけである。

そして二つ目の段階は、一般的な存在概念のこうした理解にもとづき、右で挙げられたような諸条件がなぜみな「存在する仕方」と正当に呼ばれうるかを説明することである。ここでもポイントは、これらの条件の成立が一般に含意する諸々の事柄に注目することだ。そうすると再び、各条件に結びつくそうした事柄の共通部分として、存在のコア原則に対応するものが見出せることがわかるだろう。たとえば、あるaの存在の成立根拠が、《一定の因果的な力をもつこと》である場合でも《一定の命題が証明可能であること》である場合でも、そのaについては当然、「何らかのyと同一である」や「何らかの性質をもつ」といったことが成り立つだろう。つまりこれらの条件はどちらも、その成立が存在のコア原則を満たす（存在概念の適用範囲に入る）新たな実在のユニットを世界に登場させるような条件だと考えることができ、それゆえそれらは「存在する仕方」の一種としてカウントできるわけである。（ただし真理の場合と同様、それぞれの存在構成条件は、こうした共通部分以外にも固有の特徴をもつと考えられる。たとえば、《一定の因果的な力をもつこと》で存在するものについては、「特定の時空位置をもつ」や「ある時点で存在しなくなる」といった、おそらく存在のコア原則には含まれない事柄も成り立つだろう。）

こうして様々な「存在の仕方」は、一つの存在概念（一群のコア原則）にもとづき統一性を得ることになる。つまり存在論的多元主義には、存在の「一」の側面を説明するための焦点構造モデルとも程度モデルとも違ったやり方がありうるわけだ。

4　二つの多元主義の相違点

それでは、いま素描されたタイプの存在論的多元主義は、他の立場と比べてどのような強みや弱みをもつだろうか。この点に関する本格的な検討は他の機会に譲らざるを得ないが、ここでは最後に、将来のそうした検討作業において考慮に入れるべき一つの論点を考察してみたい。その論点とは、前の二節でほぼ完全な対応関係にあるものとして描かれた真理と存在の多元主義の間にも、やはり重要な相違点があるのではないかというものだ。その相違点は、以下でみるように、前節でみたタイプの存在論的多元主義を、いくつかの点で真理の多元主義より複雑な立場として展開することを要求するかもしれない。

より具体的に言うと、問題の相違点は、二つの多元主義がそれぞれ語っていた「仕方」相互の関係に関わる。前述のように、一方で真理の多元主義は、様々な「真になる仕方」を互いに対等な身分をもったものとして理解していた。そしてこの理解は、以下でみる一つの明確な意味で、たしかに正しいと言える。しかし他方、前節でみた存在論的多元主義が語るところの様々な「存在する仕方」は、これと同様の意味で互いに対等だとは言えないように思われる。むしろそれらの間には、あるものが他のものに依存するという関係を自然に想定できるのである。

まずは「真になる仕方」に関して、このことを確認しよう。例示のため、「拷問は悪い」という道徳命題が真であり、また、この命題が真であることの説明としては――話を単純にするため――ある種の反応依存説が正しいと仮定しよう。すなわちここでの仮定は、「拷問は悪い」が真であることは《大多数の人々が拷問に反感を抱く》という事態により根拠づけられる、というものだ。さて明らかに、いま挙げた事態はそれ自身、何か別の事態によって根拠づけられ、その別の事態についても同様、といったことはありうる。だがそれにもかかわらず――ここが重要な点だ――そうした根拠づけ系列に現れる事態のすべてが、「拷問は悪い」が真になる仕方の決定に関わるわけではない。この点は、意見の相違があるケースを考えるとわかりやすいだろう。実際、「拷問が悪い」が真であることの直接的な根拠は右に挙げた《大多数の人々が拷問に反感を抱く》という事態だという点には完全に同意しながら、この事態――人々の心理傾向に関する事態――が何に根拠づけられるかに関しては意見の異なる論者がいるというケースは容易に想像できる。たとえばある論者は、この事態は最終的に物理的素粒子の非常に複雑な配置によって成立すると考え、別の論者は、デカルト的な心的実体がある非物理的性質をもつという事態がそれを根拠づけると考えるかもしれない。だが明らかに、こうした二人の論者の対立は、もはや「『拷問は悪い』が真になる仕方は何か」に関する対立とは言えない。彼らは、この命題の真理が、《拷問は悪いという精神独立的な道徳的事態》や《斉合的信念体系が対応する信念を含むという事態》などとの関係によって成り立つのではなく、まさに《人々がある特定の心理傾向をもつという事態》との関係によって成り立つという点には同意しており、ある命題の「真になる仕方」が何かという問いにおいて焦点になっているのも、まさにこのような段階の選択肢だからである。

一般に、ある命題pの「真になる仕方」の決定において本質的なのは、もっぱらpの真理を根拠づける事態系列のうちの（比較的）最初の段階だと言えるだろう。より正確に言うと、本質的なのは、当の命題pが世界の他の部分とどのような種類の関係を取り結ぶことで真になるかを特定する段階である。（実際、対応説や斉合説といった諸説が争うのもこの段階だ。）根拠づけ系列のそれ以降の部分は、多くの場合、その最初の段階でpが関係づけられた相手方（精神独立的事実や信念体系など）自体がどう解釈されるかに関わるものであり、これは少なくともpが真になる仕方の決定には関連をもたないと言える。

そして以上が正しいとすると、様々な「真になる仕方」は互いに対等だという真理の多元主義の主張が正しいと言える一つの明確な意味があることになる。というのも、この立場が「真になる仕方」として挙げる諸特徴――《事実と対応する》や《斉合的信念体系に含まれる》など――は、いまみたように、与えられた命題の「真になる仕方」が何であるかをそれぞれ独力で確定できるようなものだからだ。つまりこれらの特徴は、他のものに依存せずおのれ自身の力で、「与えられた命題が真になる仕方を定める」という仕事を完了させることができ、その意味で互いに対等な立場にあると言うことができる。

一方、これと同じことは、前節でみた存在論的多元主義が語る「存在の仕方」については成り立たないと思われる。すなわち、もしある存在者aの存在の仕方が、第一次的にはある条件Cによって特徴づけられるとしても、そのことは、当のaが存在する仕方の決定において、Cとは別の条件C'が貢献する可能性を必ずしも排除しない。むしろ一部のケースでは、aの存在の仕方は、そうした後続するC'の特定をまってはじめて決定される（つまり最初のCは独力ではaの「存在する仕方」を決定できない）と考えられる。

ここでも再び、意見の相違があるケースを考えるとわかりやすいだろう。いま二人の論者が、ある種類の物体の存在は《その種に特徴的な諸々の因果的な力をもつこと》によって成立する、という点には同意しているとしよう。この場合も、「ある因果的な力をもつ」ということ自体がどう分析されるべきかについて、二人の意見が異なるということは十分考えられる。たとえば一方の論者は、私たちの心から独立なものとしての実在世界がもつ何らかの特徴（エネルギーなどの物理量の移転や出来事の頻度分布など）に訴えてそれを分析するかもしれないし、もう一方の論者は、私たちの心――経験的なものであれ超越論的なものであれ――に関連した何らかの事実（その基本的認知構造や説明実践のあり方など）を反映した投影物としてそれを分析するかもしれない。そしてここで重要なのは、根拠系列の一つ目以降の段階に関わるこうした意見の相違は、真理の場合とは対照的に、まさに問題の「物体が存在する仕方」が何であるかに関する意見の相違であり続けることだ。というのも、あるXの「存在の仕方」とは、世界のうちでそれが成り立つことにより当のXが存在に至るような条件のことだったが、右の二人の論者は、まさに「物体」にとってのそうした条件が何であるかについて根本的に意見を異にしているからである。

同様のことは、数学的対象などについても言える。すなわち、たとえ数学的対象の存在が《適切な公理系での証明可能性》により成立するということが同意されていたとしても、そこでもち出される「公理系」というもの（や証明可能性）をどう解釈するか――たとえば、公理系を構成する命題というものを抽象的対象として認めるのか、それとも（唯名論的に）文トークンの集合にもとづき分析するのか――に応じて、「数学的対象の存在」がいかに成り立つかという点に関して大きな見方の違いがあることになるだろう。

よって少なくとも一部の場合、あるaの「存在の仕方」として第一段階で挙げられる条件Cは、その存在の仕方を最終的に決定するものではないと言える。そうしたCは、いわば埋めるべき詳細をオープンのまま残した分析の骨格ないし図式にすぎず、「aの存在の仕方」の最終的な内容は、Cをさらに根拠づける別の条件C'の特定をまってはじめて確定されるわけである。そして多くの場合、この新たな（より基礎的な）条件C'は、最初のaとは別の存在者（右の例では、物体に対する因果的力、数学的対象に対する公理系）を含んだものであるから、「aの存在の仕方」が何であるかは結局、「a以外のものの存在の仕方」が何であるかに依存しているということになる。つまり、様々な「存在の仕方」の間には、ある種の入れ子構造的（ないし階層的）な依存関係が自然に想定できるわけだ。これは、先ほどみた「真になる仕方」同士の対等な横並び関係とは異なる点である。

ただし以上の考察が正しいとしても、そのことによって、前節でみたタイプの存在論的多元主義が一つの独自の立場として維持できなくなるわけではない。最後にこの点を確認しておこう。「存在の仕方」の間の依存関係を認めた場合、生じるかもしれないのは、問題の多元主義が前述の一元論ないし焦点構造モデルに吸収されてしまうのではないかという懸念だろう。しかしこの懸念は当たらない。第一に、この懸念が当たるためには、すべての存在の仕方がある単一の存在の仕方に一方向的に依存する——存在の仕方の依存関係構造が単一の根をもったツリー構造になる——必要があるが、そのようになる必然性はない。「存在の仕方」の依存関係は、単に複数の終点をもった順序構造になるかもしれないし、それらの間の依存関係の一部は双方向的にさえなるかもしれないからだ（たとえば因果的力と物体の存在の仕方はそうなるかもしれない）。第二に、もし仮に、すべての存在の仕方がある単一の存在の仕方C^*に依存する——それらの依存関係構造がC^*を単一の根とするツリー構造になる——ことが判明したとしても、そのことは、当のC^*が唯一の存在の仕方であること、つまり一元論が正しいことを含意しない。なぜなら、C^*の成立によってある何かが存在することと、そうして存在に至った何かがさらに一定の条件を満たすことは一般に別のことだからである。またこの（ツリー構造の）仮定の下で、焦点構造モデルとの差異が失われるわけでもない。なぜなら前節でみたタイプの多元主義は、存在の「一」の側面に対して存在のコア原則にもとづく説明を与える点で、焦点構造モデルと区別されうるからである。このようなわけで、「存在の仕方」の間の依存関係を承認する場合も、問題の多元主義がそのアイデンティティを失うことはない。

本章では、「ものが存在する仕方は多様だ」という存在論的多元主義の見解に注目し、この発想がどのように展開されうるかを考察してきた。そして特に、真理論における多元主義を参考にすることで、伝統的に提示されてきたものとは異なるタイプの存在論的多元主義が定式化可能になるであろうと論じた。このタイプの多元主義が最終的にどのくらい有力な立場になりうるかは現時点では定かでないが、少なくともこの立場に関する考察は、「あること」をめぐる思考に一つの新たな観点を加えるものにはなるだろう。

■ 文献

アリストテレス『カテゴリー論』(『アリストテレス全集1』、中畑正志他【訳】、岩波書店、二〇一三年、に所収)。

――『形而上学』、出隆【訳】、岩波書店、上巻・一九五九年。

エドワーズ、ダグラス『真理の形而上学』、二〇一八年(Douglas Edwards, The Metaphysics of Truth, Oxford University Press, 2018.)。

クワイン、ウィラード・V・O「なにがあるのかについて」(『論理的観点から』、飯田隆【訳】、勁草書房、一九九二年、に所収)。

スコトゥス、ドゥンス『存在の一義性』、八木雄二【訳注】、知泉書館、二〇一九年。

ハイデガー、マルティン『存在と時間』(Martin Heidegger, Sein und Zeit, Niemeyer, 1927.)。

フッサール、エトムント『論理学研究 1』、立松弘孝【訳】、みすず書房、一九六八年。

マクダニエル、クリス『存在の細分化』、二〇一七年(Kris McDaniel, The Fragmentation of Being, Oxford University Press, 2017.)。

ライル、ギルバート『心の概念』、坂本百大他【訳】、勁草書房、一九八七年。

レン、チェイス『真理』、野上志学【訳】、岩波書店、二〇一九年。

第3章

無と持続

メルロ＝ポンティによるベルクソン批判を巡って

岡嶋 隆佑
Ryusuke Okajima

はじめに

「なぜ何も無いのではなく、何かがあるのか」――さまざまな観点から論じられてきたこの問いには、大別して、二つの異なる反応を見出すことができる。ひとつはこの問いに一定の意味を認め、「なぜ」に対する理由を与えることを試みるものであり、もう一つは、この問いを無意味なものと見做し、応答そのものを拒否しようとするものである。神と充足理由律に訴えたライプニッツ（Gottfried Wilhelm Leibniz, 一六四六－一七一六）が前者の典型であるのに対し、以下で扱うベルクソン（Henri Bergson, 一八五九－一九四一）は――ウィトゲンシュタイン（Ludwig Wittgenstein, 一八八九－一九五一）と並んで――後者の立場の代表であると言えるだろう（この点についてのより詳細な検討は、エリー・デューリング＋ダヴィッド・ラプアン「還元、遮断、回避：問いを無効化する技術」（二〇一三年）を参照）。これから見る通り、その第三の主著『創造的進化』（一九〇七年）によれば、「無」（néant）とは「擬似観念」（pseudo-idée）であり、これを用いて提起された問いも、立て方の悪い問いとして棄却されねばならないからである。

ベルクソンのこうした主張については、後の世代の現象学者らを中心として、多くの哲学者によって批判的な検討が行われてきた。細部は異なるものの、それらの間には一定の共通見解が存在する。それは、『創造的進化』における無の観念の理解は、ある種の「肯定主義」(positivisme)を前提としており、そのために無の観念にかかわる「否定」(négation)の本質を捉えきれていない、というものである。本稿は、メルロ＝ポンティに代表されるこうした批判を念頭に置きつつ、テクストの厳密な解釈を行うことを通じて、時間についてのベルクソン哲学の根本的な発想を明確化することを目的とするものである。

以下ではまず、『創造的進化』における無の観念の理解(第1節)およびそれに対するメルロ＝ポンティによる批判(第2節)を概観し、その批判が依拠している『知覚の現象学』(一九四五年)の時間意識論に一定の解釈を与える(第3節)。その上で、無(第4節)と持続(第5節)の観点について、ベルクソン哲学の立場から、一定の応答の提示を試みたい。

1　擬似観念としての無

ではまず、『創造的進化』における無の観念の批判の内容を、続く議論に必要な範囲で確認しておこう。そこで問題になるのは、「すべての消去」(abolition de tout)としての「絶対的な無」の観念である。ベルクソンによれば、この意味での無の観念は、(a)「イメージ」か(b)「概念」であるが、それぞれの内実を検討すると、(a)想像＝イメージできず、(b)矛盾を含むことが判明するため、いずれにせよ「擬似観念」――内実を欠いた「単なる言葉」――であるという。

(a)絶対的な無は想像できないとはどういうことだろうか。ベルクソンは、意識に与えられているさまざまなものを順次消去していくことによって、「すべての消去」という事態が想像可能であるかどうかを検討する。最初に消去されるのは、身体の外の世界からやってくる感覚——外的知覚——である。これは比較的容易なことだろう。目を閉じ、耳を塞ぐことで、何も見えず、聞こえない、そのような状態に達するだけで良いからである。しかしそれだけでは当然、絶対的な無には至らない。というのも、まだそこには身体の現在の感覚とかつての感覚が残した記憶とが残っているのだから。そこでさらに、直近までの記憶を忘れるように努力してみる。すると残されるのは身体感覚であるが、これもどうにかして徐々に消失させるよう努めてみる。この最終段階で生じる事態について、ベルクソンは次のように述べている。

それらの感覚はまさに消えようとする。そしてそれらは消える。すべての事物がすでに消え去った暗闇へと消え去ってしまう。いや、そうではないのだ。私の意識が消え去るその瞬間、もう一つの別の意識に火がともる。別の言い方をするなら、その意識にはすでに火がともっていた、つまり、最初の意識の消失を目撃するために、それは一瞬前に生じていたということである。というのも、最初の意識が消失することができるのは、もう一つの別の意識に対してだけなのだから。(『創造的進化』第四章)

絶対的な無のイメージを求めて、意識に与えられているものを順次削除していくことに成功したとしても、そうした与件の消失自体が想像されてしまう。だから、すべての消去としての無は想像不可能だ、というわけである。

だが、無は想像し得ないにしても「理解」することはできるのではないか。言い換えれば、無は想像不可能であるにせよ、その概念を有することはできるのではないか。こうした想定反論に対し、ベルクソンは、無の概念規定——すべて「全体」の消去——に含まれる「消去」という操作のメカニズムを検討することで応じている。

私がテーブルの上に先ほどまであったパンがないことに気づき、その場にいた人たちに向かって「パンがない」と言ったとしよう。このときまず注意すべきは、パンという対象が（誰かに食べられてしまうなどして）元あった場所になかったとしても、そこに何もないわけではないという点である。というのも、そこには別のもの――コップや雑誌などの物体、あるいは少なくとも一定の空間――が、最初にあったパンの代わりに存在しているからである。だから、何かがないと私たちが口にするとき、そこで実際に生じているのは、ある対象とそれとは別の対象の「交代」（substitution）でしかない――ベルクソンによれば、これこそが、前述の「消去」の操作の正体なのである。

とすれば、この操作が及ぶ範囲は、あくまで個々の対象であって、すべての対象ではないことになる。それゆえ、すべての消去としての無という概念は、四角い円と同様、そのうちに矛盾を含んだ概念なのである。

2　肯定主義としてのベルクソン哲学

こうした一連の考察について、メルロ＝ポンティは、「自然」について論じたコレージュ・ド・フランス講義において、（一定の妥当性を認めつつも）「否定的思考の価値」を認めない「肯定主義」であると批判する。

どういうことか、順を追って確認しよう。前述の議論に続く箇所で、『創造的進化』は（無の観念との関連で）肯定判断と否定判断の相違について論じている。それによれば、判断における肯定の働きは対象に直接関わるものであるのに対し、否定の働きはそうではないという。というのも、（例えば）「この机は白くない」という判断において問題になっているのは、当初想定されていた判断を、それとは別の判断（「この机は黒い」など）と置き換えるべきだという「警告」であって、そこで働いている否定の働きは、（机という）対象でなく（「この机は白いと思っていた」などといった）判断に関わるものだからである。こうした考えを採るとき、否定は肯定に対し二次的なものであることになる。というのも、肯定は否定なしにそれだけで成立しうるのに対し、否定の方はというと、何らかの判断、つまり肯定の働きがなければ成立しないものだからである。

このような議論を展開した上で、ベルクソンは、否定の働きを欠いた、肯定だけの状態が実現されたような精神に与えられるであろう状態を、次のように描写している。

そのような精神であれば、事実が事実へと、状態が状態へと、事物が事物へと継起するのを見るだろう。その精神がつねに気づくもの、それは、存在する事物、現れる状態、生み出される事実である。そのような精神は、現実的なもののうちに生きるだろうし、判断をすることができたとしても、現在の存在以外のものは決して肯定しないだろう。（『創造的進化』第四章）

メルロ＝ポンティが肯定主義と呼び批判するのは、こうした精神を「〈存在〉についての私たちのあらゆる思考のモデル」とするような立場のことである。では、そうした立場は、なぜ否定の働きの価値を認めていないことになるのだろうか。『自然』講義では、いくつもの論点が提示されているが、そこでの議論は非常に簡潔なものにとどまっているため、本稿では「時間」の論点に限って、『知覚の現象学』の関連する議論を併せて検討していくことにしたい（同書から『自然』講義までの間にメルロ＝ポンティ自身の思想も変化しているのだが、以下で扱うベルクソンの主張の理解は、本質的な点において一貫したものであると私は考えている）。

3　時間意識：メルロ＝ポンティによる批判

まずは『自然』講義から、前述の『創造的進化』のテクストを検討している箇所を引用する。

> こうした立場によって、ベルクソンがどうして過去、現在、そして未来についての彼の存在論を構成できるのかが問題となる。過去についての思考は、その否定なしには存在しない。〔そうであるのに〕ベルクソンの分析が示しているのは、思考は、それが空虚であるときも、充実しているときと同様に自己自身だということなのである。（『自然』第四章B）

過去の経験は、それがどれだけ直近のものであったとしても、現在――「今」――から隔たったもの――「たった今」、「もう少し過去の」――として現れてくる。だから、認識する主体としての私と、認識される対象としての私は一致していない、つまり、主体は対象ではない。この意味において、時間意識には本来、否定の働きが内在しているのだが、ベルクソン的な肯定主義を採ってしまえばそれが見失われてしまう、というのである。

こうした主張の背景にあるのは、メルロ＝ポンティ自身の時間理解だろう。というのも、『知覚の現象学』は「時間性」と題された章ですでに、同種の批判を展開していたからである。

> ベルクソンは、時間の統一性を時間の連続性によって説明した点で誤っていた。というのも、それは結局のところ、過去、現在、未来を――私たちは感知不能な移行によってその一方から他方へと移るのだということを口実として――混同し、結果として、時間を否定することなのだから。（『知覚の現象学』第三部第二章）

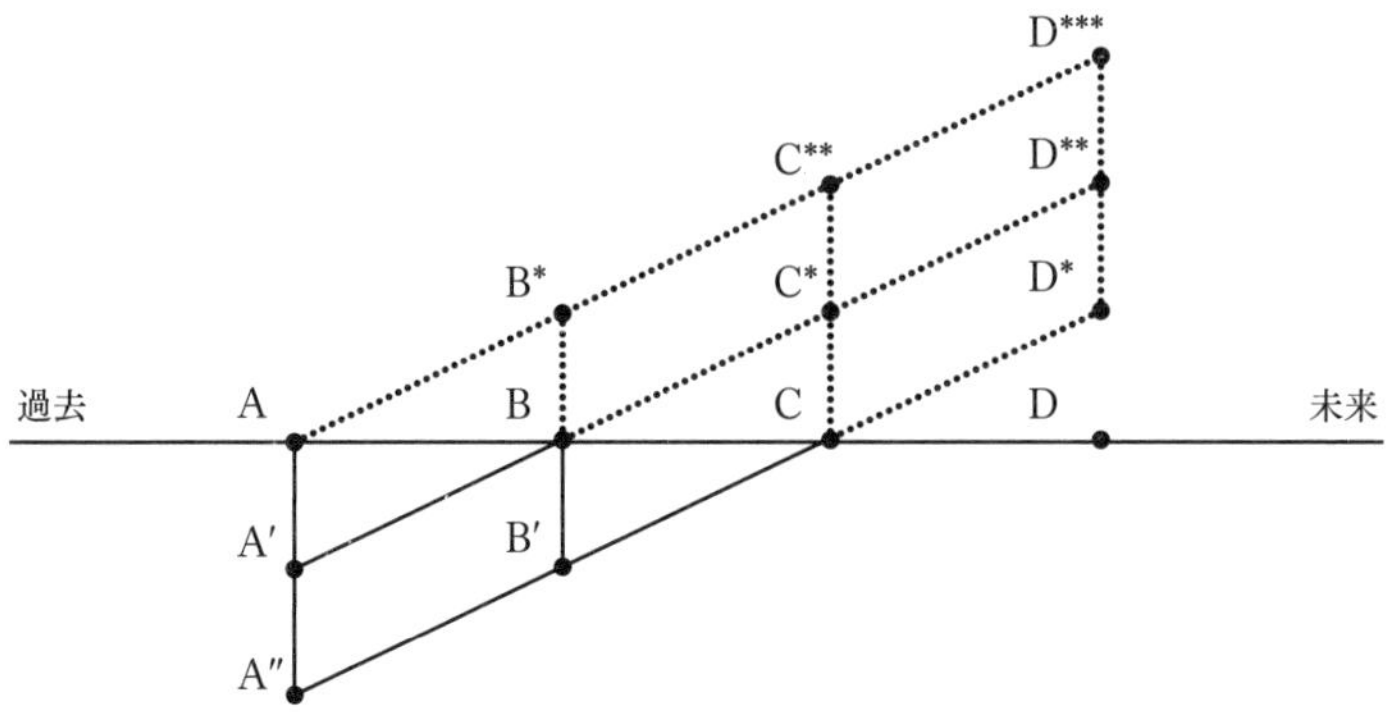

図1

同じ章で、メルロ＝ポンティは、フッサールの『内的時間意識の現象学』（一九二八年）の図を改変しつつ、時間についての自らの理解を提示している（図1は議論をより明確にするため、同章の図にさらに筆者が修正を加えたものである）。図中、水平方向の直線は「今」(maintenant) の系列を、斜線は、特定の「今」から見られた諸々の「今」の「把持」(rétention) と「予持」(protention) を、垂直線は、ある同一の「今」の継起的な把持および予持を表している。ここで把持は、かつての「今」を（想起するのではなく）「直接的過去」として現在の意識のうちに保持する働きを、これと対を成す予持は、これからやってくる「今」を直接的な未来として現在の意識のうちに保持する働きを、それぞれ意味する。仮に私がまさに今Bにいるとすれば、そのとき私の意識にはBの「原印象」とAの把持（A′）、そしてCおよびDの予持（C^*とD^{**}）が与えられることになる。時間意識は、このような仕方で過去・現在・未来の区別を有するものなのだが、ベルクソンは意識に与えられるものの連続性を強調するあまりそれを見失ってしまった――これが、メルロ＝ポンティによる批判の趣旨である。

このような批判の基礎を成しているのは、「瞬間」(instant)ないし「今」の「個体性」(individualité)である。というのも、こうした時間理解において、過去・現在・未来という時制的差異が帰されるのは、個々の「瞬間」だからである。もっとも、メルロ＝ポンティも、この図に示されたものが「時間に対する瞬間的な断面」にすぎず、「本当にあるのは［…］、離散的なA、B、Cといった瞬間や実際に区別されるA'、A''、B'といった射影［…］、結びついた多数の現象ではなく、流れというひとつの現象」だと述べ、このプロセスの全体性を強調してはいる。しかし、それでも、時間の「流れ」ないし「移行」(transition)は、次のように、BやCといった個別的な項を用いて説明されているのである。

> 人がBからCへと過ぎ去るとき、そこにはBのB'への、A'のA''への、そしてCそれ自体の炸裂、分離があるのだ［…］。時間とは〈自己〉からの全面的な逃走でしかないのである。(『知覚の現象学』第三部第二章)

こうした瞬間の個体性が維持される理由について、メルロ＝ポンティは、次のように述べている。

> それは、この分離において解体されるのは、未来から現在への移行によって形成されてきたものだからである。Cは、〔C**からCへという〕長い濃縮の過程の終極にあって、その過程によって成熟へと導かれてきた。Cは準備されるのに応じて、ますます少なくなる射影によって示されるようになり、自ら近づいてきたのだ。Cは、現在へと到来したときに、自らがその極限でしかなかった自身の発生と、自らの後に到来することになるものの差し迫った現前〔D*〕とを、現在へと齎したのである。したがって、後続するものの現前〔D〕が実現され、それがCを過去へと追いやるとき、その現前はCから突然存在を奪うのではなく、Cの分解はつねにその成熟の裏面ないし帰結なのだ。要するに、時間の内では、存在することと移行することが同義であるがゆえに、出来事は過去になったとしても、存在するのをやめるわけではないのである。

（同）

各々の瞬間は、図に示されたような構造ないし「地平」（horizon）のうちに含まれていさえすれば、それがまさに「今」でなくとも、把持や予持によってそれぞれがつねに同一の瞬間として示され続けるために、個体性を保つことができるのである。

メルロ＝ポンティが時間に否定性を見出すのは、以上のような発想を採っているためだろう。というのも、自己同一的な項とその時制変化（「今」から「たった今」、「もう少し過去の」等）によって時間の移行を捉えようとする限り、変化の知覚とは、ある項（C）とその項ではないもの（D*）――つまりその否定――とを同時に意識することでしかありえないからである。

4　無と想像力：絶対的な働きとしての持続

ではこうした論点について、ベルクソン哲学の観点からは、どのような応答が可能だろうか。本論冒頭で引用した箇所の続きに、鍵となる議論を見出すことができる。先に確認したのは、身体の感覚を消去しようと試みてもその消失そのものが想像されてしまうため、絶対的な無は想像不可能であるという主張であった。実はベルクソンは、この主張を強固なものにするために、より込み入った議論を展開しているのである。

私が自らの消滅を見るのは、（非意志的かつ無意識的ではあるが）肯定的な働きによって、私が自分自身をすでに蘇らせていた場合だけである。だから、何をしても無駄だったのだ。外的なものにせよ、内的なものにせよ、私はつねに何かを知覚しているのである。〔1〕私が外的な対象をもはや何も認めない場合、そ

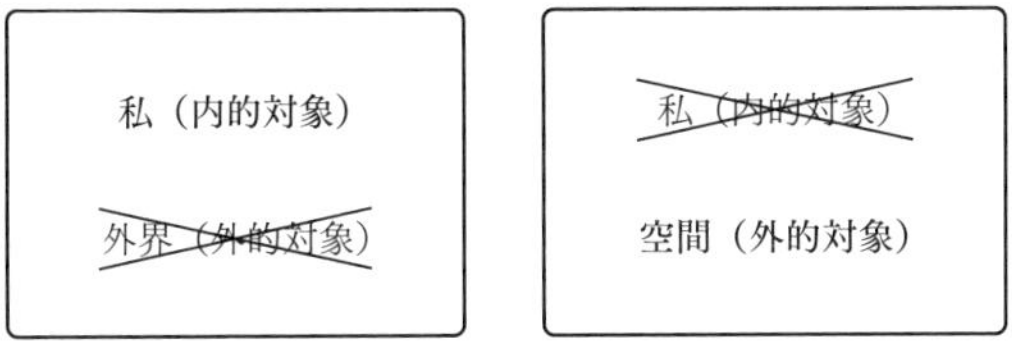

（1）外的知覚の無　　（2）内的知覚の無

図２

れは私が私自身について持つ意識のうちへと逃げ込んでいるということであり、〔2〕その内部を消去するなら、その消去それ自体が想像上の私にとってのひとつの対象となり、その私が今度は、消失する私をひとつの対象として知覚するのである。（『創造的進化』第四章、番号の付加は引用者による）

順を追って見て行こう（図2）。（1）最初の段階では、外界が消去され、私がもつ「私自身についての意識」が「内的な対象」と呼ばれている。「内的」や「外的」という語彙が用いられているからといって、内的な意識とその外にそれ自体で存在する外界といった二元論的な発想が問題となっているわけではないことに注意しよう。というのも、この段階で描写されているのは、想像された光景であって、現実の世界の知覚は（本論冒頭で確認したプロセスによって）すでに消失したものと仮定されているからである。ただし、外界の知覚は、完全に意識の埒外へと排除されてしまったわけでもない（もしそうであれば、外的な知覚がないということすら意識されなくなってしまう）。外的知覚は、「記憶」としては、想像の内に留まり続けており、それと対比されることによって、私自身についての意識は内的対象と呼ばれているのである。これらのうち前者にだけ注意が向かい、後者が無視されることによって生まれるのが、外的知覚の無のイメージである。

次いで、（2）そのように一旦得られた内的な対象を「消去」することで、この消去それ自体が、今度は「外的な対象」として意識されるようになるとベルクソンは言う。ここでも消去とは、ある対象が別の対象に入れ替わることに他ならない。この段階においては、先ほどまで注意が向けられていた内的対象としての私が、それとは別のものに置き換わることによって、その消去が意識されるようになるのである。では、その別の「もの」とは何だろうか。ベルクソン自身は明確にしていないが、現実の世界の知覚と同様の仕方で考えるなら、それは、第一段階において内的対象が占めていた一定の「場所」のことだろう。それゆえ、この第二段階における「消去」とは、精確には、内的対象とそうした想像上の空間の交代のことなのである。にもかかわらず、私たちの注意は、かつてそこにあった内的対象の記憶にだけ向かい、現在そこにある空間の存在は無視される――内的知覚の無のイメージは、こうしたプロセスを経て形成されるものである。

（2）で生じた外的対象を消去し、新たに内的対象としての私が意識に現れるようになることで、これら二つの無は交互に際限なく発生するが、「二つを同時に」想像することは不可能であり、それゆえに、絶対的な無は想像し得ない――これが、引用部のベルクソンの議論の趣旨ではある。しかしテクストをよく読むと、これらの各段階において、それ自体は意識の対象とはなっていない「私」（moi）という審級が設けられていることがわかる。この私は、現在の対象と過去の対象を同時に捉えることによって無を構成する「想像力」（imagination）に対して仮に与えられた名であって、これこそが、先の引用冒頭にあった「肯定的な働き」の正体なのである。このことを念頭に、段落末尾、議論の結論部に目を移してみよう。

しかしこの二つの相対的な無が代わる代わる想像可能であることから、人は誤って、それらが同時に想像可能であると結論してしまう。この結論の不条理さは明らかだろう。というのも、人は、少なくとも漠然とであれ、自分が無を想像しているということ、つまり、自分が行為し、思考しているということ、したがって、何かがまだ残っているということに気づくことなく、無を想像することはできないのだから。(『創造的進化』第四章)

ベルクソンが強調しているのは、無を想像するにはそれを想像していることに気づいていなければならないということの不条理であり、最後にある「何か」は、外的対象か内的対象のいずれかのことを指している。しかし、そうした対象の残存と同時に、それを構成する肯定的な働き、すなわち想像力もまた、この一連の過程において絶えず残り続けているのである。ここで問題となっているのは、あらゆる意識状態を排除しようとしても不可避的に居合わせ続けてしまう、デカルトのコギトにも見出され得るような、意識の絶対的な働きなのである。

この最後の観点から、メルロ＝ポンティの時間意識論に立ち戻ってみよう。すると、そこで示されていた、自己同一的な項とその否定による時間意識の理解は、先の図における第一段階から第二段階への移行と同型のものと考えることができるだろう。というのも、内的対象としての私の消去が意識されるのは、それが過去の記憶として保持されると同時に、新たに現れた現在の外的対象――想像上の一定の空間――と入れ替わることによってだからである。ここには、自己同一的な項とその否定が、たしかに認められるのである。しかし、確認したように、ベルクソンの論述には、こうした対象の交代のプロセスを可能にするものとして――したがって、対象の構成に先立つ審級として――想像力という意識の働きが伏在していたのだった。私たちによれば、この働きこそ、メルロ＝ポンティとは異なる時間意識の理解をもたらすものなのである。どういうことか、節を改めて検討しよう。

5 持続と行為

『自然』講義は、肯定主義によっては「過去・現在・未来の存在論」を構築できないのではないかとベルクソンを批判していた。そうした反応は、彼が時制的な差異を時間にとって本質的なものとみなしていたのであれば妥当なものであろう。だがベルクソンの著作において一貫して主張されてきたのは、それとは逆のことである。というのも、彼の哲学において枢要な区別は、時制の差異ではなく、生まれつつあるものと出来上がったもの――未完了と完了――という相（aspect）の差異だからである（この論点については、杉山直樹『ベルクソン　聴診する経験論』（二〇〇六年）および平井靖史『世界は時間でできている』（二〇二二年）を参照）。最初の著作である『意識に直接与えられたものについての試論』（一八八九年）はすでにこう述べていた。

しかし、体験される持続を構成する、こうした時間の単位こそ［…］まさに心理学者の関心を惹くものである。なぜなら、心理学が対象とするのは、それらの間隔（intervalle）そのものであって、その両端ではないからだ。（同第三章）

ベルクソンのいう持続――意識の働き――とは、瞬間から瞬間への移行ではなく、一定の間隔、幅を持った現在のことなのである。ただし、その幅は、メルロ＝ポンティの場合のように、かつての〈今〉の把持と来るべき〈今〉の予持だけによって表現されるものではない。というのも、ベルクソンは、現在の意識の本質を、身体的な感覚と運動の結合に見て取った上で、時間の流れを、行為の実現によって捉えていたからである。『物質と記憶』（一八九六年）第三章から引用する。

自らに影響を与える物質と、自らが影響を与える物質の間に置かれているために、私の身体は、行為の中心、すなわち、受け取られたさまざまな印象が、巧みにその経路を選択し、実現された〔=完了した〕諸運動へと変化する場なのである。

『試論』は相による時間理解を提示してはいたが、その内実について踏み込んだ考察をしていなかった。しかし、『物質と記憶』では、(未完了から完了へという)相の移行を、一定の行為が実現=完成することのうちに見定めるに至っている。要するに、『試論』で語られていた間隔とは、一定の行為が開始されてから完了するまでの間のことだったのである(この点についての詳細は、拙論「ベルクソン『物質と記憶』における「私の現在」の概念について」を参照)。

さらに『創造的進化』では、時間意識と行為の相関性が、より明確に語られるようになる。本論で検討してきた無の観念の批判を終えた直後、ベルクソンは次のように述べている。

実際、知性の役割は行動を司ることである。ところで、行動のうち、私たちが関心をもつのは結果であって、目的が実現されさえすれば、手段はどうでも良い。それゆえに私たちは、実現すべき目的へと一目散に向かい、しばしばそれが観念から現実のものへと変化するのだと信じてしまう。そしてまたこれと同じ理由から、私たちの活動が休止するところの終局=項(terme)だけが唯一、私たちの精神に対してはっきりと表象されることになるのである。(『創造的進化』第四章)

「腕を上げる」という単純な行為を例に注釈してみよう。通りの向こうに友人の姿が見え、こちらに気づいてもらおうとするとき、必要なのは、一定の高さまで腕が上がった状態に至ることである。それゆえ、私の意識には行為の実現に先立って、腕が上がった状態が「図式的で単純化されたイメージ」として与えられる（これはメルロ＝ポンティの議論では、予持に相当すると言って良いだろう）。このイメージが実際の運動によって現実化され、それによって相手がこちらに気づいたことがわかると、（例えば）今度は自分が笑みを浮かべた顔のイメージが、実際の行為に先んじて意識され、さらにそれが表情筋の収縮によって現実化されることになる。こうした一連のプロセスにおいて重要なのは、「上がった腕」から「笑顔」へという「結果」の推移であるがゆえに、私はあたかも自分の経験がこうした静的な「状態」とそれらの間での推移で出来ているかのように思ってしまう。しかし実際には、そうしたイメージの間で、遂行されつつある運動が——腕や顔の筋肉の収縮の感覚という形で——明示的にではないにせよ与えられているのである。

結びに代えて

このように考えると、ベルクソンは、メルロ＝ポンティが時間意識に見て取っていた構造を行為という観点から規定しつつ、そうした構造が生じる手前にあるもの——行為の未完了層——を見出そうとしていたことがわかるだろう。実はメルロ＝ポンティ自身、『知覚の現象学』と『自然』講義の間に行われた講義においては、『物質と記憶』が時間意識を考察する箇所に注目し、それを『内的時間意識』の主張と対照してはいた（『心身の合一』第十二、十三講義）のだが、ベルクソン哲学をフッサール現象学によって乗り越えられるべき思想として扱っていたがゆえに、身体の行為を強調する論点にまで踏み込んだ考察を行うことがないまま早世してしまったのである。彼がこの点において自らの思想と『物質と記憶』の記述の近さをより精確に把握することができていたならば、本論で取り上げた諸論点——無の批判に内在する意識の絶対的働き、持続の行為相関的な構造——について、身体の現象学の観点から、より実りある対話がなされていたことだろう。

■ 文献

（引用文の訳出は記載した邦訳を参照しつつ筆者が行ったものである）
岡嶋隆佑「ベルクソン『物質と記憶』における「私の現在」の概念について」、『現象学年報』三四号、日本現象学会、二〇一八年。
杉山直樹『ベルクソン　聴診する経験論』、創文社、二〇〇六年。
デューリング、エリー＋ラブアン、ダヴィッド「還元、遮断、回避：問いを無効化する技術」(Élie During et David Rabouin, "Réduction, blocage, déplacement: l'art de disqualifier la question" dans Francis Wolff (dir.) *Pourquoi y a-t-il quelque chose plutôt que rien ?*, PUF, 2013, pp. 27-56.)
平井靖史『世界は時間でできている』、青土社、二〇二二年。
ベルクソン、アンリ『意識に直接与えられたものについての試論』――平井靖史・合田正人【訳】、ちくま学芸文庫、二〇〇二年 (Henri Bergson, *Essai sur les données immédiates de la conscience*, PUF, 1889/2007.)
――『物質と記憶』、杉山直樹【訳】、講談社学術文庫、二〇一九年 (Henri Bergson, *Matière et mémoire*, PUF, 1896/2008.)
――『創造的進化』、松井久・合田正人【訳】、ちくま学芸文庫、二〇一〇年 (Henri Bergson, *L'évolution créatrice*, PUF, 1907/2007.)
メルロ＝ポンティ、モーリス『知覚の現象学　2』、竹内芳郎・木田元・宮本忠雄【訳】、みすず書房、一九七四年 (Maurice Merleau-Ponty, *Phénoménologie de la perception*, Gallimard, 1945.)
――『心身の合一　マールブランシュとビランとベルクソンにおける』(Maurice Merleau-Ponty, Jean Deprun(éd.), *L'union de l'âme et du corps chez Malebranche, Biran et Bergson: notes prises au cours de Maurice Merleau-Ponty*, Vrin, 1968.)
――『自然　コレージュ・ド・フランス講義ノート』、ドミニク・セグラール【編】、松葉祥一・加國尚志【訳】、みすず書房、二〇二〇年 (Maurice Merleau-Ponty, Dominique Séglard(éd.), *La Nature: notes, cours du Collège de France*, Seuil, 1995.)

第2部

あらわれる

第4章

意識を意識する

「意識」概念への媒介論的アプローチ

田口茂
Shigeru Taguchi

はじめに

「意識」について考えることは容易ではない。「意識」というのは現代人にとってごく普通の語彙のなかに含まれており、普通に生活していれば、その意味がわからないということはない。しかし、「意識とは何か？」といった問いを立てると、われわれは途端に答えに詰まる。哲学者でさえ、この問いに容易には答えられない。近年、神経科学者や認知科学者、さらには物理学者までが「意識の謎」に挑戦しはじめているが、そのなかで、この「意識」という語を定義すること自体が大問題であることが認識として共有されつつある。

われわれは、「意識」という語について、まず「定義」を聞いてから理解したわけではない。新しい数学的概念を理解するといったケースとはわけが違う。子どもの頃から、現代的な言語環境で生活するうちに、「いつのまにか」「自然に」この「意識」という語を理解していたのである。その背後にどのような学習の歴史があるのか、成長した大人はもはや辿り直すことはできない。この意味で、われわれにとって「意識」という語は、膨大な学習の蓄積によって「無意識に」定義されている、と言えるようにも思われる。その過程はブラックボックスである。そこには、一筋縄でいかない複雑なものが隠されている。

そもそも「意識とは何か」を明確化することが難しいのは、「意識」と呼ばれる現象が、「物」のように対象的につかむことができないからである。対象的につかめないなら、それは対象＝客観的なものの対極にある「主観的なもの」のうちにあるのだろうか？　こんなふうに考えるとき、われわれは対象の反対側に、「対象でない」というレッテルを貼られただけの対象を想像し、「つかめない」という意味で、いわば「のっぺらぼうの何か」を思い浮かべている。それでは手の出しようがない。

「意識とは何か？」という問いに直面して、頭が真っ白になるとすれば、それは、われわれが（「……とは何か」という問いに触れて通常するように）「対象的な何か」を探し求め、その結果何も見つけられず、虚空をつかむような思いをするからではないか。

「意識」は、どうやらそのような（少なくとも単純な形での）「対象的なもの」ではない。では何であるのか？　ここでヒントにしたいのは、その「否定的」な特徴である。「意識は簡単に定義できない」「意識は対象的につかめない」といった特徴は、われわれを単に困難に陥れる障害であるだけではない。そんなふうに思うとすれば、あまりに素直すぎるというものだ。「うまく定義できない」「対象的につかめない」といった否定的な特徴そのものが、意識にアプローチするための手がかりになりうるのではないか。そのような考え方を、私は「媒介論的」と呼んでいる。「媒介」とは、まず第一に、「Aがなければ B はない」といった依存関係を指す。さらに私はこれを、京都学派の哲学者・田辺元（一八八五－一九六二）の媒介概念にならって、「切ることによってつなぐ」ことと理解する。「切る」という否定的関係への着目が、かえってある種のつながりを浮かび上がらせる（田口「媒介論的現象学」）。そのような方法の一つの実践例として、以下では「意識」の問題にアプローチしてみたい。とりわけ、われわれが「意識」という概念をどのように意識しているのか、それをよりよくイメージするにはどうしたらよいか、という課題に取り組んでみたい。

1　「意識」概念は「否定」によって媒介されている

「意識」という難問に立ち向かうためには、「意識という言葉が意味していると思われるもの」に向かってただ闇雲に突き進めばよいというものではない。一九九〇年代頃から、科学的な意識研究が勃興して今に至るが、研究が成熟するにつれて、「意識と言うとき、われわれはいったい何を意味しているのか」についても注意を向けようという機運が出てきている。さらには、「意識を解明しようとしているとき、われわれはいったい何をしているのか？」というメタ的な問いも関心を引くようになってきている（たとえばD・チャーマーズ（David Chalmers, 一九六六－）の言う「意識のメタ問題」を参照）。いったい「意識」は、どのようにして「問題」となったのか。そこには、「意識」そのものがどのように意識されるようになったのか、という問題が含まれる。ただ単に「意識を考える」のではなく、「意識について考えるとはどういうことか」を考える必要があるのだ。

そこで手がかりとなるのが、先ほども述べた意識の「否定的」特徴である。近年の意識研究のなかでしばしば言及される、J・サール（John Searle, 一九三二－）による意識の暫定的定義を参照してみよう。「「意識」という言葉で私が意味するのは、典型的には、朝、夢のない眠りから目覚めたときに始まり、再び眠りにつくまで日中続く感覚や気づきの状態のことである。その他に意識が停止しうる仕方としては、死ぬ、昏睡状態になる、その他『無意識』になる場合が挙げられる」（サール『心・言語・社会』）。ここで「感覚」（sentience）や「気づき」（awareness）といっているのは、ほぼ意識の同義語だから、定義の核心になっているのは、「意識」と「意識がない状態」との対比である。すなわち意識は、夢のない眠り、死、昏睡状態等々ではない状態として否定的に定義されているのである。

考えてみると、日常生活のなかで、意識について肯定的に言及することは少ない。よほど特殊な状況を除けば、日常のなかで、「うん、いま自分は意識があるな」などと思ったりはしない。むしろ圧倒的に多いのは、「意識がない」「意識を失った」「意識していなかった」など、意識に否定的に言及するケースである。「意識している」ことを積極的に主張する場合も、それが「ない」場合との対比を意図している。たとえば、多数の怪我人が倒れている状況で、「この人は意識があります！」と叫ぶのは、他の人は意識がない、この人もひどい怪我をしていていつ意識がなくなってもおかしくはない、といった「意識の否定」を想定した上で、それと対比する仕方で「意識がある」ということを明示的に（示差的に）述べている。意識への肯定的な言及は、いわば「〈意識の否定〉の否定」、すなわち「意識がないわけではない」という仕方で行われている。

なぜ日常において、意識は否定形で語られるのだろうか。それは、肯定形における意識が、日常においては（特に語っている本人にとっては）「あるのがあたりまえ」であり、当然すぎて気づかないようなものだからである。類比的に述べるならば、空気はいつもあるので、普段はあることに気づかない。それが薄くなったりなくなったりすると、われわれははじめて空気が「ある」ことの重大さに気づく。これと同じように、意識もまた、「なくなってはじめて気づく」ような特徴をもつのではないか。このように、日常のなかで「意識」という言葉がもっぱら否定形で現われるという事実は、意識の「自明性」、それがたえず「あたりまえ」に生き抜かれているという事実を逆に照らし出しているように思われる（現象学的な「自明性」概念については、田口『フッサールにおける〈原自我〉の問題』、第一章を参照）。

おそらく「意識」という出来事は、われわれの生活のなかで、「意識がなくなる」という非常に印象的な出来事によって、はじめてそれと対立する肯定的な出来事として特定され意識化されるのではないか。自分や他人が眠ること、気絶すること、他人が死ぬこと、これらは非常に印象的な出来事である。自分の意識の喪失は自分では意識できないと思われるかもしれない。しかし、眠りから目覚めたとき、われわれはただちに自分が意識を失っていたことに気づく。意識を失っていた時間が自分にとってまったくの無なら、意識を失う前と意識を回復した後の経験は隔たりなしに直結され、「意識を失っていた」という意識は生じないはずである。「意識の喪失」は自分自身にとってもそれなりに経験されている。

他者が意識を喪失する出来事も、非常に印象的である。いままで生き生きと動き話していた人が、いまはほとんど、あるいはまったく動かず、反応がなくなる。その変化はドラスティックである。また、「意識が戻る」出来事も、それに劣らず不思議である。いったいどのようにして「意識がない」状態から「意識がある」状態が生じるのだろうか。意識から非意識へ、非意識から意識への移行というこうしたきわめて印象的な出来事は、太古からの人間の歴史のなかで、あるいは個人の生育の過程で、「意識がある」ということを、「意識がない」という否定との対比において際立たせる。「意識」という概念は、こうした「意識の否定」の経験を、少なくとも重要な背景として生み出されてきたのではないか。

さらに、もう一つ別のタイプの「否定」を挙げることができる。他人の意識には、私自身の意識と同じようにはアクセスできない。そこには明らかに与えられ方の違いがある。われわれは他人も意識をもっていることを通常疑わないが、他人の意識の与えられ方は、「直接経験できない」ということを含んでいる。ここにも意識をめぐる「否定」が現われている。そして、このような「他人の意識の否定的な与えられ方」とコントラストを成す仕方で、「私の意識は直接与えられている」ということが明示的に意識されてくる。ここでも、ただ単に生きているときには空気のように透明で気づかれにくい意識の経験が、その「否定」と対比されることによって、明示的に自覚されるようになると考えられる。

このように、意識の喪失や他人の意識の与えられなさといった「否定態」を媒介として自分の意識が自覚されたとき、はじめて「意識」という概念の必要性が感じられてくる。このように考えるならば、「意識」という概念は、何かあるもの（すでに知られた単一の対象）を端的に名指す概念ではなく、否定によって媒介された（様々な否定的関係を巻き込んだ）高次の概念であると言えそうである。われわれが「意識」という概念をよく理解しているにもかかわらず「意識とは何か」という問いに答えにくい理由の少なくとも一端は、「意識」概念のこうした媒介性、それが「否定」を経由している点に由来しているように思われる。

2　媒介現象としての意識——実体から媒介へ

さて、「意識」という概念がわれわれの生活のなかでどのように浮かび上がってくるかを考えてみたが、こうした概念を一つの名詞で呼び始めると、そこでただちに起こってくるのは、「実体化」の問題である。この点について次に考えてみたい。

何かを名詞化するとき、そこにはその名詞に対応する「もの」があるかのようにわれわれは思ってしまう。しかし、われわれが使う名詞にはつねに「もの」が対応しているわけではない。身近な例を挙げるなら、「穴」という名詞には、単純な「もの」が対応しているわけではない。実はこの問題の背後には本格的な哲学的議論の世界が広がっているのだが、ここでは踏み込まない（加地『穴と境界』参照）。素朴に考えるなら、「穴」のところには何もない。穴の周りにある物体を取り除いたら、穴は見えなくなってしまう。ドーナツを食べてしまえば、ドーナツの穴も消えてしまう。だとしたら、穴は穴の周囲との対比に依存する仕方で特定されていることになる。周囲の物体に依存しない、「穴」という単独の実体はない。だが、それでもわれわれは、問題なく「穴がある」と言うことができる。ここで一つの名詞によって言い表されているのは、単純な「もの」ではなく、他のものに依存してはじめて成り立つような媒介的事態である。

「意識」もまた、すでに第一節で論じたように、「非意識」との対比に依存してはじめて概念化される。だが、このような意識の媒介性は容易に忘却されてしまう。そして、「意識」が単独で実体化される傾向が生まれる。「意識」について考えるとき、われわれはしばしば、われわれが「内的に経験」している何らかの「対象的なもの」を考えがちになる。「外部の対象」とは異なる「内部の対象」といった粗雑な図式が、思考のなかに持ち込まれる。しかし、意識をもつために、自分の内部を覗き込む必要がないのは自明である。眼の前にあるオレンジを知覚しているとき、そこにオレンジが見えていること自体が私の意識である。そこには、「外部にあるオレンジ」から切り離された、「意識」という独立の対象があるわけではないのである（この点は後でまた述べる）。

前節では、「意識」という概念が一つの形をとるとき、それは「意識の喪失」と「他人の意識の与えられなさ」という二つの「否定」によって媒介されていると述べた。意識を独立の対象と考えたくなる理由の一端もここにある。意識は失われても世界は失われない。自分の意識は、他人には与えられていなくても自分には与えられている。このような対比の成立によって、外的世界の存在からも、他人の意識からも区別された、「私の意識」が一つのまとまりとして意識されるようになる。

ここで注意すべきは、一つの「まとまり」としての「私の意識」が、決して最初から独立的実体として成り立っているわけではなく、むしろその成り立ちからして、「意識の喪失」と「他人の意識の与えられなさ」という二つの否定によって媒介されているという点である。これらの媒介を取り除いてしまったら、「まとまり」としての意識概念も雲散霧消してしまう。ドーナツを穴だけ残して食べようとするようなものである。

意識を単純で単一的な現象として端的につかむことはできそうにない。意識が単一の「もの」であるかのように考えると、雲をつかむような話になり、それが「ある」とか「ない」とか論じ合う不毛な水掛け論に陥る。意識の実在論と消去主義（eliminativism）や錯誤主義（illusionism）との論争を想起してほしい。われわれが用いる「意識」という語に対応するのは「もの」ではなく複雑な媒介現象であるとすれば、この媒介を度外視することは、意識を見失うことにつながる。多様な媒介から眼を逸らして、そこにある複合的現象の一部分だけを切り離して捉えるならば、意識は「ある」ようにも「ない」ようにも見えてしまう。それは、ドーナツの穴が、穴だけ切り離してみれば「ない」ように見えるが、ドーナツと共に見れば明らかに「ある」ように見えるのと類比的である。媒介現象のなかに組み込んでみればどちらもある意味で正しいが、それだけ切り出して考えると一面的で不適切となる。

われわれが「意識」と呼んでいるものが、いったいどのような（観察可能な）具体的現象によって媒介されているのか？　どのような具体的現象がどのように組み合わさったとき、われわれはそこに「意識がある」と言っているのか？　こうした方向で分析してゆけば、議論が足がかりを失って宙に浮く危険は少なくなる。こうしたアプローチを、私は「媒介論的」アプローチと呼んでいる（田口「媒介論的現象学」）。田辺元の哲学からインスパイアされたものだが、田辺を通して、ヘーゲルの哲学からも影響を受けている。現象を具体的に見ていくときに、こうしたアプローチを現象学的アプローチと組み合わせるならば、議論をより「事象そのもの」の起伏に繊細に沿わせていくことが可能になるように思われるのである。

3　志向性——対象と世界による媒介

次に、媒介論的アプローチを援用して、「意識は何によって媒介されているか」に着目しつつ、意識をめぐる「媒介」のありようをより具体的に解きほぐしていくことにしたい。

意識の実体化としてとりわけ強固なのは、「閉じた内面にある何か」として意識を思い浮かべることである。そこでは、「空間内に場所を占める事物」に類するイメージが用いられている。意識はとりわけ、「頭（頭蓋骨）の中にある」かのように思い浮かべられやすい。しかし、当然のことだが、頭蓋骨を開いても意識が頭の中にある様子が観察されうるわけではない。そもそも意識を空間の中に目視することは不可能である。

眼の前に置いてあるオレンジを意識しているとしよう。もし対象としてのオレンジとは区別される独立の対象として意識があるとすれば、オレンジを除外しても意識は変わらないはずである。しかし実際には、その意識からオレンジを除外したら、それは別の意識になってしまう。つまり、その場面で成立している意識は、オレンジなしには成り立たず、オレンジの存在に依存している。「オレンジの意識」においては、対象としての「オレンジ」もまたその意識を形づくる不可欠の契機なのである。

これは現象学で言う「志向性」(intentionality)を意味している。現象学では、意識とは「或るものの意識」であると言われる。意識に言及するとき、われわれは基本的に、「……の意識」を想定している。すなわち、何らかの「意識されるもの」に依存した仕方で意識を考えている。花の意識、花瓶の意識、つややかさの意識、美の意識、快の感情の意識、等々、意識の対象は様々であるが、「……の意識」という形は変わらない。これに対し、「……の」を切り落とした、無内容の箱のような「意識」そのものをわれわれが経験することはない。

なるほど、対象のない意識というものも考えられそうだが、不安のような漠然とした「感じ」を例にとるなら、それもまた「不安〈の〉意識」といった言葉で言い表すことはできる。ここでは、不安という「感じ」そのものが、再帰的に自覚され、意識自身の相関者となっていると言うことができる。「志向性」という言葉を最広義にとるならば、「不安」といったケースにおいても、原初的な受動的志向性があると言ってよい（実際後期のフッサールは、そのような広い意味で「志向性」という語を用いていた）。さらに極端な例を出すなら、瞑想体験のなかで「無の境地」に至るようなケースがあるかもしれない。しかしこの場合でも、そこにあるのは「無の境地〈の〉意識」であって、何も内容のない空箱のような一般的意識を経験しているということにはならない。「無の境地」もまたきわめて個性的な、他の意識とは違う独特の性格をもった意識だからである。

このように、意識とその志向的相関者は切り離せない。花を眼の前にしているとき、私は花を見ているのであって、花の意識を見ているのではない。E・フッサール（Edmund Husserl, 一八五九－一九三八）は「私が見るのは色彩感覚ではなく色のついた事物であり、私が聞くのは音響感覚ではなく、歌手の歌である」（フッサール『論理学研究』3、第一一節）と述べているが、同じことは意識にも当てはまる。何かを意識しているとき、意識はそれ自身ではない対象に依存している。この意味で、意識は対象に、あるいは一般に志向的相関者によって媒介されてはじめて成立している。意識は原理的に関係的な性格をもっているのである。

このような意味で、意識を「内面にある対象」であるかのように思い浮かべるのは誤っている。そのような（疑似）空間的表象自体が排除されるべきである。われわれは日常において、意識が「どこにあるか」と問うことはない。そのようなトリッキーな問いが出てくるのは哲学のなかだけである。日常において第一に問われるのは、「何を意識しているか」であり、それは「意識の関係項（相関者）は何か」ということである。つまり日常においても、意識は最初から関係的なものとして理解されているのである。

意識を独立の対象であるかのように思い浮かべるということは、ある種の哲学的反省においてはじめて生じてくる。そこでは、意識と意識の対象が分断され、意識は「箱」や「袋」のように捉えられる。フッサールはこのような捉え方を繰り返し批判している（フッサール『現象学の理念』ほか）。フッサールの「志向性」概念は、意識を意識の対象から切り離すことを拒否し、それを本質的に関係的なものと捉えるということを含意している。意識は、たとえ擬似的であっても空間的領域のようなものとしてイメージされるべきではなく、むしろその関係的性質を厳密にとって、「志向的相関者には還元できないが、志向的相関者なしにはありえない関係性そのもの」として理解すべきものと考えられる。いいかえるなら、ここでも意識は実体ではなく媒介的な事態として考えられるべきなのである。

さて、どの対象も孤立して存在することはない。つねに他の対象や背景と一緒になって現われている。この背景を極限まで広げると、「世界」となる。意識の相関者は、究極的には世界である。いま桔梗が意識されているか、夏祭りの賑わいが意識されているか、雨の匂いが意識されているか、などによって意識は様々な姿をとるが、それはいずれも桔梗や夏祭りの賑わいや雨の匂いにフォーカスされた仕方で世界全体が現われていることだ、と言ってもよい。意識はいつも世界の意識であり、世界がある個性的な相貌において生きられるということが、「意識」なのである（夢や幻覚や空想も、その内容は過去に生きられた世界の記憶の蓄積に依存している。ケンタウロスの空想も、過去に見た人間と馬の類型を合体させたものであり、そこには過去の世界経験が流れ込んでいる）。

朝靄のなかを散歩する。周囲で鳥たちが囀り羽ばたく。そのような場面で私が経験するのは、「これこれの相貌において現われている世界」であって、「世界から切り離された内面」としての意識ではない。意識はいわば世界へと「透き通し」になっている。現象学的にみれば、「世界がある」ということは「世界が現われる」ということから不可分であり、「世界が現われる」ということは「世界が意識される」ということと同義である。意識があるとき、世界がある。世界が現われているとき、それは意識という仕方で経験されている。そのような「普遍的相関」こそ、「志向性」という語が究極的に指し示すものである。意識があるということは、（それ自身の関係的・媒介的性質によって）すでに世界へと連れ出されてしまっているということである。意識と世界は、抽象的に区別することはできるが、具体的には不可分である。世界が私には汲み尽くせない深みや豊かさを湛えているということすら、私が意識のなかではじめて知ることなのである。意識は、このように「自分とは異質なもの、自分のなかにないもの」へと出てしまっており、「自分ではないもの」によって媒介されているということを本質としている。そこにはまさしく、「切ることによってつなぐ」と言われる「媒介」の性格が如実に体現されているのである。

4　身体による媒介

さて、意識と世界が不可分なら、一つの世界に対して一つの意識しか存在しなくてよさそうなものである。ところが、われわれの知る意識は、一つではない。私も、あなたも、あの人も意識をもち、それらはすべて異なる意識である。世界の唯一性に対する、このような意識の個体性と多数性は、どのように理解したらよいのだろうか。

ここで意識を媒介するもう一つの契機に着目する必要がある。「身体」である。意識は身体によって媒介されている。身体は意識を支える物質的基盤であり、身体の変調が意識の変容をもたらし、身体の破壊が意識の消失をもたらすことを、われわれは経験的に知っている。知覚的意識においては、眼球や首、身体全体を動かすことによって対象の様々な側面が現われ、これによって、対象は様々な側面を備えた立体的な対象として捉えられる。世界全体の現われが、絶えずこうした身体的動きによって媒介されていることは容易に理解できる（このことは近年、認知科学や神経科学においても「感覚運動随伴性」(sensorimotor contingency)やエナクティヴィズムとして論じられている）。このように、「身体なしに意識はない」という意味で、意識は身体によって多面的に媒介されている。

ところで、身体は個体的であり、局所的である。身体は一つの場所にいることしかできず、多くの場所に同時にいることはできない。また、私の身体とは異なる多くの身体がある。それらの身体と出会い、交流するなかで、私は、それらの身体と結びつけられた多くの意識、私には直接経験できない意識があることを学ぶ。意識は身体に結びつけられており、身体は多数あるから、意識も多数あるということになる。意識は、普遍的な宇宙意識のようなものとしてではなく、それぞれ個性的な、固有の位置から世界を経験するものとしてある。

5　身体と世界の捻れたループ

第3節、第4節で述べたことをまとめると、「意識」とは身体と世界によって媒介された関係的事態そのものである、ということになる。一方で意識は対象に、そして対象がつねにそのなかにある世界に依存しており、それなしには内容を失うようなものである。他方、意識は身体にも依存しており、身体なしに意識はない。

すでに述べたように、意識は世界に透き通しになっており、両者は切り離せない。そして、その世界のなかに、身体も現われる。身体は世界の一部を成すものとして経験される。そして世界は、「この身体から見た世界」として現われる。ここには、次のような関係がある。

(1)身体は、世界のなかに現われる。

(2)世界は、その身体に依存して(視点依存的に)現われる。

ここには、身体が世界の現われを条件づけるものとしてあると同時に、その条件づけられた現出世界のなかに身体自身が現われる、という循環的関係がある。いわば、身体が世界に包まれ、世界が身体(身体依存的パースペクティヴ)に包まれる、という両すくみ的な相互包摂関係がある。これを「捻れたループ」と言ってもよい。一方の包摂関係は、他方の包摂関係とは異質であり、このループを回るたびに、われわれは全く異質な包摂関係へと導かれるからである(メビウスの帯を想像していただきたい)。

このような循環やループは、排除すべきものではなく、むしろわれわれが現実をできるだけ歪めずに理解しようとするなら、そのなかに立脚せざるをえないものである。これをF・ヴァレラ（Francisco J. Varela, 一九四六－二〇〇一）らは「主体と環境の根源的循環性」とも呼んで重視している（ヴァレラ他『身体化された心』）。身体的行為を通して世界が世界として現われ、その世界のなかに身体は埋め込まれている。

この循環性こそ、意識を適切に思い浮かべることを困難にしている主な理由の一つである。一方で意識は世界に透き通しになっている。他方で意識は身体に依存し、個体性と局所性をもった身体のなかに根を下ろしている。意識は普遍的な世界と個体的な身体の両方に関係し、両者の「捻れたループ」のなかに埋め込まれているのである。あるいはむしろ、こうした「捻れたループ構造」の成立が暗黙の裡に感じとられたとき、われわれはそれに対して「意識がある」という言葉を用いるのではないか（自分においても、他人においても）。

いま私に現われている世界は、私の身体を中心に広がるパースペクティヴにおいて展開されている。私から見れば、世界はこうしたパースペクティヴのなかに包まれる。この意味で、身体は一切の現出の原点である。他方、その同じ身体が、多数の身体のうちの一つでもある。また、私は自分の身体を、他の身体や物体と同じような物体として経験し扱うこともできる（いずれも客観的に見たり触ったり測ったりできる）。生身の肉体（Leib）であり物体（Körper）でもあるという「身体の二重性」を転回点として、二つの見方がシームレスにつながっている。

（A）私にとっての世界の現われを多数の物体の一つである身体のなかに押し込めれば、私だけの「個体的なもの」としての意識概念が現われるし、（B）まさしくその身体からこそ、一つの世界の現われが実現されている（この身体がなければ、そのような世界の現われは存在しなかった）とすれば、まさしく世界そのものの現われと透き通しになった意識の概念が現われる。（B）のように考えれば、「意識している世界がそのまま実在的世界である」と言えるような、実在と一つになった（純粋経験的）意識概念が得られるし、(A)のように考えれば、ある限定された、世界の一部に局在化されたものとしての心的な意識概念が得られる(意識は個体的で人それぞれという見方)。しかし、「意識そのもの」を包括的に捉えるならば、以上の両方の見方を含んだものとして考えるべきである。世界と身体の双方によって媒介されたものとして、意識は、身体の二重性を転回点としたある種の捻れたループ構造を示す。そのように考えるならば、意識のもつ二重の性格——個体的で局在的な性格をもつにもかかわらず、普遍的な世界そのものに関係していること——は、矛盾なく理解できる。

結語

本章では、「意識を意識する」という課題を追求してきた。意識はどのように意識されるに至ったか。この問いに対しては、意識の喪失と他人の意識の与えられなさという二つの否定を媒介として、意識がはじめて明示的な概念として浮上してきたという見方を示した。否定を介在させないと、意識は(空気のように)あまりにも透明であたりまえであるがゆえに、意識に上らないのである。そのように意識自身が意識に上ったとき、そこではもうすでに意識の多様な媒介構造が暗黙のうちに働いている。だがそれは、単純に対象的・客観的に取り押さえて理解できるようなものではないため、意識を明確な理解にもたらそうとすると、しばしばわれわれは混乱に陥る。意識が頭蓋のなかに空間的に閉じ込められているのであれば、それがどうやって外界と関係するのか、むしろ外界はアクセス不能の不可知のものとなってしまうのではないか、といった謎が生じるし、観念論的な仕方で、意識のなかで世界が構成されると考えるなら、他人の意識や世界の実在性が謎となる。これらはいずれも、多様な仕方で媒介された現象としての意識の特性を見ておらず、その一部だけを切り取って考えているから、理解不能のアポリアに導かれるのである。

そこで本章では、「意識は何によって媒介されているか？」という問いかけから、世界と身体に着目した。意識は一方で世界によって媒介されており、他方では身体によって媒介されている。この媒介を無視して意識を理解しようとするなら、ドーナツを食べた後の穴をつかもうとするように、雲をつかむような話になってしまう。意識は一切を包む普遍的な世界に根づいていると同時に、個体的な身体から不可分であり、身体によって生きられている。これはどちらも非常に具体的に理解可能な事柄である。しかし、その両者、すなわち世界＝普遍性と身体＝個体性という両極にまたがっているところに、意識を捉える難しさがある。ここで、肉体／物体という身体の二重性格に着目するならば、先に述べた捻れたループのように両極がつながっている構造が見えてくる。「意識」とは、まさしくこの捻れたループ構造が生成したときに、その媒介的事態を言い表そうとする名前なのではないか、というのが本章の提案である。そのように意識を思い描くなら、われわれは意識のもつ様々な性格——世界への普遍的関係と個体的な限定性——を、矛盾なく理解することができるのではないか。本章でこのテーゼを十分説得的に示しえたとは思わない。むしろそれは、今後追究されるべき研究課題のようなものにすぎないということは、筆者の自覚するところである。

■ 文献

ヴァレラ、フランシスコ・J他『身体化された心』(Varela, F. J., Thompson, E., Rosch, E. *The Embodied Mind*. Cambridge, MA: MIT Press, 1991.)

加地大介『穴と境界——存在論的探究』、春秋社、二〇〇八年。

サール、ジョン『心、言語、社会』(Searle, J., *Mind, Language and Society*. New York: Basic Books, 1999.)

田口茂『フッサールにおける〈原自我〉の問題』、法政大学出版局、二〇一〇年。

——「媒介論的現象学」(Taguchi, S., "Mediation-based phenomenology: neither subjective nor objective." *Metodo* 7 (2), 2019, pp. 17-44.)

チャーマーズ、デイヴィッド「意識のメタ問題」(Chalmers, D., "The meta-problem of consciousness." *Journal of Consciousness Studies* 25 (9–10), 2018, pp. 6–61.)

フッサール、エトムント『現象学の理念』、立松弘孝【訳】、みすず書房、一九六八年。

――『論理学研究』3、立松弘孝・松井良和【訳】、みすず書房、一九七四年。

第5章

体験の一回性について

村田憲郎
Norio Murata

はじめに

しばしば体験が「一度限りのもの」であるとか、「一瞬一瞬がかけがえのないもの」であるなどと言われるが、そこで何が言われているのだろうか。このことについて考えてみたい。問題の関連をスケッチしてみる。

たとえば、私はまたラーメンを食べてしまった。この近所のラーメン屋に、私はもう何度来たかわからないし、これからも幾度となく来て、同じラーメンを食べるだろう。それは何度食べても変わらない味であり、その味を味わう体験は私にとって大いに価値があるが、一度限りでもかけがえのないものでもない。また、学生時代からお気に入りの映画があり、あるシーンになると決まって感動で涙が出てくる。いまとなってはその同じ感動に浸りたいためにその映画を見てしまい、見終わってから、今回もまた同じ感動を得られたことに満足を覚える。そこでも私は、見るたびごとに同じ感動を味わうと言ってよいだろう。

しかしここで私が同じと言っているのは、体験そのものではないようにも思われる。同じと言われているのはラーメンそのものであり、それはレシピをもとに作られ、一食ごとに多少の誤差はあるかもしれないが、物質としての組成それ自体についてはこれまで食べたものはおおよそ同じだろう。同様に、ＤＶＤのデータをもとに再現される映像としての映画は、ある一定の時間内に再生される映像と音声の複合物として、何度見ても同じ映画であると言ってよいはずだ。ラーメンそのもの、映画そのものは、私から独立しており、私に関係なく存在しており、しかも同じものとして存在している。それに対して、味わう私の体験、映画を鑑賞する私の体験は、私に属しており、私がどう感じたかが問題である。そうだとすると、同じものを見たり食べたりしても、そのつど感じ方は違うのだから、やはり同じ体験ではなく、そのつど一度限りでかけがえのない体験だと言えそうである。

しかし私は自分の体験が同じであることに満足していたのではないのか。体験が一度かぎりのものであることと、私が変わらず同じ満足を覚えるということとは、矛盾するのだろうか。それともこの二つの側面は、目下のところ全体が見通せていない同じ一つのことがらの、二つの別の面にすぎないのだろうか。

1　風船の箱

大きな箱にさまざまな色の風船を詰めていくと、風船が互いを圧迫しあい、一つ詰めればその他の全体が圧迫されて収縮し、外せば圧迫がなくなり他の風船全体がそれだけ膨張することになるので、その他の形を維持したまま一つの風船だけを詰めたり取ったりすることはできない。これは言葉の意味の説明のために丸山圭三郎氏が使ったよく知られた比喩で、ある言語体系における語の意味はそのように、互いに他から区別しあうことで成立しているという。ところで私は、そのつど同じ瞬間ごとに一人の人がもつ意識の統一について考えるときにも、このイメージになぞらえて考えることができると思う。全体を決める固定的な外枠があるわけではない点が異なるが、いまこの眼の前に広がる知覚された世界と、今日中に済ませなければならない課題、目下の人間関係についての懸案、自分で立てた長期的な仕事の計画などが、私の意識をさまざまな割合で同時的に占めており、互いに圧迫しあっている。さらには、はっきりと意識されておらず、ほぼ忘れられつつあり、全体からすればかぎりなく無に等しいが、きっかけがあればすぐ思い出すような無数のことがらについての意識も、その同時性の中に含まれていると言えるだろう。

一つ一つの風船に対応する、一つ一つの意識領域の内部では、眼の前にある特定の対象についての知覚と、それについて私がいだく感情などのように、互いに融合している要素もあるだろう。その一方で、それぞれの領域は相対的に独立した秩序をもって現れており、ある領域に対してその他の領域の事柄は通常は介入しない状態が保たれており、また介入してこないように私自身が意識している。いま歩いている歩道の信号や、眼の前の会話相手の話す内容について、私は十分な注意を払う必要がある。しかしそれでも、その外側の領域、喫緊の課題や人間関係での出来事などが、いま眼の前にある事柄に影をおとすことがあり、気がかりなことがあるために目の前のことが楽しめないことや、その逆にいいことがあったので何をしても気分よく過ごせてしまうことなどがある。

意識がそのようなあり方をしているとすると、同じラーメンを食べるとき、同じ映画を見るとき、そこで私が享受する味や感動は、完全に同じものではないと言えることになる。気がかりなことや体調も味の享受に影響を与えるだろうし、映画を見ながら目下の自分の状況を重ね合わせたり、また現在の自分の状況と比較して、あれだけ感動したシーンが白々しく疎遠なものに感じたりすることもある。この意味でなら、体験は一度限りでかけがえのないものである。同じ味、同じ色、同じ音などを感覚しているときでも、その同時的な全体においては、そのどこかは必ず異なっている脈略の中にその感覚が埋め込まれているとすれば、それは厳密には同じように感じられてはいないはずだ。

では他の意識の構成要素がまったく存在せず、当該の感覚だけがあるような場合には、同じ感覚だと言えるだろうか。そこで、他の意識領域から圧迫を受けないような、Aというまったく同じ対象についての体験しか持たず、それ以外の要素をまったくもたない意識が、かりに存在すると考えてみよう。この意識がAについて夢を見たり想像したりするかもしれないという可能性も排除しよう。それでも、この意識が二度目にAを体験するときには、これはかつて体験したAと同じものであるという意識がともなうだろう。そしてこの既知の性格を与える意識が伴っているために、一度目の体験と二度目の体験ではやはり相違があることになる。

つまり、意識はバラバラの要素を集めただけの、各要素を独立して取り出せるような総体なのではなく、そのつど相互に緊密に結びつき互いに影響を与えあっており、切り離すことのできない全体なのであり、それゆえにあらゆる体験は、実質的に一回限りのものになっていると言える。「心的実在の本質には、原理的に以前と同じ状態全体には戻りえない、ということが含まれている」（フッサール『イデーンII－1』三三節）。

しかしそうだとすると、意識体験を分析し、要素どうしを比較したり分類したり、単純な体験の組み合わせで複雑な体験を考えたりすることは拒まれているのだろうか。そこで考えられたのが、フッサール（Edmund Husserl, 一八五九－一九三八）の「志向的体験」という発想である。この志向的体験について、私なりにかみくだいて説明してみたい。

2　志向的体験

体験を「志向的体験」とみなして分析するとは、体験というものが何かに向かっているものだと考え、その何かを手掛りにして分析する方針である。体験を分類するさいの基準として、当の体験が同じものに、しかも同じ仕方で向かっている場合には、同じ体験だと考えるわけである。そこで第一に同じものに向かうということについて、第二に同じ仕方で向かうということについて、順番に考えてみよう。

まず、向かうものが同じというとき、よく言われるように、個別のもの、数の上で一つしかないといういみで同じものに向かっている場合と、種類が同じといういみで同じものに向かっている場合とがある。我が家のトヨタ・カローラは個別のものだが、隣の家もたまたまカローラを持っている。種類が同じだが個別には異なり、混同することはない。

ちなみに私たちにとって大切なものは、つねに世界に唯一つしかない個別のものであるように思われるかもしれない。しかし少し考えてみるとわかるが、いくつかの場合を除いて、私たちが同じものに執着しているとき、たいてい問題なのは個別のものではなく、種類である。私が好きなあの店のラーメンは種類である。この眼の前の、私が食べてしまえば失われる一食分のラーメンに私は執着しているのではなく、その店のメニューにあり、だれが何度注文しても出てくる、同じ種類のラーメンに執着しているのである。これは家族や友人が作った料理でも原則同じだと思われる。たとえば亡くなった祖母の手料理を懐かしく思うとき、その故人は個別者であり、世界に一人しか存在しないが、彼女が作るその手料理は唯一のものではなく、何度も食べた、同じメニューである。映画はどうか。私が大事にして何度も再生している私のＤＶＤというメディアは個別のものであるが、私は個物としてのこのものに執着しているのではない。何かのひょうしにそのＤＶＤが破損したら、私は別のＤＶＤを探すだろう。そこですでに販売中止になっていたとしたら残念に思うだろうが、それは私のDVDが破損したことよりは、同じ種類の新たなDVDがもはや手に入らないことを残念がっている。しかし、もちろん物が個別のものとして尊重される場合もある。知人が描いた絵や手作りの制作物、他人にもらったプレゼント、自分で気に入って記念にしている品物や使い込んで愛着のある品物などはそう言えるだろう。

これに対して、人間を相手にするとき、また飼っている動物や、愛着のある土地などを問題にする場合には、たいてい個別のもの、個物、個人が問題になっているだろう。しかし他人に何かの役割を求めるときには、物の種類と似た事情になる。仕事を依頼するとき、現実には他に頼める人がいないからその人に頼むのだが、原則としては仕事ができる人であれば誰でもよいことになる。ただしそこでも仕事であれ何であれ、人の集団というのは人格を持った個人の共同体でもあり、礼儀に照らして個人が尊重されてもいるから、あまり人格の個別性を無視したような振る舞いは適切でないだろう。その反対に、一見すると人格をもった個人の側面が重視されるべき場面であっても、友人や結婚・恋愛のパートナーなどを積極的に探す場合などでは、たとえ詳しい条件や「好きなタイプ」を挙げるにしても、一定の特性をそなえている範囲内で誰でもよい誰かを対象にすることになるだろう（とはいえそれでも、条件を満たしていれば誰でもよいわけではないから難しいのかもしれない）。その一方で、たとえばある人が理想の恋人を思い描いて、その人と何度も想像上の会話をしたりするとき、その相手は個人ではないだろうか。また、幼い子供はしばしば妄想上の友達を作って、見えないその友達に名前をつけ、一緒にままごとやさまざまな遊びをしたりする。想像上の人物でも、個人と言ってよいように思われる。ドラえもんやのび太くんは個人ではなかろうか。さらには、私には信仰心がないのでわからないのだが、神は、個人なのだろうか、それとも役割なのだろうか。この上ないほど普遍的な役割でありながら、やはり個人として向き合い、祈ったり感謝したりするようにも思われる。

いずれにしても、こうして数の上で一つのものであれ、同じ種類のものであれ、同じものに向きあっているということは、同じ体験をしていると言えるための必要条件だとされる。もう一つの、同じ仕方で、という点について言えば、そこでさらに二とおりのものが考えられる。一つは、同じものについて、その同じ側面や同じ特徴に注目しつつ、それに向き合うことができる。もう一つは、私がそれについてとる思い、考え、感じたりすること、つまり心的な態度についてのヴァリエーションにおける同じさがある。

前者について言えば、先に考えた同じものの延長で考えることができる。同じ仕方で向き合うということを、その当の対象の特定の側面ないし特徴について注目することだと考えることができるからである。よく例に挙げられるように、同じサイコロが、それを見る角度によって、異なる側面から異なる仕方で見られることになる。このように空間的な視点の相違によって同じものがさまざまに現れてくるので、厳密に考えて、ある特定の角度から見られた限りでの同じ対象の体験のみが、同じ体験と見なされる場合もあるかもしれない。またその対象は、空間的な位置関係による見え方だけではなく、視覚的でない特性や、さらには感覚的ではなく概念的で抽象的な性格なども持っている。こうした特性や性格のどれに注目するかで、同じ対象に向かうその向き合い方にも違いがでてくるだろう。

心的な態度というのは、同じ対象について、それを単に知覚する場合もあれば、眼の前にない場合に思い浮かべたり、現在のものとして知覚したり過去のものとして思い出したり将来のものとして予期したりする場合もあるし、確実だと見なしたり単に推測したり、疑わしいと思ったりすることもあり、さらには、同じ対象に悲しい、嬉しい、好きである・嫌いであるとか、感情をもって向かうこともある、といったことである。この心的な態度については、言語的にどう表現されるかも参考にして、さまざまな類型が区別されるだろう。感情の場合、そのときどきの細かな感情を考慮すればそのつど違うとも言えるが、悲しみ・喜びといった大まかな分類を基本に考え、それをこえて細かいニュアンスを問題にする場合には、いくつかの基本感情の混合物あるいは中間段階として捉えることもできる。

このような点を考慮して、同じものに、同じ仕方で向かうとき、私は同じ体験をしている。これはフッサールが「志向的体験」と呼んで分析した、私たちの体験の基本的な構造から言えることである。フッサールはそこで、先述したような、体験の対象の種類や対象がもつ性格、心的な態度などによる規定を、体験の「志向的内容」あるいは「志向的本質」と呼び（『論理学研究』第五研究一六節・二一節参照）、この規定が同じ体験はおおよそ同じ体験と見なすことができると考えている。もちろんさらに細かいそのつどのニュアンスや、特に取り沙汰されないさまざまなノイズなども含めて考えると、そのつど体験は同じでないとも言えるが（こうした要素も含めた体験の内容は「記述的内容」と呼ばれる。同上）、それでも一見するとどうやって区別し分類するか途方に暮れてしまうような体験のあり方に対して、もっともな基準を設けていると言える。

3　「過程」としての体験

ところで、これは研究者のあいだでもあまり指摘されない話題であるが、フッサールはもう一つ別の仕方で、ある体験を同定することを考えている。その点について紹介したい。

私たちが日常生活の尺度として通常使っている客観的時間とは別に、体験が流れていく「現象学的時間」をフッサールが考えていたことはよく知られている。現象学的時間においては、原印象・把持・予持という、時間の様態にかかわる3つの微細な意識が働いている。現在経験しているものは多かれ少なかれ時間的な広がりを持っており、たったいま過ぎ去ったものはただちに消え去っていくわけではなく、意識において一定のあいだとどまっており、たとえば、いま聞いている曲における直前の音やフレーズは、現在においても意識にとどまっているが、このたったいま過ぎ去ったものを引き止める働きが把持である。その反対に、未来の方向に向けられた、まもなくやってくるものを待ち受ける働きが予持であり、たとえばすでに知っている曲であれば、私たちは流れてくるメロディーの次のフレーズを、予持をつうじて待ち受けており、だからこそ口ずさんだりすることができる。こうした把持と予持とのあいだの、瞬間的な現在の意識は原印象と呼ばれ、これは現在の瞬間に対応するが、時間的なものは具体的には連続しているので、原印象は具体的には把持や予持と連続しておりその境界をなしている。

この把持や予持の働きにより、体験の内容的な統一は形成される。「ド・レ・ミ・……」というメロディーが統一を形成する様子を説明しよう。まず最初の「ド」が鳴るとき、原印象がこれにかかわるが、この「ド」はすぐさま過ぎ去り、把持へと変様する。いやむしろ、「ド」の音もそれ自体一つの持続だろうから、ドの音の連続それじたいが把持と原印象との連続体であり、その連続体の現在の先端が原印象ということになろう。次に「レ」が鳴り、この音は先の「ド」と同様持続するが、そのとき、先ほどまで鳴っていた「ド」の音は鳴り止み、把持によって現在に鳴っている「レ」と結びつき、「ド・レ」という連続体が形成される。ただしこの連続体は、「レ」を聞いているまさにこの時点の私の意識に属しているのである。さらに次に「ミ」が鳴るとき、直前の「レ」が同様に把持によって引き留められ、現在の「ミ」と結びつくが、その「レ」にはさらに前の「ド」が付随しているので、具体的にはその全体である「ド・レ」が「ミ」に結びつき、「ド・レ・ミ」という全体が形成される。こうして、単に瞬間ごとにそのつど鳴っている一つの音だけが聞かれるのではなく、一定の時間的な広がりがそのつどの音に結びつき、その全体の前後関係の中で聞かれるために、メロディー全体もまた広いいみで「聞かれている」と言えるのであり、全体として音程が上がっていくような印象を受けるのである。

フッサールの時間意識のこの議論はよく知られているが、これは内容面からメロディーのような複合体の形成を説明する議論である。私が紹介したいのは、これとは別に、形式面から体験が時間的持続として形成されるという議論である。

何かが時間の中で経験されるとき、まずは現在として、「いま」として経験されるが、そのとき経験された内容は、「いま」という時間点の刻印を受ける。ここで、いつも変わることのない現在としての「いま」と、その当の内容が「いま」であったまさにそのとき経験されたといういみでのいまとを区別しなければならない。前者のいまは時間の中で現実の私がつねにそこに立つ不動の位置であり、そこを基準にして過去と未来とが区別される現在であるが、後者のいまは時間の中にある位置であり、その内容が経験されたまさにそのときを表す。この後者のいまも、前者とは異なるいみで不動である。客観的時間に戻って考えてみよう。私はいま、二〇二二年七月二九日の金曜日一五時二五分、この原稿を書いている。二〇二二年七月二九日の金曜日一五時二五分は、大袈裟に言えば有史以来、さらには宇宙の始まり以来の時間の経過全体の中で、この瞬間しかない。しかもこの事情は、一日後、一週間後、一年後、十年後になっても変わらず、二〇二二年七月二九日の金曜日一五時二五分と言えば私がこの原稿を書いていたその瞬間を指し示し、今後もずっと指し示し続ける。他方ではこの時点を、「一分前」「一時間前」「一日前」と表現することもできるだろう。その場合、時が経つにつれて遠ざかりつつあり、現実の私が立つ前者の不動のいまからの距離によってその時点は測られることになる。そう考えると、現実の私のいまに対して、その時点は絶えず時間関係を変化させているとも言える。しかし先ほどのように、この原稿にまさに「二〇二二年七月二九日の金曜日一五時二五分」と書き留めたときの時点は、決して変わることなく「二〇二二年七月二九日の金曜日一五時二五分」であり続ける。この後者の時間位置のことをフッサールは、「絶対的時間位置」（『内的時間意識の現象学』三二節）と呼ぶ。

この絶対的時間位置が現象学的時間におけるあらゆる時点に刻印されていると考えれば、それは客観的時間においてさまざまな基準で測られる時点に対応することになるので、もはや現象学的時間と客観的時間を区別する必要はないことになる（『内的時間意識の現象学』四三節）。こうして最終的には、私の体験の時間は客観的時間と一つにならなければならない。この構成された時間の上で、体験が時間位置をもとに個別化されるのである。

フッサールは中期の主著『イデーンⅠ』（一九一三年）を執筆・公表する少し前、一九〇九年の講義において、時間の中に存在するもののあり方について二種類のものを区別している。一つは、「物」と呼ばれるものである。「物」はさまざまな相貌や側面を見せながら持続的に経験されるが、そうした経験の持続を貫いて同一性を保つ。しかし「物」はある時点において、まったく完全に存在することができる。つまり、物は完全に存在するために、時間の広がりを必要とはしていないのである。もう一つは、同じく持続するが、持続する仕方が異なる、「過程」というものである。過程は、ある時間的な広がりを満たしている、時間的な連続をもつものであり、この過程が持続しているあいだのあらゆる時点が、過程を形成するために寄与している。つまり、ひと連なりの時間的経過のうち、経過のどの部分が欠けても完全な過程にはならないようなものである。

たとえば現象学でよく知覚対象の例に挙げられる、サイコロは典型的な「物」だろう。サイコロはいろいろな面から観察することができ、ゆっくりと回転させればさまざまな角度から異なる現れ方をするが、この変化する現れの継起をつうじて同一のものでありつづける。しかし、存在するためにこの継起が必ず必要かというと、そうではなく、このサイコロはその継起の中のある特定の時点において存在し、しかも完全に存在すると言える。他方、過程は音楽の楽曲や、再生される映画に似ている。曲が始まってから終わるまで、映画が始まってから終わるまでの、時間的な連続の全体で一つの作品が形成されている。始まってからちょうど時間的に真ん中の時点までしか演奏・再生されないならば、それは不完全であり、あるいはどこかの時点で一瞬だけでも途切れていると感じられた場合にすら、その後すぐに再開しても、その曲ないし映画は不完全であると感じられるだろう。

フッサールはこの過程という概念を、まさに体験を分析するために案出したのだと思われる。過程はまさに、始まってから終わるまでの各時点における状態（「位相」と呼ばれる）の総和によって、その同一性が定義される。では、過程の同一性は、数の上で一つのもの、個別のものの同一性だろうか？　ある時点から別のある時点までのすべての時点を、絶対的時間位置として考え、当の過程をあくまでも唯一の時間のうちのその時間帯に結び付けられたものと考えるならば、それは個別のものの同一性ということになるだろう。しかし、音楽や映画になぞらえて考えてみよう。最初から最後まで再生できる時間がありさえすれば、一回限りではなく、何度も同じものが繰り返され、繰り返し味わうことができる。このコンテンツとしての音楽や映画は、種類だと思われる。同様に、最初の位相から最後の位相までの、体験の実質の連続体を、現実にそっくり反復することはほぼ不可能であろうが、原理的には反復可能な、その体験の種類にかんする同一性を考えることができる。

これは、前節で紹介した、「志向的内容」によって規定される同一性よりもきめ細かいと言える。5分間ぐらいの動画を見る経験について考えよう。その動画を適切に記述する表現を用いて、これこれの動画を見ること、というように志向的内容を規定すれば、この経験も種類として規定され、以後その同じ動画を見れば、私は同じ経験をしたと言える。しかし「過程」として体験を規定した場合、その動画をどういうデバイスの画面で見るか、どの角度から見るかによってそれぞれ異なった経験になるだろう。あるいは、まったく同じ角度から同じ画面を見て、部屋の明るさなども調整することで、まったく同じ視聴環境を作り出したとしても、先に述べたようなそれ以前の体験の状態が干渉してきて、経験の質がじゃっかん異なるものになるし、またその動画を見て抱いた印象も、そのつど異なるものになるだろう。したがってこの過程による基準で体験の種類を規定した場合には、その同じ体験を繰り返すことは現実にはほぼ不可能である。

体験について、種類としての同一性が、個別者の数の上で一つであることから区別できたとしても、現実には反復不可能であるならば、体験を過程として捉えることにいったいどんな意味があるのだろうか。しかし、ここからたしかに言えることがある。それは、体験はこの過程として捉えられるかぎり、必然的に与えられているということ、より正確に言えば、別様には与えられえないということである。

ある時点の同時的な体験の要素の集合をa_1としよう。次の時点の同時的な体験の要素の集合をa_2とし、同様にa_3, a_4, …… a_nとして、a_1からa_nまでの連続体としての過程を考えよう。この体験a_1-a_nをAとする。他方、a_1, a_2, a_3, ……ときて、途中のa_kの次にa_{k+1}ではなくa'_{k+1}という別の状態となり、以下a'_{k+2}, a'_{k+3}, …… a'_nとずっと異なる状態が続いたとする。このa_1からa'_nまでの過程をA'とすると、このA'は同じAが別様に与えられたものではなく、端的にAではない。Aは位相a_1, a_2, …… a_nによって規定されるからだ。

「物」の場合は、それについての体験が途中で異なる経過をたどったとしても、それが同じ物についての体験であることをやめない。そこで、あらかじめ形成されたその物についての意味づけが、あとになって訂正を受け、最初はBについての経験だと思っていたのがあとになってB'についての体験だったと訂正される、ということが起こる。つまり、いずれも同じものについての経過であるために、互いに矛盾するような体験経過があった場合には、この矛盾を排除するような意味づけが働くのである。フッサールはこうした経過を、向こうの方に誰かが立っていると思ったら蠟人形だった、という見間違いの例に即して分析している（『論理学研究』第五研究二七節参照）。

過程Aについては、これに対応することは起こるだろうか。まずAをはじめて体験したあとに、AをAだと認識しながら二度目に体験するときにはすでに異なる過程が生じていることに注意しよう。また、当初なされていたAだという意味づけがあとから訂正され、A'だという新たな意味づけがそれまでの過程にさかのぼってなされるとしても、途中の気づきにいたるまでの、前半の部分的過程が（誤って）Aとして意味づけされていたという部分的過程は、事実上の経過としては抹消されず、依然として過程の前半をなしている。またそれを含めた訂正のプロセス全体は、新たなA''とでも言うべき過程になる。つまり体験全体が過程として一回的であり、一度生じた位相は抹消されることはないと言える。

したがって、そのつどの位相は各瞬間において絶対的に与えられている。体験の存在は絶対的である

（『イデーンⅠ－1』四六節）。このあり方は必然的だとも言われているが、必然的とは一般に、別様にはありえない、そのほかの仕方では存在しえない、ということである。一度生きられた体験が、その他の仕方で存在するということはありえない。

しかしこれは当たり前のことではなかろうか。そのつどの過程は事実として絶対的時間位置と結びついており、言葉の意味からして一回限りのものではなかろうか。しかしそうではない。過程は事実上は一回的であっても、原理的には絶対的時間位置と切り離すことができるのであり、このいみでは先に述べたように種類の同一性に近い。つまり原理的には反復されうるのだが、事実上反復されえないだけなのである。そこで最後にこのことを考えるために、永劫回帰について考えてみよう。

4　永劫回帰

ニーチェ（Friedrich Wilhelm Nietzsche, 一八四四－一九〇〇）の永劫回帰の思想は有名だが、ここでは私なりに考えた永劫回帰で我慢していただきたい。永劫回帰とは私の理解によれば、宇宙がその始まりからその終わりまでのプロセスを終えると、最初の始まりの状態に戻り、そこからまた宇宙が始まって、一瞬たりとも違わない、まったく同じプロセスが繰り返され、再び宇宙が終わり、そしてまた同じプロセスが始まって、以下、無限に繰り返されるという想定である。私はこの想定の眼目は、もしこれを受け入れるならば、必然と偶然の区別がなくなることにあると思う。例えば私はふだん車の通らない路地の角から飛び出して、そこにたまたま通りがかった車にはねられてしまった。いつもは車が通らないのに、たまたまそのときは車が来て、運が悪かった。これはめったに起こらない偶然だと理解される。しかし宇宙の全プロセスとともに、私の人生もその誕生から死亡までが繰り返され、無限に繰り返されるとするならば、そのとき私がその路地で車にはねられることも「必ず」無限に繰り返され、必然的だということになる。逆に必然的真理だとされる重力の法則について考えてみよう。この法則にしたがって、地球上では、手に持っているものは何であれ手を離すと地面に向かって落ちる。このことは必然的であり、そのものがなんであれ、何度繰り返しても、地球上のどこで誰が試しても、手に持ったものは手を離すと必ず落ちるだろう。とはいえ、その回数は全人類が行った回数を総計するとおびただしい数になるが、人類誕生から滅亡までの全回数は有限回のはずだ。これが必然的だと言えるのは、未来へと無限に延びる時間の中で、無限回繰り返してもやはり同じことが起こるからであって、有限回ではいまだ必然的とは言えない。これが永劫回帰の中で無限回繰り返されるならば、必然性だと言えるだろう。そう考えると、私が路地で事故に遭うということと、重力の法則により手を離すと手に持ったものが落ちるということは、いずれも一回の宇宙の生成消滅の内部では有限回のものが無限回繰り返されることであり、必然性の度合いに違いはないことになるわけである。

無限回繰り返されるプロセスの中で、特別にそのループの回数だけは累積的にカウントされることにしよう（カウントする主体を永劫回帰の外に立てると、また永劫回帰の趣旨に反するが）。そうすると、一度目の宇宙の生成消滅のプロセス、二度目のプロセス、三度目……と、その各々において、私の体験はすべて同じように繰り返されることになるが、何番目に起こったかというその点においてのみ個別的には区別される。こうしてみると、一回限りの体験も、個別のものではなく種類に似たものであることがはっきりする。際限なく、同じ体験の種類が繰り返されるが、体験が「別様にはありえない」という性格は維持されている。つまり、ある種類の体験が一回しか起こらないということと、同じことが無限回繰り返されるということは、いずれも「別様にはありえない」という点では共通なのであり、別様にはありえないならば、それは必然的だということになる。

この考えはどこか間違っているだろうか。目下のところ私はこの考えが気に入っている。この世界はますますおかしなことになり、私にとって大事なものはますます私から遠ざけられ、このさき面白いことはなにもないかもしれない。それでも同じ人生がまた繰り返されると考えると、それはなにか愉快なことのように思う。次の回の人生には、今回と同じように取り返しのつかないことがあるだろう。私はその後どれほど後悔したかもまったく忘れて（というのももし覚えていたら同じではないのだから）、二度と会うことのできない人々に再び出会い、同じ失敗をするだろう。しかしそれは悪くないことのように思う。

▪文献

フッサール、エトムント『論理学研究３』、立松弘孝・松井良和【訳】、みすず書房、一九七四年。

――『イデーンⅠ－１』、渡辺二郎【訳】、みすず書房、一九七九年。

――『イデーンⅡ－１』、立松弘孝・別所良美【訳】、みすず書房、二〇〇一年。

――『内的時間意識の現象学』、谷徹【訳】、ちくま学芸文庫、二〇一六年。

第6章

像はどのようにあらわれるのか

フッサールの像意識論を解釈して擁護する

植村 玄輝
Genki Uemura

はじめに

さまざまな物事を、それがどうやってあらわれるかにもとづいて明らかにしよう——現象学のもくろみをひとことで表現しなければいけないならば、私たちはこう述べることができる。この標語は、かの有名な(しかしそれだけではほとんど何も言っていない)「事象そのものへ!」よりもすこし、現象学の手法を簡潔に語るぶんだけ実質的だ。物事ないし事象を論じるために、現象学者たちはそのあらわれ方に注意を払う。

本章の目的は、現象学的な議論のあり方をさらに実質的に示すことにある。本章は、像とそのあらわれ方をめぐるE・フッサール(Edmund Husserl, 一八五九 - 一九三八)の議論を解釈し、その擁護を試みる。ここでの「像(Bild)」とは、大雑把には、写真や絵画などのことである。私たちはこれらを単なる紙や布ではなく、何かを描写するもの、つまり像として見る。だが、何かを像として見るときに、私たちは何を見ているのだろうか。それを「見る」とは、より正確にはどのようなことなのだろうか。こうした疑問に本章はひとつの答えを与えることになる。

注意書きをしておこう。像についてフッサールが論じたテクストの大部分は、『フッサール全集』第二三巻にまとめられている。この巻に収められたもののうち、本章は、ほぼ一九〇四／〇五年講義の第三部「想像と像意識」だけを扱う。いまから擁護したいのは、この講義に見られるフッサールの立場だからである。また、本章は像に関する包括的な議論を目指すわけではない。像のなかには彫刻のような立体的なものも含まれるが、本章が主に取り上げるのは、平面的な像、たとえば写真や絵画である。また絵画といっても、以下では写実的なものを念頭に置いて話を進める。いわゆる抽象画は議論の対象外となる。こうした制限が必要なのは、像とは何かという問題が、一挙に答えられるほど簡単ではなさそうだという見込みがあるからだ。本章では「描写する」と「描き出す」を同じ意味で用いる。ここでの描写とは、描写するものと描写されるものの類似にもとづくものである（描写に関するこの前提も実は議論の対象になりうるが、ここでは単に前提する）。

本章は以下のような手順で進められる。第一節では、像に関するフッサールの一九〇四／〇五年講義での立場を整理し、その特徴が「像客体」と呼ばれるものを認める点にあることをはっきりさせる。第二節では、像客体に関するフッサールの議論へと向けられるはずの疑念を取り上げる。第三節では、像客体に関する既存の解釈のいくつかを吟味し、それらに代わる新しい解釈を示す。第四節では、新解釈を擁護する。

1　物的な像・像主題・像客体――フッサールの基本的発想

像に関するフッサールの議論を、まずは一九〇四／〇五年講義のより大きな流れに位置づけておこう。この議論が展開される同講義第三部は、フッサールにとって、先立つ箇所での知覚体験の分析を補足するものである。知覚の現象学は、それと類似する現象である想像を扱わずに探究できる閉じた領域ではない（フッサール「想像と像意識」第一章冒頭部）。この見通しにしたがって、フッサールは知覚と想像のあいだに成り立つ類似と相違を、かなり細かいところにまで立ち入って論じることになる。こうした分析の一環として、フッサールは何かを像として見る体験を取り上げる。

想像と知覚を比較するフッサールの分析のうち、本章の目的にとって重要なのは、両者における対象のあらわれ方の違いに関するものである（この段落と次の段落は「想像と像意識」第二章第八節にもとづく）。私たちが何かを知覚するとき、その何かは私たちに、いま存在するものとしてあらわれる。それに対して、その場になくてもよい何かを意図的に思い浮かべるという想像体験の対象は、あたかも存在するかのようにあらわれる。想像のなかであらわれる対象には、「いま存在する」という要素が欠けているというのである。想像においてこのようにあらわれる対象は、何かを描き出す像である。こうした像は、現実の対象が想像される場合にも私たちにたいしてあらわれる。たとえば、ベルリンの王宮を想像するとき私の目の前にあらわれるのは、あたかも存在するかのような王宮の像であって、（この講義が行われた時代のベルリンに）現実に存在する王宮ではない。

こうしてフッサールは、想像のなかで私たちにあらわれる像と、その像が描き出す事柄（Sache）を区別する。何かを想像するとき、私たちにはその何かを描写する像が、あたかも存在するかのようにあらわれる。このとき像によって描写された事柄を、私たちはときに存在するものとみなす。たとえば、ベルリンの王宮をゲッティンゲンで想像する場合がそうである。もちろん私たちは、像によって描写された事柄を現実に存在するとみなさずに想像をするときもある。たとえば、ペガサスが飛ぶ姿を想像する場合がそれだ。このように、対象を現実に存在するとみなす働きが想像にともなうかどうかは、想像のなかにあらわれる像の特徴によってではなく、その像によって描写される事柄に対する私たちの態度によって決まるということになる（ただしフッサールは「想像と像意識」での想像に関する見解をのちに放棄する）。

想像において私たちにあらわれるのは想像の対象ではなくその像であるという見解にもとづいて、フッサールは二つの像概念を区別する。

ここで事柄と像が区別されるのだとしたら、私たちはただちに、像の概念がここで二重化されるのに気づく。描写される事柄が、二重のものに対置されるのである。(1)物理的な物としての像、つまり、色を塗られて枠に入れられたこの画布としての像、印刷が施されたこの紙としての像など。この意味で、私たちは、像が曲がっているとかひび割れているとか、像が壁にかかっているなどの言い方をする。(2)特定の色や造形を通じてこれこれのようにあらわれる像客体。像客体ということで私たちが理解するのは、描き出された客体つまり像主題ではなく、想像における像の正確な類比物である。つまりそれは、像主題の代理としてあらわれる客体である。（フッサール「想像と像意識」第二章第九節）

次に引用する箇所をみるとよりはっきりするのだが、目下の文脈でフッサールの念頭にあるのは、現実に存在する物的対象をそれとは別の何かの像として体験すること（たとえば写真を見ること）という事例だ。こうした場合に私たちは、物的対象としての像を知覚するだけでなく、想像においてあらわれるのと同じような像についての体験を持つというのである。フッサールはこの像を「像客体」と呼び、像客体があらわれる体験を「像意識（Bildbewusstsein）」と名づけたうえで、先に取り上げたような想像から区別する。

　私たちはこれで、冒頭の問いへのとりあえずの答えを手に入れたことになる。フッサールによれば、何かを像として見るとき、私たちは像客体を「見て」いる。しかし、像客体を「見る」ことは、現実に存在する物体としての像を見ることとは異なるとされる。それはむしろ、想像に似た何かと考えられている。したがって以下では、像客体を「見る」という表現を避け、必要なときには像客体「(について)の体験」というような言い方をしよう。なお、像客体の体験は像意識の構成要素であって、像意識全体と同じではない。

　とりあえずの答えは、とりあえずのものでしかない。像客体とは何か、それを体験するとはどういうことかという疑問がすぐに出てくるからだ。この新たな問題に答えるかのように、フッサールは先の引用のすぐあとで具体例を出す。

たとえば、ある子供を描き出す一枚の写真が私たちの前にあるとする。この写真はその子供をどう描き出すだろうか。それは、その写真がまずもって、ある像——その子供と確かに完全に類似しているが、あらわれる大きさや色などに関してその子供からまったくはっきりとかけ離れた像——を投影することによってである。ここであらわれるミニチュアの子供は、紫がかった灰色をしているのであり、当然のことながら、思念された子供つまり描き出された子供ではない。それは当の子供自身ではなく、その写真的な像なのである。私たちが像についてそのように語り、「その像は出来損ないだ」、「その像はオリジナルとはこれこれの点に関してのみ似ている」、「その像はオリジナルと完璧に似ている」と判断するとき、私たちが考えているのは、当然ながら、物的な像、机の上のここにあったり壁にかかっていたりする物のことではない。

(フッサール「想像と像意識」第二章第九節)

小さな紙片を子供の写った写真として体験するとき、私たちには、その子供をかなり忠実に描写する像があらわれる。この像はその子供本人ではない。なぜなら、このとき私たちにあらわれるものは、実際の子供よりもずっと小さいし、実際とは異なる色を持つからだ（フッサールの時代には、写真といえばモノクロである）。ここまではいいだろう。問題はここから先にある。フッサールは、写真を見るときに私たちにあらわれる像に、実際の子供を描写するという機能を認める。こうした像が「像客体」と呼ばれる。像客体は、物的な像、つまり写真を見ているときに目の前にある紙片やその上の黒い細かい点の集まりから区別される。また、このとき描写される子供は「像主題」と呼ばれる。

像意識に関するフッサールの立場を整理しよう。フッサールによれば、像意識（たとえば、一枚の写真を子供の写真として体験すること）は、(a)物的な像（「像物体（Bildding）」とも呼ばれる）、(b)像主題（Bildsujet）、(c)像客体（Bildobjekt）（「像客観」とも訳される）のみっつにかかわる。(a)物的な像とは、木や石と同じように世界のなかに存在する像のことである。物的な対象をそれとは別の何かの像として体験するためには、私たちはなんらかの物的な像を知覚しなければならない。(b)像主題とは、物的な対象をそれ自身とは別の何かの像として体験するときの「別の何か」である。これが「主題」と呼ばれるのは、像主題が、それを描き出す像にとって題材となる事柄だからだろう。像主題は現実のものでも虚構のものでもよい。絵画のなかには、現実に存在する人物や風景を描いたものもあれば、虚構の人物や風景を描いたものもある。ここまでは、多くの人が問題なく同意することだろう。(c)フッサールの像意識論の独特さは、ふたつの対象だけで話が済みそうな場面で、さらにもうひとつ、像客体という対象を認める点にある。現実に存在していたりしていなかったりする何か、つまり像主題を描写するのは、物的な像ではなく像客体だというのである。先の引用にもあったように、物的な像は像客体を「投影する（entwerfen）」にすぎない（この比喩的な言い回しが正確に何を意味するのかははっきりしないが、今回はこの点には立ち入らない）。

2　像意識の分析に像客体は必要なのか

ここまで整理したフッサールの像意識論は、率直にいって飲み込みにくい。というのも、像客体とは何か、それを物的な像からなぜ区別しなければならないのかが、まだはっきりしていないからだ。まずはフッサールの言い分を確認しよう。

> 物としての写真は現実の客体であり、知覚のなかでそのようなものとして受け取られる。しかしあの像〔＝像客体〕は、過去にも未来にも決して存在しないものとしてあらわれる。当然ながら、それは私たちには一瞬たりとも現実のものとして通用しない。したがって私たちは、物的な像から、代理する像を〔…〕区別する。（フッサール「想像と像意識」第二章第九節）

議論の骨子は単純明快だ。物的な像は現実的なものとしてあらわれる。像客体は現実的なものとしては決してあらわれない。したがって、物的な像と像客体は別のものである。

だが、これだけでは納得できない人も多いはずだ。フッサールは右の引用文中で、像客体が現実のものとして決してあらわれないということを当然のことのように扱い、それ以上論じない。しかしここには疑問が残る。フッサールの主張の根拠として少なくとも三通りのものが考えられるが、そのどれもが十分には説得的でないのである。

第一の根拠は、像意識に関するフッサールの議論が想像の現象学的分析から重要な見解を借りている点から引き出される。「想像と像意識」によれば、何かを想像することとは、その何かを描き出す像についての体験を持つことである。この像は、「あたかも存在するかのようなもの」という身分を持つとされる。そして像客体は、想像における像の正確な類比物として導入される。すでに確認したこの一連の議論を踏まえれば、像客体は決して現実的なものとしてあらわれないとフッサールがなぜ主張したのかがわかる。像客体は、想像における像と同様に、あたかも存在するかのようなものでしかないからだ。

第一の根拠は、フッサールが意図した議論の再構成としてはおそらく正確だろう。しかし、議論そのものはそれほど説得的ではない。なぜなら、像客体と想像における像の類比というフッサールの発想に根拠が与えられていないからだ。この類比をもっともなものとするためには、像客体が現実的なものとしてあらわれないことを、当の類比を前提せずに示さなければならない。次に取り上げるふたつの根拠は、こうした議論の試みでもある。

第二の根拠は、像意識についてフッサールが明示的に述べることを手がかりにして引き出される。フッサールによれば、子供の写真を体験するとき、そこで描き出された子供が私たちにあらわれるわけではない。このとき私たちにあらわれるもの、つまり像は、その子供によく似ているとはいえ、色と大きさに関してはその子供とはずいぶん異なる。するとこの像は、それが描き出す現実の子供とは同じものとしてあらわれないという意味では、決して現実的なものとしてはあらわれない。こうした考え方は、虚構の対象を描き出す像の体験もうまく扱える。こうした体験の場合、私たちにあらわれる像には「それが描き出す現実のもの」がない。そのためこの像は、それが描き出す現実のものと同一のものとしてあらわれることが決してない。

第二の根拠に含まれる指摘はもっともだが、フッサールの主張を強くサポートするわけではない。なぜなら、ここで指摘されたことはどれも、物的な像にも当てはめようとすればそうできるからだ。子供を描き出す写真を体験するとき、私たちは一枚の紙片を知覚してもいる。このとき私たちに知覚的にあらわれるものもまた、色と大きさに関して、その子供とずいぶん異なるだろう。すると、物的な像もまた、描き出された現実の対象と同じものとしてあらわれていないという意味では、現実的なものとしてあらわれていないはずだ。こうした反論を押し返すだけの力を第二の根拠は持たない。

第三の根拠は、像意識についてフッサールがかならずしも明示的に述べていないことも手がかりにして得られるものだ。子供の写真についての体験は、描き出された子供についての体験でもある。しかしこのとき、描き出された子供が私たちの身の回りにいる必要はもちろんない。また、たとえこのときその子供がその場に居合わせたのだとしても、そのことは、子供の写真についての私たちの体験そのものの特徴を変えるわけではないはずだ。このように、像意識そのものにとって、そこで描き出された対象はいつでも不在である。そうであるにもかかわらず、像意識を持つときに私たちには何かがあらわれ、そのおかげで私たちは不在の対象についての体験を持つ。こうした事情を理解するためのやり方のひとつは、「像意識において、私たちには不在の対象があらわれる」と考えることだろう。ところで、何かの不在とは、その何かが現実にその場に居合わせないという意味で現実的ではないということでもある。するとこの意味では、像意識においてあらわれる不在の対象は、決して現実のものとしてあらわれないということになるだろう。こうした「不在のあらわれ」を分析するために導入されたのが像客体であり、そのため像客体は決して現実のものとしてあらわれない。

第三の根拠にも無理がある。たしかに、「像意識において私たちには不在のものがあらわれる」という言い方をすることはできるだろう。しかし、このときに不在であるのは、あくまでもフッサールが「像主題」と呼ぶものである。そしてフッサールによれば、像主題はそれを描き出す像客体から区別される。そのため、像意識における「不在のあらわれ」が像客体によって分析されることそれ自体は、像客体が不在のものとして（そしてその意味で、現実的ではないものとして）あらわれるということを保証しない。像客体は現実的なものとしてあらわれないという主張をそれでもまだ押し通そうとするためには、第一の解釈や第二の解釈にしたがって議論をするしかないだろう。しかし、どちらの場合の議論もそのままでは説得力に欠けることは、すでに指摘した通りだ。

以上より、像客体を物的な像とも像主題とも異なるものとして認めるフッサールの見解は、そう簡単に十分な根拠を与えられるものではないと考えていいだろう。するとここで疑問がひとつ浮かぶ。像意識を分析するためにそもそも像客体を持ち出す必要があるのだろうか。これまでの議論であきらかになったように、フッサールが像客体にみとめた役割はどれも、物的な像と像主題に分担させることもできる。像意識においてあらわれるものが現実的ではないことは、そこで描き出される像主題が先に述べたような意味で不在であるというふうにも理解できる。また、像主題を描き出すものは、物的な像であってもいいはずである。そうだとすると、フッサールは像意識を「物的な像がその場に不在の像主題を描き出すことの体験」として分析することもできたのではないだろうか。

3　像客体に向けられた疑念を取り除く

こうした疑念を晴らしたい。この節では、フッサールの像意識論を扱った先行研究をいくつか吟味した上で、そのどれとも違うやり方でフッサールの立場を解釈し擁護する。

まず取り上げたいのは、像客体を平面とみなす金田の解釈である（金田晉『芸術作品の現象学』、第三章第二節二）。この解釈は、以下のような議論として再構成できる。絵画表現は平面の上で展開される（あるいは、そうされなければならない）。しかし、物的な像としての画布は平面ではない。画布には、わずかとはいえ凹凸つまり奥行きがあるからだ。そのため、絵画を鑑賞するときに私たちが体験する平面は、像物体とは別のものによって実現されているのでなければならない。この「別のもの」こそ、像客体である。

金田の議論はそれ自体としては興味深いが、像意識に関するフッサールの見解を守るためにこの解釈を採用するのは難しい。この解釈にしたがえば、像客体が現実的なものとしては決してあらわれないという主張はたしかにもっともになるだろう。言葉の厳密な意味での平面は決して現実には存在しないからだ。しかしながら、金田はこの解釈を提出する際に、フッサールからテクスト上の根拠を引かない。また、この解釈の出発点となる「絵画表現は平面の上で展開される（あるいは、そうされなければならない）」という主張について、金田はテオ・ファン・ドゥースブルフやワシリー・カンディンスキーを引き合いに出しながら論じるのだが、彼らの絵画観にフッサールが同意するかはわからない（ここで、フッサールの芸術観自体は平凡だという伊集院の指摘を思い出してもいいだろう。伊集院令子『像と平面構成Ⅰ』、「あとがき」。金田もフッサールの具体的な芸術解釈を素人臭く陳腐なものと評価する。『芸術作品の現象学』、第二章第二節）。

次に、像客体を「媒介」とみなす田口の提案を取り上げよう（田口茂「受動的経験としての像経験」、とりわけ第一節2）。田口が主な典拠とするのは、フッサールが像意識にみとめた二重の拮抗ないし衝突である（フッサール「想像と像意識」、第四章第二五節。この拮抗ないし衝突［Widerstreit］については、伊集院もそれを「相克」と呼んだうえで詳しく論じている。『像と平面構成Ⅰ』、第一章）。フッサールによれば、私たちが像意識を持つとき、像客体のあらわれは、一方で物的な像と、他方で像主題と衝突するのである。同時にフッサールは、ここでは像客体と像主題が融合してあらわれるとも指摘している。およそ以上のようなフッサールの見解を手がかりに、田口は像客体を、像物体と像主題とが相互媒介する出来事という第三項とみなす。像意識のうちで、物的な像・像客体・像主題はひとつになっている。それにもかかわらず、物的な像とは異なるものが私たちにあらわれていること、像主題そのものが私たちにあらわれているわけではないことは、それぞれ自明である。像意識におけるこれらふたつの差異が交錯するところにあるのが像客体である。なお、こうした一連の発想を、田口はフッサールの解釈というよりも、フッサールの議論を独自に展開させたものとみなしているように思われる。

田口の提案も興味深いものだが、それをフッサール解釈として採用できるかはまだ明らかではない。フッサールによれば、像客体は像主題を類似性にもとづいて描写する。像客体を出来事とみなす田口の提案は、この基本的な発想と相性がよくない。というのも、像客体は、像主題と類似するために形を持たなければならないはずだが、出来事が形を持つ（出来事が丸かったり四角かったりする）ということは、少なくとも詳しい説明なしには受け入れがたいからである。そして、田口はいまのところそうした説明を提出していない。

最後に、物的な像と像客体をそれぞれがあらわれる条件の違いから区別する、小熊の解釈を取り上げよう（小熊正久「フッサールにおける像意識と想像」、第二節）。この解釈の典拠となるのは、フッサールが一九一二年に記した研究草稿の、およそ次のように再構成できる議論である（フッサール、「像意識とFiktumの理論について」、b）。像客体が私たちにあらわれるためには、私たちは物的な像を最適なしかたで知覚しなければならない。たとえば、絵の具が塗られ額装された画布にすれすれまで接近したり、反対にその画布が豆粒のようになるまで遠くに離れたりしたとき、私たちには何かを描き出す像客体があらわれない。だが、そのように画布を不適切に知覚した場合にも、物的な像としての画布はもちろん私たちにあらわれる。したがって、像客体は物的な像とは別のものである。

小熊の解釈は、フッサールの議論の再構成としては適切だが、先に挙げた疑念を払拭するものとはみなしがたい。像客体があらわれるためには物的な像の適切な知覚が必要であるというフッサールの見解は、像客体と物的な像が異なることを前提にしたうえで、この前提を明確化するものでしかない。この前提をとらずにフッサールが主張できるのは、像意識を持つためには物的な像の適切な知覚を持つことが必要だということに過ぎないだろう。しかしこの主張は、像客体を認めずに像意識を分析する立場を揺るがすわけではない。この立場の擁護者は、「物的な像が像主題を描き出すのは、その物的な像を適切に知覚したときに限られるのだ」と主張すれば、像客体の導入を依然として拒否できるだろう。

最後に、本章が提案し擁護する解釈を示そう。この解釈の根拠となるのは、物的な像は像主題を十分には描き出さないという事情である。眼鏡をかけた人の肖像写真を体験したとしよう（図）。このとき

図

私たちにあらわれる像は、眼鏡の奥に眼がある顔を描き出す。つまりこの像は、縦横の二次元に広がる形だけでなく、奥行きについても像主題と類似している。しかし、ここで私たちが知覚する物的な像は、奥行きに関して像主題とまったく似ていない。もちろん、物的な像にも奥行きはある。写真を見るとき私たちが知覚する紙にも厚みがある。だが、この紙とその上の細かな黒い点の配置は、像主題である人物がもつ奥行きとまったく似ていない（この人物は少なくとも文字通りの意味では薄っぺらではない）。したがって、この人物をその奥行きも含めて描き出すのは、物的な像とは別の何かである。以上によって、物的な像と像主題の両方から区別される像客体を導入する理由が得られる。しかもこのとき私たちは、像客体と想像における像の類比という根拠のあやふやな発想に頼る必要がない。

4　本章の解釈をさらに擁護する

いま述べた解釈は、像意識についてフッサールが述べたことと両立するが、フッサールのテクストを直接の典拠としない。これは弱点としてはっきり認めなければならない。だがこの解釈には、弱点を受け入れてでも採用すべきメリットもある。先の議論によって像客体を物的な像と異なるものとして導入したあとには、像客体は現実的なものとしては決してあらわれないというフッサールの主張にもっともな根拠を与えることができるのである。

誤った視覚的体験は、そこであらわれる対象に手を伸ばすことに一定の理由を与える。私が目の前にあるグラスに手を伸ばそうとしたが、その中身が麦茶ではなくめんつゆだと思い出して手を引っ込めたとしよう（この例は、B・ウィリアムズ（Bernard Williams, 一九二九－二〇〇三）が「内的理由と外的理由」で用いた、ガソリンをジンと勘違いして飲む男の例を、ウィリアムズとは別の目的のためにアレンジしたものである）。もしこのとき誰かに「なぜそのグラスに手を伸ばしたの？」と聞かれたら、私は「（そのグラスに）麦茶が入っていると思ったからだ」と返答できる。そしてそのグラスに麦茶が入っていると思った理由をさらに挙げるためには、私は「そういうふうに見えたからだ」と、自分の当初の（実は誤っていた）視覚経験を持ち出すしかない。

それに対して、像意識はそこであらわれる像客体に手を伸ばす理由をまったく与えない。このことはほとんど自明だといっていいはずだが、説明もしてみよう。もし像意識がいま問題になっているような理由を与えうるのだとしたら、像客体が物的な像から区別されることを誰かに説明するために、私たちは一枚の写真を差し出し、こう述べるだけでいいことになるだろう。「顔じゃなくて、手前の眼鏡にだけ指を当ててみてよ。（少し間を置いて）まあ実際にはできないけど。でも、いま触ろうとしたのが像客体だよ」。しかし最初の指示は、その通りにしたがえるようなものではない。顔の手前に位置づけられてあらわれる眼鏡に触ろうとするための理由を、像意識は私にまったく与えないからだ。

こうした違いをもっともよく説明するためには、誤った視覚経験では対象が現実的なものとしてあらわれているが、像意識では像客体は現実的なものとして決してあらわれないと考える必要がある。現実的なものとしてあらわれていないものには、私たちは手を伸ばそうとしないのである。あるいは、そのようなものに私たちが手を伸ばそうとするならば、それは、たわむれにそうしているに過ぎないはずである（たとえば、トリックアートのドアノブを、トリックアートだとわかっていながらも触ろうとするときがそうだろう）。

おわりに

要点をまとめておこう。本章の目的は、像意識を物的な像・像客体・像主題によって分析するフッサールの立場を解釈し擁護することである。このとき問題になるのは、像客体とは何か、なぜそれが物的な像から区別されるのかというものである。この疑問に答えを与えることができる解釈として、本章は、像客体は縦横に広がる形だけでなく、奥行きに関しても像主題と類似するという考えを提案した。この解釈のメリットはふたつある。ひとつは、像客体と物的な像を区別するにあたって「像客体は決して現実的にあらわれない」というフッサールの主張を前提せずに済むというものである。もうひとつは、こうして像客体を導入したあとに、「像客体は決して現実的にあらわれない」という主張に適切な根拠を与えられるというものだ。

本章はフッサールの像意識論について、限定的な議論しかしていない。残された問題にひとつだけ触れておこう。奥行きに関しても像主題に類似するという点に訴えて像客体を物的な像から区別する議論は、写真や絵画のような平面的な画像に話を限ったときにのみ有効である。この議論は彫刻を例にして展開できない。なぜなら、物的な像としての彫刻もまた、像主題と奥行きに関する類似を持つ（あるいは持ちうる）からである。ここで私たちには、大きくわけてふたつの選択肢が与えられている。第一の選択肢は「物的な対象を何かの彫刻として体験するときにも、私たちには像客体があらわれている」と主張するものである。第二の選択肢は、「物的な対象を何かの彫刻として体験することは、本章で扱ったような像意識とは別の構造をもった体験である」と主張するというものである。本章に続きがあるとしたら、それは、これらの選択肢の検討から始まるはずである。

謝辞

像客体と像主題の奥行きに関する類似についての議論は、瀬崎景己さんの卒業論文を指導する過程で得られた着想である。また、本章の草稿に、田口茂さんと森功次さんからそれぞれ貴重なご助言をいただいた。記して感謝する。

・文献

伊集院令子『像と平面構成I——フッサール像意識分析の未開の新地』、晃洋書房、二〇〇一年。

ウィリアムズ、バーナード「内的理由と外的理由」鶴田尚美【訳】、『道徳的な運——哲学論集一九七三〜一九八〇』、伊勢田哲治【監訳】、勁草書房、二〇一九年。

小熊正久「フッサールにおける像意識と想像——一九一二年から一九一八年にかけての思想の進展」、『山形大学紀要 人文科学』、一八（四）、二〇一七年。

金田晉『芸術作品の現象学』、世界書院、一九九〇年。

田口茂「受動的経験としての像経験」、小熊正久・清塚邦彦編『画像と知覚の哲学——現象学と分析哲学からの接近』、東信堂、二〇一五年。

フッサール、エトムント『空想、像意識、想起』フッサール全集第二三巻、「想像と像意識」は一番テクストとして、「像意識とFiktumの理論について」は一七番テクストとして同書に収められている(Edmund Husserl, *Phantasie, Bildbewusstsein, Erinnerung, Husserliana* Bd. XXIII, Martinus Nijhoff, 1980.)。

第7章

魔術とは何か
自然主義的アプローチ

武内大
Dai Takeuchi

はじめに

魔術／魔法と言えば、童話やファンタジーでは不可欠のテーマである。なかでも「ハリー・ポッター」シリーズは、第一巻の刊行より、およそ四半世紀経った今でもなお絶大なる人気を誇っている。空中飛行、変身、念力、予言等々、魔術の中でも定番の技が至る所で登場する。主人公ハリーをはじめ、ホグワーツ魔法魔術学校の生徒たちが、箒に跨って空を飛翔したり、ポリジュースという薬を飲んで様々な人物や動物に変身したりするシーンは、実に印象的である。さらに、一角獣ユニコーン、半身半馬ケンタウロス、妖精ピクシー等々、不思議な生き物がたくさん登場するのもこの作品の魅力である。

しかし、魔術というのは空想物語の中だけのものではない。魔術師というのは現実の世界にも実在する。例えば、近代オカルティズムの父エリファス・レヴィ（Éliphas Lévi, 一八一〇－一八七五）、魔術結社

「黄金の夜明け団」の創立者の一人マグレガー・マサース（Macgregor Mathers, 一八五四－一九一八）、「二〇世紀最大の魔術師」とも謳われたアレイスター・クロウリー（Aleister Crowley, 一八七五－一九四七）などがその代表格である。さすがに彼らのような現実の魔術師たちが実際に空を飛んだり変身したりするとは誰も思わないであろう。しかし彼らは儀式を執り行い、霊的な存在者を召喚したりしていた。問題はこの霊的存在者である。そんなものはただの迷信だと多くの人は思うであろう。しかし魔術師たちは霊的存在者をリアルに体験したと主張する。それだけではない。驚くべきことに、彼らの中には空中飛行や変身の体験について語るものもいる。これは一体どういうことであろうか。彼らが嘘をついているようにも思えない。或いは単に妄想を抱いているに過ぎないのであろうか。

1　魔術とアストラル界

1.1　不思議の国、アストラル界

魔術というのは、かなり広く定義するなら、願望を達成するための術である。つまり現実を意のままにコントロールする術である。さらに言うなら、ある種の仮想世界を媒介として目的を達成しようとする点に魔術の大きな特徴がある。このような仮想世界は、多くの魔術師や神智学者たちの間で、「アストラル界」と呼ばれてきた。神智学では、世界をいくつもの層に分けてアストラル界という語を限定的に定義している。しかしここでは、比較的大雑把な括りでこの語を使用することにしたい。

アストラル界では、空を飛んだり、変身したり、目の前の石ころを一瞬にして宝石に変えたりすることが可能である。天使、悪魔、妖精のような存在者、ユニコーンやケンタウロスのような幻獣、さらには死者と出会うこともある。まさにファンタジー小説の魔法世界さながらである。とはいえ、こうした世界での行為自体が魔術的というわけではない。魔術師にとってアストラル界は、単なる遊び場ではない。彼らはアストラル界から様々な知識を獲得し、自己の心的成長や現実世界の変革に役立てようとする。アストラル界へのアクセスは、あくまで願望達成のための手段でしかないのである。

1.2　アストラル界へのアクセス技法

このような魅惑的な世界に、魔術師は一体どのような仕方でアクセスするのであろうか。ここでは、クロウリーの用いた技法を三つほど紹介することにしたい。

一つ目は「アストラル体投射」という技法である。クロウリーによれば、これは「魔術技法の精髄」である。この技法を習得すべく、彼は「光体の開発」を説いている（『魔術：理論と実践』第XVIII章、第XXI章、以下『魔術』と略記）。光体というのは、知的な魂と物質的な身体の中間にあるとされるイメージ上の身体のことであり、「アストラル身体」ないし「微細身体」(subtle body) などとも呼ばれている。クロウリーは、この光体を「肉体と同等の実在感をもつまでにせよ」と命じ、そのうえで二つの技法を提示している。一つはこの光体が十分に実在感をもった段階で、それを「肉体の外に出す」というものである。もう一つは、光体、つまり自分と瓜二つの形姿が自分の正面に立っているのを想像し、そのイメージに十分な実在感が備わったら、そこに「自分の意識を移送する」というものである。そして意識がこの光体に馴じんだら、今度は「空中に飛んで、風景を上から眺めてみよ」とクロウリーは言う。そこで眼前に広がる風景こそまさにアストラル界に他ならない。

二つ目は、「スクライング」と呼ばれる技法である。スクライングというのは、水晶玉や黒鏡などにヴィジョンを映し出す技法である。エリザベス朝時代の魔術師ジョン・ディー（John Dee, 一五二七－一六〇八／〇九）は、霊媒師エドワード・ケリー（Edward Kelly, 一五五五－一五九七）とともに、このスクライングによって天使たちと対話した。ディーの天使魔術は、後にいわゆる「エノク魔術」として体系化される。クロウリーはこの体系のうち「三〇のアエティール」という召喚術を弟子のヴィクター・ノイブルク（Victor Neuburg, 一八八三－一九四〇）とともに実践した。その際クロウリーがスクライングの道具として用いたのは、大きな黄金のトパーズであった。それは緋色に塗られた木製のカルヴァリ十字架に嵌め込まれている。クロウリーは、召喚文を唱えながらトパーズを凝視し、その中へと入りこむ。ケリーのスクライングが、水晶玉の中に天使の姿を見るという観察型の仮想体験《ヴァーチャル》であったのに対して、ここでクロウリーが行ったスクライングは、トパーズを扉としてアストラル界へと参入する没入型の仮想体験であった。

三つ目は、「召喚／喚起」（Invocation ／ Evocation）という技法である。アストラル界を覗き見たり、そこへと参入したりするのではなく、アストラル界に住まう存在者を現実世界に呼び出す作業である。クロウリーによれば、召喚というのは、神々や天使のような高次の存在者を魔法円の内部に呼び入れる作業であり、喚起というのは、悪霊のような低次の存在者を、魔法円の外にある三角形に呼びつける作業である（『魔術』第Ⅰ章）。三角形の中には黒い鏡が取り付けられている。魔術師はその黒い鏡に映し出された精霊と対話する。その限りで、少なくともこのタイプの喚起魔術は、スクライングと同様の様式をとることになる。これに対して召喚というのは、没我状態に陥ることによって神と一体になることを意味する。クロウリーによれば、神と一体になることにより、「魔術師の意識的エゴは破壊され、自分が召喚する神の意識的エゴに吸収されてしまうことになる」（『魔術』第Ⅸ章）。

どれもこれも、少なくとも言葉通りには受け入れがたい話である。そもそもクロウリーは、「世界で最も邪悪な男」と称されるほどスキャンダラスな人物である。クロウリーの魔術実践に、悪魔崇拝、薬物使用、性魔術といった要素が色濃く見られることも確かである。しかし他方で、彼の魔術理論の根幹をなしている「科学的イルミニズム」という理念は、驚くほど真っ当であり、魔術一般の意義を考えるうえでも極めて重要な示唆を与えてくれるものである。

2　魔術の自然化

2.1　クロウリーの科学的イルミニズム

魔術というと、霊的存在者への信仰を前提とした迷信的な行為と見なされることが多い。しかし一九世紀後半あたりから、霊的存在者は心理的現象として捉えられるようになってきた。西洋エソテリシズム研究の泰斗ヴァウター・ハーネフラーフは、このような趨勢を「魔術の心理学化」と特徴づけた。英国の代表的魔術師ディオン・フォーチュン（Dion Fortune, 一八九〇 - 一九四六）や、クロウリーの秘書を務めたこともあるイスラエル・リガルディー（Israel Regardie, 一九〇七 - 一九八五）は、魔術理論にフロイトの精神分析学やユングの分析心理学を導入した。

クロウリーは、魔術を奇術類いのものと区別するためにMagickという初期近代の綴りで表記し、それを「主体の意志のままに変化を引き起こす科学であり、技法である」と定義している（『魔術』序）。これを受けてフォーチュンは、彼の定義を「魔術とは、意志のままに意識の変化を起こす科学であり、技法である」と改変する。ここでは、変化の対象が意識に限定されている。クロウリーの定義がいくらかの曖昧さを残していることは否めない。しかしクロウリーの魔術観をより包括的な視野から眺めるならば、フォーチュンによる定義の改変は、魔術の矮小化につながるように思われる。クロウリーの魔術は、単なる主観的意識の変化のみならず、客観的な実在的変化をも目指すものであり、しかもそれは科学的に探究可能なものでなければならない。

一九〇九年、クロウリーは、魔術結社「銀の星」を結成し、魔術専門の機関誌『春秋分点（Equinox）』をリリースした。その副題は「科学的イルミニズムのレビュー」である。オカルティズムを専門とする気鋭の宗教学者エーギル・アスプレムは、二〇〇八年の論文の中で、クロウリーの「科学的イルミニズム」という理念に、「魔術の自然化」という動向を読み取った。アスプレムによれば、「魔術の心理学化」は合理的批判の脅威から逃避している。これに対してクロウリーは、あくまで科学的な合理的批判に耐えうる魔術理論の構築を目指している。

もっとも、クロウリーは魔術を心理学の観点から説明することもある。しかし彼の場合特徴的なのは、単に主観的な心理的事象のみならず、脳神経をはじめとする生理的事象をも重視している点である。魔術的な現象は、たとえそれが幻想であったとしても脳神経に実在的根拠を持つ。それまで霊的存在者と呼ばれてきたものは、超常的な存在者でもなければ単なる心理的現象でもない。クロウリーは『ソロモンの小さな鍵』というグリモワに登場する七二の精霊たちが「人間の脳の特定の部位」をあらわしていると考え、儀式の役割を「脳の部位への刺激」として語っている。

しかし、科学的イルミニズムは単に生理学への還元を主張するものではない。魔術的体験の妥当性、力、主観的リアリティは、必ずしも生理学のみによって証示される必要はない。主観的体験の一人称的な観察や記述をするにしても、或る種の科学的作法はある。

クロウリーの魔術理論は、英国の伝統である懐疑主義や経験主義の精神に徹頭徹尾貫かれている。彼によれば、魔術を探究する者は、懐疑によって、あらゆる先入見、及びその他誤謬の諸源泉を、それ自体として受け取り、根絶しなければならない。しかし、懐疑主義でも揺るがすことのできないものがある。それは「経験という岩」である。このような経験的証拠は、単なるあてずっぽうではなく、精緻な「実験」を通じて獲得されねばならない。クロウリーは、魔術的な儀式を実験に見立て、その結果を必ず記録するよう推奨し、自らもまた膨大な「魔術日記」を残している。それは単なる個人的体験のエピソード集にとどまるべきではない。実験者当人の精神的・身体的状態、及び実験の環境を細大漏らさず記述することが要求される。さらにその記録は、他の魔術探究者たちと共有し、相互に利用可能なものとなるよう指示されている（『魔術』附録Ⅶ）。実験の手続きや結果の記録を相互主観的に繰り返し検証することで、儀式の再現性を高めていくことがその狙いである。

魔術儀式という実験を記録する際に重要なのは、あくまで「或ることを行えば、その結果或ることが起こる」というプロセスそのものである。クロウリーの真理観はプラグマティズムによって支えられており、客観的な実在の存否を問うものではない。例えば、天使の召喚儀式を行った場合、天使が現実に存在するのか、或いはそれが天使のヒエラルキーの中で正確な位置づけを持っているかといった問題は、ひとまずペンディングされる。重要なのは、その結果どのようなことが起こったかである。たしかにクロウリー自身、霊的存在者を心理的現象や生理的現象として語ることもあるにせよ、それは彼にとって二次的な問題でしかない。他方で彼は、霊的存在者を客観的な存在者として仮定したほうが好都合とさえ主張している(『魔術』附録Ⅲ)。しかしこれは、あくまでプラグマティックな観点からの「仮定」として言われていることに留意すべきであろう。

2.2　自然主義的オカルティズム

先のアスプレムの論文とほぼ同時期に、IAO131(本名不明)というアメリカの魔術実践家が、『自然主義的オカルティズム：科学的イルミニズム入門』(二〇〇九)という著書を上梓し、あくまで魔術実践者としての立場から、科学的イルミニズムの精神を継承するかたちで、「自然主義的オカルティズム」という立場を明確に打ち出した。ちなみに彼は、かつてクロウリーが首領を務めた魔術結社「東方聖堂騎士団(O.T.O.)」のメンバーである。IAO131の自然主義的オカルティズムというのは、最新の認知心理学や神経科学的な知見も取り入れながら、クロウリーの科学的イルミニズムをアップデートしたものである。

自然主義的オカルティズムは、心の変容というよりも神経システムの変容を目指している。神経システムは、身体的訓練や適切な環境設定によって或る程度変化させることが可能である。さらに言えば、イメージ・トレーニングも神経システムの変容に寄与する。ただし、イメージの強化には、それはそれでまた身体的訓練と適切な環境設定が要求される。神経システムの変容というのは、つまるところ脱・条件付けと再・条件付けのプロセスを意味している。これまでの習慣を克服し、新たな認知や行動のパターンを構築する。それは単なる主観的な心の変容ではなく、生理的なレベルでの実在的変容にほかならない。

3　魔術の自然主義的解釈

3.1　アストラル界とは何か

「科学的イルミニズム」、「自然主義的オカルティズム」の基本的骨子を見たところで、これらの観点から再度最初の節（1　魔術とアストラル界）の内容を検討することにしたい。

すでに述べたように、アストラル界というのは一種の仮想世界であった。しかしそれは単なる空想世界ではない。ユニコーンをできるだけありありと思い浮かべてみよう。おそらくたいていの人にとってそのイメージは、淡いものであり、すぐに消散してしまうであろう。これに対してアストラル界では、このようなイメージが迫真性をもって生々しく体験される。意識的に頑張って思い浮かべようとする空想とは異なり、アストラル界では、さまざまなイメージが、自分の意志とは独立に自動的な仕方で現れてくる。空想の場合、個々のイメージが眼前に思い浮かぶことが多いのに対して、アストラル界では、イメージが自分を囲繞する「世界」として立ち現れてくる。このような自動性、世界性という性格、どこかで経験したことはないだろうか。我々はこうしたことを「夢」の中で経験しているはずである。よく思い起こしてみれば、夢の中で空を飛んだことのある人はわりと多いのではないだろうか。死者も夢にはよく出てくる。妖精や天使に出会う人は少ないかもしれない。しかし少なくともなんらかの奇妙な生き物に遭遇したことはないだろうか。

「なんだ、結局ただの夢のことだったのか」と思われたかもしれない。しかし夢は夢でも単なる夢ではない。通常、夢を見ている間は自分が夢を見ていることに気づいていない。眠りから目覚めたあと、はじめて今見たのは夢だったと気づくのである。これに対してアストラル界では、自らが置かれている世界の仮想性がはっきりと自覚されている。そう、これは「明晰夢」と呼ばれる現象に他ならない。アストラル界というのは、ほぼ明晰夢において体験される世界のことだと言ってよい。明晰夢には、他にも二つの特徴がある。一つはイメージの鮮明性である。明晰夢の世界は、現実世界と見紛うほどに、否それ以上にリアルでヴィヴィッドな世界である。色彩は鮮やかであり、細部は明瞭である。視覚ばかりでなく、聴覚、触覚、味覚、嗅覚、すなわち五感すべてが生き生きと与えられる。超常的な夢ならたいていの人は見たことがある。しかし、この超常的な出来事を、明晰夢としてリアルな臨場感をもって体験できるとしたらどうであろうか。まさに天然のヴァーチャル・リアリティである。明晰夢のさらなるもう一つの特徴として挙げられるのが、イメージのコントロール可能性である。明晰夢の世界は、意志によってコントロール可能である。自在に空を飛んだり、猛獣に変身したり、目の前の赤い薔薇を青い薔薇に変えたりすることができる。まさにファンタジー作品に登場する魔術師にでもなったような万能感を味わうことができるのである。

アストラル界というのは、最広義に言うなら「夢」、すなわち無意識から現れてきたイメージの世界である。それは覚醒時において「白昼夢」という仕方で現れることもある。しかしより本質的な意味で言うなら、アストラル界というのは、あくまでコントロールされた限りでの夢世界である。自覚性や鮮明性の程度、コントロールの範囲は、訓練によって強化され、拡大される。訓練もなしに誰もが簡単にできることではない。魔術師たちは、訓練を通じて夢をコントロールしようとする。しかも彼らは、アストラル界を単に周遊するだけではなく、そこで出会う住民との対話を通じて、有益な情報を獲得するという明確な目的を持っている。

3.2　魔術的技法の自然主義的解明

明晰夢は、かつては超常現象のような扱いを受けていた。しかし神経科学等の発展により、その生理学的メカニズムが徐々に明らかとなってきた。ウルスラ・フォスやアラン・ホブソンらが二〇〇九年に行ったEEG（脳波）の実験により、明晰夢においては、ワーキング・メモリ、意思、反省的な自己への気づきを司る「背外側前頭前皮質」(DLPFC) という部位が、REM睡眠期でも覚醒期と同レベルにまで活性化することが明らかとなった。

すでに述べたように、アストラル世界にアクセスする技法のひとつとして、アストラル体投射というものがある。自然主義的観点から言うならば、アストラル体投射のうち、光体を肉体の外に追いやるのは「自己像現象」、光体の中へと移送するのは「体外離脱体験」(OBE) に相当する。光体というのは、脳によって産み出された自己の身体イメージのことである。自己像現象においては気づきの中心が肉体の方にあるのに対して、体外離脱体験の方では、それが光体の側に移ることになる。体外離脱体験は、オラフ・ブランケらの研究が明らかにしたところによれば、空間的方向付けを司る「側頭頭頂接合部」(TPJ) の混乱から生じる。

明晰夢研究のパイオニア的存在であるスティーヴン・ラバージは、体外離脱体験を明晰夢の一種として捉えている。体外離脱体験の場合、身体の離脱感覚を伴う点に大きな特徴があり、自覚性、鮮明性、コントロール可能性という明晰夢の特徴は、体外離脱体験にもそのまま当てはまる。しかし少なくとも先に触れた神経学的研究で明らかになったのは、明晰夢の自覚性とコントロール可能性、及び体外離脱体験の身体離脱感覚のメカニズムのみである。両者に共通するイメージの鮮明性に関する神経学的メカニズムは、未だ十分明らかにはされていないようである。

体外離脱体験において体験される世界は、どんなに鮮明であれ、現実の知覚世界ではない。スクライングにおいて出現する世界もしかりである。スクライングは、覚醒時において知覚された水晶玉の中にヴィジョンを見てとる技法である。しかしヴィジョンの内容は現実のものではない。海外在住の友人は今何をしているのかと水晶玉を覗き込み、その中で友人がジョギングをしている姿を見たとしても、それは現実の出来事ではない。体外離脱体験にしても同様である。もし体外離脱体験によって他人の家に忍び込めたとしても、そこで見られた光景は現実のものではない。もしそれらが現実世界のものであるとすれば、世の中は犯罪で溢れかえることになろう。体外離脱体験やスクライングによって見られるヴィジョンはあくまでアストラル界の光景なのである。

しかしスクライングの場合、アストラル界のヴィジョンが現実世界と重なり合うこともしばしば起こる。ディーの記録にも見られるように、時にはヴィジョンが、水晶玉という立体スクリーンをはみ出し、部屋全体を舞台として、知覚世界と重なりつつ展開することもある。このことから、水晶玉にとってヴィジョンを映し出すスクリーンとしての役割は、実は本質的なものではないことが理解されてくる。水晶玉という道具の本来の役割は、むしろトランス状態を引き起こすことにある。水晶玉への一点集中は、トランス状態を導き、やがてヴィジョンを生じさせる。クロウリーによれば、スクライングを行うことによって「肉眼が脳に情報を伝達しなくなり、その結果肉眼には注意が向けられぬようになって、人はアストラル身体の目を通じてものを見始める」（『魔術』第XVIII章）。一点を凝視し続けると、視神経が疲弊し、機能しなくなる代わりに想像的な視覚機能が活発化されるというわけである。

スクライングにおいて体験される幻視のプロセスは、ある程度パターン化されている。薄暗い静かな場所で、心も体もリラックスさせて水晶玉をじっと見つめる。しばらくすると、眉間の少し下あたりで蟻にくすぐられるような痒みを覚え、その後雲ないし霞のようなものが見えてくる。訓練を積むと、ホログラムのような鮮やかな立体映像が見えるようになる。

クロウリーは、神々を召喚する技法を「神の形姿の装い」と呼んでいる。ここで言われる神というのは、超越神のことではなく、あくまでイメージとしての神でしかない。この技法を遂行するためには、まず召喚したい神のシンボルについて予め学習し、イメージを構築しておく必要がある。それは漠としたイメージではない。アストラル体投射では、光体を自分の似姿として形成するのに対して、ここでは光体を神の形姿へと変成する。そのうえで神の姿をした光体が自分自身の体と重なり合う、或いは包み込むところを想像してみるのである（『魔術』附録Ⅶ、※原著では附録Ⅵ）。これは意識的な空想のレベルで行っても上手くいかない。トランス状態になって無意識のイメージに働きかける必要がある。神々というのは、いわば「魂のシンボル化された側面」であり、カール・グスタフ・ユング（Carl Gustav Jung, 一八七五－一九六一）が言うところの「元型的イメージ」に他ならない。召喚というのは現実世界を超えた自律的世界に住まう超越的存在者を呼び出すのではなく、無意識における特定の元型的イメージを活性化する作業なのである。ある特定の元型的イメージが呼び起こされることによって、魔術の遂行者は、そのフィルターを通して世界を新たに眺め直し、行動するようになるのである。

3.3　魔術儀式の役割

アストラル体投射、スクライイング、召喚・喚起は、どれもトランス状態、ないし特殊な夢見状態において可能となる。このトランス状態へと導く役割を果たしているのが儀式である。トランス誘導技法には、隠遁、断食、筋肉弛緩、凝視、長時間の詠唱や祈りなどのような、感覚をぎりぎりまで遮断する抑制モードと、太鼓に合わせた踊り、強制的過呼吸などのような、感覚に過剰な負荷を与える興奮モードの二つがある。

儀式のもう一つの役割は、ヴィジョンの内容を方向付けることにある。それはシンボルの操作によって或る程度可能になる。神秘主義とは異なり、魔術の儀式では、多くの道具が使われる（宗教学者の鶴岡賀雄は魔術を「もの（の操作）の神秘主義」と特徴づけている）。魔術で使用される道具というのは、釘を打つためのハンマーとか、座るための椅子といったような有用性の連関に嵌るものではない。魔術道具は、あくまでシンボルとして使われる。

ここでは事例として、「水星＝メルクリウス」の召喚に関するクロウリーの方法をとり挙げることにしたい（『魔術』附録Ⅶ）。魔術の伝統においてシンボルというのは、「万物照応」（correspondence）という原理に従って体系化されている。クロウリーは万物照応体系の一覧を『７７７の書』という著書にまとめた。一覧表の各行は、カバラにおける「生命の樹」の各セフィラやヘブライ文字からなり、そこに二〇〇近い欄（列）が交差する。各欄には世界中の様々なエソテリシズムや宗教の体系から借用された概念が記載されている。例えば、「科学の知識を得たい」という願望を抱いたとしよう。この願望は、四五欄の一二行目に書かれている。したがってこの願望を達成するためには、原則として別欄の一二行目を参照すればよい。先の願望に照応する惑星（七七欄）は水星であり、ローマ神格（三五欄）はメルクリウスである。したがって〈水星＝メルクリウス〉を召喚すれば良いわけである。一般に〈水星＝メルクリウス〉は、両義性、多彩さ、素早さ、機知、順応性、狡猾さ、移り気などを表すシンボルとして知られている。

まず色に関しては二つの導出法がある。一五欄の「王の色階」を見ると一二行目は黄色である。一方、水星は、数値（七七欄）が八であるから、生命の樹の第八セフィラである「ホド（栄光）」にも照応する。生命の樹の各セフィラは色をもち、ホドにはオレンジ色が割り当てられている。あとは各欄の一二行目を拾っていく。動物（三八欄）にはツバメ、植物（三九欄）にはシュロとライム樹、宝石（四〇欄）にはオパール、魔術的武具（四一欄）には杖、香（四二欄）には乳香がリストアップされている。別にこれらの物そのものに何か不思議な性質が備わっているわけではない。それらのシンボルとしての機能が問題なのである。シュロには両性花があり、メルクリウスが持っている杖（カドゥケス）には双頭の蛇が絡みついている。これは〈水星＝メルクリウス〉の両義的性格を表している。ツバメの速さ、ライム樹の果実の薄黄色が醸し出す無邪気さ、その果肉の味の爽快さ、オパールの色彩の多彩さ、乳香の香りの偏見なき清らかさ、これらは、ものが持つ「属性」というよりは、ものの「現出様式」であり、すべて〈水星＝メルクリウス〉のイメージ、より正確には現実的な「雰囲気」の形成に寄与している。

これらのものを祭壇に用意し、オレンジ色の円の中に黄色の八芒星形を描き、それぞれの場所にランプを据える。まなざしをランプの数に向けたり、ライム樹の果実を食したり、乳香を嗅いだりすると、これらのイメージが共感覚的に照応し合い、〈水星＝メルクリウス〉の雰囲気に包まれる。

クロウリーが提示したシンボルの照応体系は、いくつもの矛盾を抱えている。しかし照応体系の整備は、学問というよりむしろ芸術の領域といって良い。各魔術師が自身の感性に合わせて個々にアレンジすれば良い。ただしなんでもありというわけでもなく、最終的にはプラグマティックな効果の有無がシンボルの選択範囲を画定している。逆にプラグマティックな効果を優先するなら、必ずしも類似性の法則に拘泥することはない。例えばパブロフの実験では、ベルという条件刺激と唾液の分泌との間に何ら類似性がないのにもかかわらず、度重なる条件付けによって両者は結びつきを強めていく。類似性の有無にかかわらず、魔術儀式に使用されるシンボリックな諸道具は、度重なる訓練の中で条件づけていけば、特定の幻視内容へと方向付けるトリガーとなりうるのである。

3.4　魔術の効果

すでに述べたように、自然主義的オカルティズムの立場では、ある儀式が現実に客観的な変化を引き起こしたか否かという問題はさしあたり括弧に入れられる。重要なのは、なぜ人々は儀式によって客観的な変化が引き起こされたかのように信じてしまうのかという点である。一つにはプラセボ効果というのもあろう。しかしプラセボ効果とはいえ、効果さえ認められるのであれば、十分プラグマティックな価値を持つと言えよう。魔術の現実的効果を信じてしまう理由としてもう一つ考えられるのが、認知バイアスによる誤認である。予言にせよ、儀式の効果にせよ、当たったもの、願いが叶ったケースのみをとりあげ、それ以外を無視してしまう心理的傾向が我々人間には抜きがたく備わっている。こうした心理的傾向は「確証バイアス」と呼ばれている。

ここで思い起こされるのが、ユングの言う「共時性」(synchronicity)という原理である。同時に起こった二つの事象の間に、因果関係が成立していないにもかかわらず、意味的な連関を見出さざるをえない状況に置かれることがしばしばある。魔術的現象を説明する際によく引き合いに出される原理である。しかし自然主義的オカルティズムは、これを「選択的知覚」という認知バイアスとして理解する。数多くの情報が与えられる中で、その人個人にとって重要度の高い情報が、脳によって特異的に選択されて知覚されるというわけである。

魔術によって引き起こされた現象というのが、結局のところ認知バイアスによる単なる誤認にすぎないのかと落胆された方も多いかもしれない。しかし自然主義的オカルティズムは、このような仕組みを、むしろ意図的に逆利用するのである。儀式というのは、もとの刺激に関連付けられたものを選択的に知覚できるよう、意図をもってあらかじめ無意識領域に起爆剤を仕込んでおく作業なのである。〈水星＝メルクリウス〉を召喚し、その力に与りたいときは、今後水星に関連付けられた刺激に注意が向くよう予め神経システムを変容させ、整えておけばよいのである。ユングの共時性は非意図的な一致であった。これに対して魔術師は、共時性の原理が成立するよう、儀式を通じて意図的に無意識領域へのアンカリングを行うのである。

おわりに

自然主義的オカルティズムというのは、単に魔術的現象を科学的に説明することに終止するわけではない。そこで得られた科学的知見を、さらなる実践に向けてフィードバックさせるのも自然主義的オカルティズムの重要な側面をなしている。体外離脱体験や明晰夢の神経学的機構がさらに解明されれば、わざわざ身体訓練などせずとも、神経への直接介入によってアストラル界を自由に逍遙し、コントロールすることもできるようになる日が来るかもしれない。

人間の認知の機構を熟知し、その盲点を逆手に取り、他人、或いは大衆の心理をコントロールしようとする人間は、日常世界に数多く潜んでいる。魔術というのは、必ずしもローブを着た儀式魔術師の専売特許ではない。人間の購買心理を神経学的に解明し、マーケティング戦略に役立てるニューロ・マーケティングという分野がある。広報戦略もまた極めて魔術的である。これが詐欺広告や政治的なプロパガンダとなれば、かなり深刻な問題が生じてくる。魔術をかける側には相当の倫理が要求される。しかしそれだけで済む問題ではなさそうである。魔術の絡繰りは、秘術として徹底的に隠蔽するしかないのか。情報の溢れかえる現代社会においてそれは不可能に近い。やはり魔術をかけられる側も、それを防御するためには、魔術の仕組みをある程度は熟知しておく必要があるのではないだろうか。

・文献

IAO131『自然主義的オカルティズム：科学的イルミニズム入門』(*Naturalistic Occultism: An Introduction to Scientific Illuminism*, lulu.com, 2009.)【未訳】。

クロウリー、アレイスター『魔術：理論と実践』、島弘之・植松靖夫・江口之隆【訳】、国書刊行会、一九八三年。

――――『777の書』、江口之隆【訳】、国書刊行会、一九九二年。

第3部

かんがえる

第8章

デカルトと合理主義の臨界

秋保 亘
Wataru Akiho

はじめに

一七世紀は、現代にまで継承される様々な思考の枠組みの基礎が据えられた時代である。とりわけ「科学革命」と呼ばれる知的出来事は、私たちが自然世界について理解しようとするさいの基礎的な枠組みを提供した。本章ではこの出来事の主要な推進者のひとりであるデカルト（René Descartes, 一五九六－一六五〇）に焦点を当て、近代的合理主義を創設したとされるデカルトがそれをなしえたのは、合理的思考の枠組みそのものの外部を開示することで、合理主義の臨界を画定したがゆえであることを示していく。

1 「科学革命」と合理主義

それぞれの時代に特徴的な思考の枠組みを明晰に析出する技量に優れたイギリスの哲学者ホワイトヘッド（Alfred North Whitehead, 一八六一－一九四七）は、一七世紀を「天才の世紀」と呼んだうえで、おおよそ次のようにいう。現代にまでいたる西洋の知的営為が立脚している主要な思考の枠組みは、一七世紀の天才たちによって提供されたものにほかならないと（『科学と近代世界』）。

ホワイトヘッドが念頭に置いているのは、一般に「科学革命」と呼ばれる知的出来事である。この出来事のなかには、天動説から地動説へという世界観そのものの転換を巻き込んだ場面や、それに連動して、地上の物体の運動と天体の運動の説明にかんする理論的統一の場面など様々な論点がある。ここではとりわけて「量的自然観」、あるいは「自然の数学化」と呼ばれる論点に焦点を当ててみよう。

「科学革命」のひとつの達成が「量的自然観」と呼ばれるのは、近代科学が自然現象のなかに計量・計算可能な要素を見出し、そうした物理量のあいだの関係を明らかにしようとするからである。より積極的にいえば近代科学は、自然そのものが数学的な構造をそなえており、そしてこの構造を、様々な物理量を組み込んだ関数によって表現可能な法則としてとりだすことができると主張する。近代科学のこうした傾向は「合理主義」（Rationalism）とも呼ばれ、このことばの語源であるラテン語のratioの訳語をもとにその内実を以下のように定式化することができる。自然のなかの様々な事物は、原因と結果の「関係」によって結ばれており、この関係性を数量的に「計算」処理することで、ある現象が生じる「理由」ないし「根拠」を「推論」しながら理解していく私たちの能力が「理性」と呼ばれる。そうなると、私たちの理性（的理解）の秩序と自然の秩序が照応することになり、自然のなかのあらゆる事象は、私たちにとって原理的に理解可能なものであることになる。

私たちの自然科学は一七世紀以降も、数学的な道具立てを洗練させながら、様々な自然現象のメカニズムを明らかにしてきた。しかし、どうしてこんなことが可能なのだろうか。数学を基盤とした合理的理解の枠組みによって、私たちはどうして自然そのもののありさまを捉えることができているのだろうか。

科学革命の推進者のひとりであり、「天才の世紀」を代表する哲学者デカルトは、このあたりの事情をその根源から思考しようとしていたように思われる。数学的真理のような、伝統的に永遠不変の真理とされてきたものでさえ神に全面的に依存するという、いわゆる「永遠真理創造説」が、このあいだの消息を示している。以下ではデカルトに固有の思想であるこの永遠真理創造説を検討していくが、研究史上様々な解釈が提示されており、私たちの理解もそうした解釈のひとつに過ぎないことをあらかじめ断っておく。

2　永遠真理創造説と自然学の関連

永遠真理創造説は、デカルトが信頼する友人であるメルセンヌに宛てた一六三〇年の一連の書簡ではじめて提示される。そのうちのひとつの書簡では、永遠真理創造説とデカルト自身の「自然学の基礎」との関連が次のように記されている。「私の自然学においては、いくつかの形而上学的な問題に、とりわけ次のような問題に触れないわけにはいかないだろう。すなわち、あなたが永遠なものと呼ぶ数学的真理が、他のすべての被造物と同様、神によって確立され、全面的に神に依存している、というものである」（一六三〇年四月一五日付メルセンヌ宛書簡。なお「自然学」の原語はPhysicaであり、現代では物理学と呼ばれるが、この時代のPhysicaは、気象現象や天体の運動、さらには生物の発生など、自然現象を広範にあつかうものであるため、概して「自然学」と訳される）。

さしあたりデカルト哲学における形而上学の身分、および形而上学と自然学との関係に見通しをつけるためには、後年の『哲学原理』(一六四四年)の序文としても意図された書簡を参照するのがよい。そこでは、「認識の諸原理を含む」哲学の部門が「第一哲学あるいは形而上学と呼ばれうる」とされ、認識の諸原理として神、私たちの精神、私たちのうちに見出される明晰で単純な基礎概念(notions)の三点が列挙されている。そして形而上学と自然学の関係については、有名な哲学の樹のイメージが提示される。「哲学全体は一本の樹木のようなもので、その根は形而上学、幹は自然学」であり、「自然学全体がそのうえに立脚すべき、いくつかの形而上学の真理」という文言をも踏まえれば、形而上学が自然学の基礎をなすものとして位置づけられていることが理解される。ここから遡って考えれば、永遠真理創造説は、自然学の基礎付けにかかわる形而上学的な論題とみなすことができる。そしてそうであるなら、さらに、永遠真理創造説が、神、私たちの精神、私たちのうちなる基礎概念にかんする認識と密接な関係を有しているだろうことが予想される。じっさい、先のメルセンヌ宛書簡では、「神がこの「人間」理性の使用を与えたすべての人々は、主として、神を認識し、また自己自身を認識しようと努めるべく、その理性をもちいなければならない」と語られたのちに、永遠真理創造説が提示されているのである。

永遠真理創造説と自然学の関連についてあらかじめ大枠を示しておくなら、第一に、形而上学が数学的真理の基礎を提供し、第二に、数学的真理が自然学の基礎を提供するかたちで、「幾何学以外の何ものでもない」(一六三八年七月二七日付メルセンヌ宛書簡)といわれるデカルトの自然学が基礎付けられるという理論構成になっている。そこで以下ではまずこの第一の場面について、「永遠なもの」としての数学的真理が、神ならびに人間精神(およびその基礎概念)とどのように関係しているのかを中心に検討していこう。

3　数学的真理と私たちの精神の構成

数学的真理は時制をもたない。たとえば古代ギリシアにおいても、あるいは現在から二、三〇〇〇年後であっても、二と三を加えれば五になるし、ユークリッド幾何学における三角形の内角の和はつねに一八〇度であろう。つまり過去、現在、未来にわたってこうした命題はつねに真であるといえる。この意味で私たちは数学的真理を「永遠なものと呼ぶ」。だがそうであるなら、神でさえ二と三を加えれば五になるとしか考えられず、この意味でこれら真理は神にとってさえ永遠でありかつ必然的なものといえるのではないか。

しかしながらデカルトは、こうした真理が「真ないし可能であるのは、神がそれらを真ないし可能なものとして認識するからなのであって、その反対ではない。すなわち、あたかもそれらが神とは独立に真であるかのように、神によって真なるものとして認識されるからなのではない」という点を強調する（一六三〇年五月六日付メルセンヌ宛書簡）。つまり数学的真理は、神がそれらを真理として確立するがゆえに真理という身分をもつのであり、したがって神と無関係に真理であることはできず、この意味でむしろ「全面的に神に依存している」のである。数学的真理の神への全面的依存、この点は形而上学が数学的真理の基礎を提供する場面において注目すべき第一の論点である。

この第一の論点が数学的真理そのものの身分にかかわるのに対し、第二の論点はこれら真理と私たちの精神の関係、すなわち、私たちの精神による合理的理解の枠組みにかかわる（デカルトは、彼が「私たちの精神のうちにその座を有する永遠真理」として「共通な基礎概念」(communis notio) と呼ぶ（『哲学原理』第一部第四九節）、論理学的な真理、たとえば「全体はその部分よりも大である」のような真理をも神による確立に依存させる（一六三八年五月二七日付メルセンヌ宛書簡）。あらかじめ要点のみをいえば、先に挙げておいた私たちのうちなる基礎概念とは、数学的真理をも含め、私たちの精神による合理的理解の枠組みそのものを構成する要素である）。

デカルトはいう。これらの真理のなかには、私たちの精神が理解できないものなどひとつとしてなく、これらは「すべて私たちの精神に植え付けられている」(一六三〇年四月一五日付メルセンヌ宛書簡)。この論点を理解するべく、デカルトの「自然学のすべての基礎を含んでいる」(一六四一年一月二八日付メルセンヌ宛書簡)といわれる彼の主著『省察』(第一版:一六四一年、第二版:一六四二年)において、自然学の対象となる「物質的事物」の本質について論じられる「第五省察」に目を向けてみよう。

その冒頭でデカルトは、物質的な事物について判然と知られる側面をとりだしていく。そこで注目されているのは、物体のもつ三次元のひろがり(延長)や、量、あるいは数や大きさや形状といった幾何学的・数学的側面である。デカルトはいう。これらのものの「真理は、きわめて明白であり、また私の本性にしっかりと合致しているので、それらのものを私がはじめて発見するときであっても[…]、たしかに私のうちにかねてから在ったのだが、しかしまだ精神の視線を向けていなかったものに、はじめて気づくかのように思われるほどである」。この文言はたしかに、先の書簡の「私たちの精神に植え付けられている」という表現とひびきあうものをもっている。デカルトはさらに、「ここでとりわけて考慮されるべきである」点として、三角形を例に挙げながら次のようにいう。「おそらくそのような図形は、私の思考の外なる世界のどこにも実在しないだろうし、またかつて実在したこともないだろうが、しかしながら「そうした図形には」まさしく不変で永遠の、ある特定の本性が、いうなら本質が、いうなら形相があるのであって、これは私によって仮構されたのではないし、私の精神に依存しているのでもない」。

紙や黒板に書かれた三角形は、デカルトが別の箇所で語っているように、拡大鏡を使って見てみると、線が歪んでいたりでこぼこであったりするだろう(「第五答弁」)。その意味で、厳密に幾何学的な図形は私の思考の外には実在しない。かくてたしかに、厳密に幾何学的な三角形は私の思考の中にだけ存在するように思われるが、それでもなお、こうした図形は私によって勝手気ままに産み出されたわけではない。たしかに私は好きなときに三角形について考えることができるが、しかし三角形について考えるたびごとに、その内角の和はつねに一八〇度だし、またいわゆる三平方の定理を、三角形の性質にもとづいて証明することができる。つまり三角形にはこの意味で、私の思考とは独立に定まっている固有の構造があるといえるのであり、この固有の構造をデカルトは「本質」と呼んでいるのである。そして「三角形の本質から、その三つの角の大きさが二直角に等しいことが分離されえない」といわれるように、三角形の本質とその特性のあいだにはそれ固有の必然的なつながりが、私の思考が勝手に産み出したものではない必然的結合がある。デカルトは続ける。このように幾何学的な図形について様々なことを証明しつつ明晰に理解しているあいだにかぎって、「私の精神はそれらに同意しないことができないという本性を有している」。

ここでは私たちの精神のあり方、その構成について重要なことが語られている。三角形について考えるたびごとに、私はその内角の和が一八〇度であり、その最大の角には最長の辺が対応するということに同意せざるをえない——まさにそのように私の精神が構成されているということである。「同意しないことができない」——この不可能性、いいかえれば同意の必然性は、私たちの精神・思考を否応なく条件付け、私たちが従わざるをえないもの、すなわち、私たちの合理的理解の枠組みそれ自体に由来するものにほかならない。

そしてデカルトによれば、私の精神の構成もまた神に依存する。神は「一と二を加えたものが三にならない等々のことが、私によって理解されえないような精神を私に与えた」(一六四八年七月二九日付アルノー宛書簡)のであり、また三角形について考えるたびごとに、その内角の和が一八〇度であることに同意しないことができないような精神を私に与えたのである。それゆえ、私の精神の側の(同意の)必然性と、幾何学的・数学的真理の側の必然性は、いいかえれば、私たちの精神の構成とその典型的な対象となるもののあり方は、ともに神による確立という共通の根拠を有していることになる。

しかし、ここで次のような疑問が浮かぶかもしれない。数学的真理および私たちの精神のあり方がともに神によって確立されるというこの議論は結局のところ、私たちをも含めこの世界のすべてを無から創造したという『聖書』の神に対する信仰を有する者にとってしか意味をなさないのではないか。たしかにデカルト自身、神を「讃え、崇敬する」よう誘う場面がある(「第三省察」末尾)。しかしながら、信仰の問題とは独立に、私たちにはこう問うことができる。数学的真理ならびに私たちの精神の構成が、ともに「神」なる存在によって確立されるというこの理説は、いったいいかなることがらを思考しようとしているのかと。

数学的真理はたしかに私たちの思考に依存しない。三角形に固有の構造が、その内角の和を一八〇度にし、その最大の角に最長の辺を対応させる。いいかえれば、三角形の本質とその諸特性は必然的に結合している。他方で、三角形について思考するときに、こうした特性が三角形の本質に必然的に結び付いていることを実際にみてとり、また三平方の定理を証明するのは私たち自身である。一と二を加えれば三になるということは、数そのものにそなわる特性であるとともに、この演算を実際に行って三を導き出すのは私たちの思考のはたらきなのである。要するに、私たちの精神の構成と、その対象の側の構造とが、演算や推論が従うべき規則としてのアルゴリズムにおいて一致ないし収斂するということである。「王がその法を、彼のすべての臣下の心に刻みつけるように」、すなわちそれに従うべき規則――精神に内的な規則を定めるように、神は永遠真理を「このうえなき立法者として制定した」という、「立法者」と「法」のモデルは、まさしくこうした事態を示すものとして解釈することができる(一六三〇年四月一五日付メルセンヌ宛書簡、「第六答弁」)。そうであるなら、「神」とはこのアルゴリズムそのものを根拠付ける審級にほかならないことになろう。そうなるとさらに、このような審級にはいかなる意義があるのかと問うことができる。

私たちの精神の構成と、対象となる数学的真理がともに神によって確立され、神に依存するということは、それらがともに決定的な仕方で条件付けられていること、また無限なる神（この点はのちに検討する）との対比で、有限なものとして限定されていることを示すと考えられる。そしてこの事態は、私の精神が数学的対象について明晰に理解するかぎり「それらに同意しないことができない」、また「一と二を加えたものが三にならない等々のことが、私によって理解されえない」という表現にみられる（二重の）否定性と連動しているように思われる。つまりこの否定性は、一方で私たちの精神による理解可能性の限界・制約を示すとともに、他方で、この理解可能性を超えた数学的真理もまた存在しないこと、すなわち数学的真理の側の有限性をも示しているのではないか。この理解が正しいとすれば、精神のはたらきと数学的対象の構造とがアルゴリズムにおいて一致することに加え、私たちの合理的理解の枠組みが権利上数学的真理全体をカバーしうることになり、かくてこれらがともに有限であるということが逆説的にも、私たちの合理的理解の枠組みによる真理把捉の可能性を保証すると考えることができるのである。

以上のように、永遠真理創造説と自然学の関連を検討するさいの第一の場面、つまり形而上学が数学的真理の基礎を提供する場面を確認した。次に数学的真理が自然学の基礎を提供するという第二の場面を検討していこう。

4　自然学と数学的真理

よく知られているように、デカルトは自然学の対象である物体の本性を、硬さや重さや色などの感覚によってとらえられる多様なあらわれにではなく、「長さと幅と深さにおける延長（ひろがり）」に見出す（「第五省察」、『哲学原理』第一部五三項）。そしてこの三次元の等質的な幾何学的延長こそが、世界全体を構成する「ひとつのおなじ物質」にほかならない（『哲学原理』第二部二二項）。逆の方向からいいなおせば、個々の物体は、世界全体を構成するこの幾何学的延長の部分であるがゆえに、延長すなわち空間性をその本性とすることになる。そうなるとまた、そうした物体の運動も空間的な性格をもつものに、すなわち、もっぱら位置と方向の変化として数学的に規定される運動、つまり場所的な運動に還元される。かくてデカルトの自然学は空間の数学としての「幾何学以外の何ものでもない」。

自然のうちにみてとられる質的な差異は、「それらの物質のうちにその諸部分の運動、大きさ、形、配列以外の何ものをも仮定する必要なしに説明されうる」（『世界論』第五章）。他方で、「私たちの心の本性は、様々な場所的運動だけであらゆる感覚をそのうちにかき立てるのに十分であるようになっている」（『哲学原理』第四部一九八項）。要するにデカルトは、世界を構成する基礎的な物質の数学的・幾何学的構造化の差異によって、世界の質的な多様性を説明しようとするのである。デカルトはいう。「自然学において私は、幾何学あるいは抽象数学におけるのとは異なる原理を容認しない［…］。というのも、このようにしてあらゆる自然現象が説明されるし、それらについての確実な証明を与えることができるからである」（『哲学原理』第二部六四項）。

ここにはデカルトの自然学の特徴が明確にあらわれている。つまりこの自然学は、自然現象全体をわずかな原理によって合理的に説明することをめざし、その説明可能性の原理として、私たちが明晰かつ判然と理解できる幾何学・数学を採用しているのである。「きわめて明証的に認められた原理から私たちが数学的な推論によって導出した結論が、あらゆる自然現象と厳密に一致する」のであれば、この説明の枠組みは成功しているといえるだろう（『哲学原理』第三部四三項）。二〇世紀フランスを代表するデカルト研究者であるアルキエもいうように、「デカルトはつねに、自然学を構成する説明的手続きが、必ずしも事物が実際に産出された仕方を記述するわけではないことを認めていた」（*Œuvres philosophiques*, tome III）。じっさい、自分の説明の枠組みを「ただ仮説としてのみ受けとってほしい」とデカルトはいう（『哲学原理』第三部四四項）。しかしながら、たんなる仮説や説明の枠組みにとどまらず、デカルトが自然そのもののあり方についてより積極的な言及をおこなう場面が見出される。

デカルトはいう。どのような仮説を立てたとしても、「おなじ結果がおなじ自然法則に従って導出されうる[…]。というのも、物質は自然の法則の助力によって、それのとりうるあらゆる形態を連続的にとっていき、私たちがそれらの形態を順序立てて考察していくなら、ついにはこの世界のとっている形態に達することができるだろうからである」(『哲学原理』第三部四七項)。重要なのはこの「自然法則」、すなわち、物質に生じる変化あるいは個々の物体の運動が従う「規則」(『世界論』第七章、『哲学原理』第二部三七項)である。世界の原初的状態をどのようなものと仮定しようと、現に物質が従っているのとおなじ自然法則に制約されることで、物質のあり方は現に私たちが観察している世界のあり方に収斂していくだろう。じつに「自然の諸法則は、神が複数の世界を創造したかもしれないのにもかかわらず、それら法則が観察されないいかなる世界もありえないという性質のもの」なのである(『方法序説』第五部)。この意味において、つまりすべての可能世界においておなじ自然法則が物質を制約するという意味において、自然法則は世界のあり方に必然性を課すものであり、フランスの科学史家コイレの表現をかりれば、自然法則とは「自然にとっての法、つまり自然がそれに従わないことのできない規則」にほかならない(『ガリレオ研究』)。そしてもちろん、こうした法を自然のうちに制定したのは神である。自然法則を「神が自然のなかにしっかりと確立し、それらについての基礎概念を私たちの心のうちにしっかりと刻み込んだので、それらについて十分に反省を加えたあとでは、この世界に存在し、この世界で生じるすべてのことにおいてそれらの法則が正確に遵守されていることを、私たちは疑うことができないほどである」(『方法序説』第五部)。

ここで神による確立は、自然そのもののうちへの法則の確立と、私たちの精神におけるそれら法則にかんする理解可能性の確立という二重のものになっている。この二重性は重要であろう。もし神が自然のうちに法則を定めるだけで、私たちにその理解可能性を保証しない場合には、極端なところでは、私たちには世界が無秩序なものとしかみえないかもしれない。他方で私たちによる法則の理解可能性のみが確立された場合には、私たちに理解しうる法則性が、自然世界の実際の運行のうちに見出される保証はまったくない。そしてデカルトによれば、この二重性をそれらの共通の根拠として基礎付けているのは、数学者たちの永遠真理にほかならない。

デカルトはいう。物質世界を創造した神のはたらきの不変性および恒常性にもとづく三つの自然法則（同一状態保存則、運動量保存則あるいは衝突の一般法則、直線運動の規則あるいは運動の方向にかんする法則）のほかには、「数学者たちが、彼らのもっとも確実でもっとも明証的な証明をそのうえにもとづかせようとするのをつねとしてきた、諸々の永遠真理から過つことなく帰結する法則」しか認めていないと（『世界論』第七章）。そしてこの「法則」への言及は、デカルト自然学の実質的な中核といってよい「衝突」にかんする規則との関連においてなされている（同）。『哲学原理』において提示された七つの衝突の規則は、一般化してその要点のみを抜き出すなら、衝突する物体の大きさや速度と、衝突後におけるそれら物体のふるまいの変化が、一定の割合（数比）に従うというものである。「対象において見出される様々な関係いうなら比例」（『方法序説』第二部）にかんする真理をもまた数学的な真理と呼んでよいのであれば、数学的な永遠真理に法則を基礎付けようとするデカルトのねらいをここにみてとることができる。

このように、自然そのものに見出される法則性と、私たちによるその法則理解の可能性がともに数学的な永遠真理に依拠するのであれば、結局のところ、デカルトの自然学の成立可能性、つまり自然そのもののあり方についての理解可能性は、先にみた永遠真理創造説と自然学の関連にかかわる第一の場面、すなわち、数学的真理と私たちの精神の構成がともに神によって確立される場面に送り返されることになる。そしてこの場面は、私たちの合理的理解の枠組みによる真理把捉の可能性を保証するものと理解された。したがって、衝突規則の理論としての失敗はつとに指摘されるところではあるけれども、デカルトのもくろみ自体は明確である。ここまでみてきた永遠真理創造説をめぐる議論は、数学を基盤とした私たちの合理的理解の枠組みが、自然そのものについての真理を把捉する可能性を根拠付けようとするもの以外の何ものでもないのである。

かくて、数学を基盤とした合理的理解の枠組みによって、私たちはどうして自然そのもののありさまを捉えることができているのかという、第一節で挙げた問いをめぐるデカルトの思考をみてきた。この問いが近代的合理主義の根幹にかかわる問いであるとすれば、このあとにみていくデカルトの思考は、それを超え出るところに向けられていく。

5　思考の枠組みの摘出と合理主義の臨界

自然学の成立可能性、ひいては私たちの合理的理解の枠組みによる真理把捉の可能性——すなわち私たちが(自然世界について)何ごとかを正当に理解することができる条件は、究極的には神による確立に依存している。そうなると、次のような疑念が浮かぶのではないか。「神がこれらの真理を確立したのなら、王が法についてそうするように、神はそれらの真理を変化させることもできる」のではないかと(一六三〇年四月一五日付メルセンヌ宛書簡)。たとえば神は「三角形の三つの角[の和]が二直角に等しいということが真ではないようにする」こともできたのではないか(一六四四年五月二日付メラン宛書簡)。たしかに私たちからしてみれば、三角形の内角の和が一八〇度であることや、二に三を加えれば五になることはきわめて明白であり、「これほど透徹した真理が虚偽の嫌疑をかけられるなどということはありえないと思われる」ほどである(「第一省察」)。しかしながら、デカルトは続ける。「私の精神には、あらゆることをなしうる神が存在し、この神によって私は現にあるようなものとして創造されたという古い意見が刻み込まれている」(同)。このような、あらゆることをなしうる全能の神には、私たちによって現に真理として把握されていることがらをも変化させること、それによって私たちの合理的理解の枠組みそのものをも瓦解させてしまうこともできるのではないか。

しかし私たちは、自らの合理的理解の枠組みそのものが瓦解するということがどのような結果をもたらすことになるのかを理解できるだろうか。できる――それはすなわち、私たちが何ごとをも理解することができなくなる、ということである。たしかにこう応えることができそうだが、しかしこの場合には私たちは、〈何ごとをも理解することができなくなる〉ということを理解できているのではないか。これはつまり、私たちの合理的理解の枠組みが、現に正当に機能していることを示しているのではないか。他方で、現にこのように作動している理解の枠組みにとって、この枠組みそのものが瓦解し変更されてしまうということ自体、および、変更されてしまった理解の枠組みがどのように作動することになるのかを思考することは不可能である。かくて私たちにとって、理解の枠組みそのものについて現に思考可能なことと思考不可能なことが截然と分かたれているのであれば、それは翻って、神による私たちの合理的理解の枠組みの確立が、現に確立されている仕方で決定的に有効になっているということを示しているのではないか。この可能性と不可能性は、現に確立され作動している私たちの思考の枠組み自体の限界を反映していなければならないのではないか。神でさえ現に有効になっているこの枠組みを変更することは不可能なのではないか。

デカルトはいう。「私たちはもちろん、私たちが理解しうるすべてのことを神はなしうるということを確言することができるが、しかし、私たちが理解しえないことを神はなしえないと確言することはできない（一六三〇年四月一五日付メルセンヌ宛書簡）。というのも、「神の力能は包括的理解の不可能なもの」であり（同）、いいかえれば、「神はその力能が人間知性の諸限界を超出するところの原因」だからである（一六三〇年五月六日付メルセンヌ宛書簡）。そして私たちの有限な合理的理解の枠組みを確立することで、私たちに理解可能な領域を画定した神自身は、まさにそのことによって、この理解可能性の枠組みを超出しており、それゆえこれに制約されることはない。したがって他面私たちにとってみれば、神にかんして、自らの理解の枠組みを超え出てしまうことがらについては、私たちは何ごとをも積極的に肯定することができない。デカルトはもはや、神があらゆることをなしうるとはいわない。「私たちが理解しえないことを神はなしえない」と確言できないと、否定を重ねるだけである。神には「四の二倍が八であること等々を真でなかったようにすることもできた」かもしれない(「第六答弁」)。しかしこの事態が「私たちには知解されえないことを私は認めている」(同)。したがってこうした事態について詮索することは無駄である。「神には何らかのことを、それらが現にあるのとは別様の仕方でありうるということ自体が、私たち人間によって知解されることのないように制定することも容易であったことを私は正しく知解しているので、私たちが知解してもいなければ、私たちによって知解されるべきであると気づいてもいないもののために、私たちが正しく知解していることについて疑うということは、理性にもとることであろう」(同)。

私たちによる理解可能性の外部において神が何をなしているのかを、私たちは思考することができない。私たちによって現にとらえられている永遠真理のシステム、ならびに私たち自身の合理的理解の枠組みとは異なる別のシステムや枠組みは、私たちの理解可能性の完全なる外部そのものである。神が現に作動しているのとは別の真理のシステムを確立したかもしれないと考えてみても、そうすることがいったい何をすることなのかを私たちは理解できない。そしてこうした包括的理解の不可能性は、有限な私たちの知性と、無限なる神のへだたりを示している(「有限である私によって包括的に理解されないということは、無限が無限であるゆえんをなす」(「第三省察」))。ここまでみてきた事態はすなわち、無限なる神の絶対的超越を示しているのである。私たちの有限な合理的理解の可能性は、それ自身はこうした可能性に制約されることのない無限なものによって条件付けられている。もし私たちが理解しうる真理が、無限にへだたった神にとってさえ絶対的に妥当すべきものであるとしたら、有限である私たちにとって、そのような真理へと到達する可能性は絶たれてしまうだろう。無限なる神によって確立された真理が、私たちにとっての世界の真理であるほかないことによって、逆説的にも私たちが理解しうる真理の一種の絶対性が保証されているのである。

　自分たちの思考が依拠している枠組みが問題なく作動しているあいだには、この枠組みがそれとして意識されることはない。自分たちの思考が可能になっているこの条件そのものを思考するには、当の思考の枠組みの外部――私たちにとって思考不可能な領野――を何らかの仕方で開示し、もってその枠組みの限界を摘出しなければならない。デカルトにとって、包括的に理解不可能な無限なる神――私たちにとって絶対的に他なるもの――こそが、この外部を開示する装置となる。近代的合理主義を確立したとされるデカルトがそれをなしえたのは、かくてこの合理主義的枠組みそのものの臨界を画定し、もってすでにその外部を示したことによってなのである。

・文献

（デカルトからの引用は、『デカルト著作集【増補版】』（白水社）、『デカルト全書簡集』（知泉書館）の訳を参考にしたが、すべて拙訳である。なお、引用文中の［　］は引用者による挿入である。）

コイレ、アレクサンドル『ガリレオ研究』、菅谷暁【訳】、法政大学出版局、一九八八年。

デカルト、ルネ『哲学著作集　第Ⅲ巻』(René Descartes, *Œuvres philosophiques*, tome III, textes établis, présentés et annotés par Ferdinand Alquié, Garnier, 1973)。

ホワイトヘッド、アルフレッド・ノース『科学と近代世界』、上田泰治・村上至孝【訳】、松籟社、一九八一年。

第9章

哲学は遅れて
メルロ＝ポンティと構造の問い

小林 徹
Toru Kobayashi

はじめに

二〇世紀の西洋思想史において構造という概念が果たした役割については、今日誰もが認めることだろう。とりわけ哲学者たちは、ここで人間精神の在り方を根本的に問い直す好機を手にすると同時に、精神分析学や文化人類学との関わりの中で、自らの言説の自律性を再定義する必要に迫られたのだった。モーリス・メルロ＝ポンティ（Maurice Merleau–Ponty, 一九〇八－一九六一）は、この困難な時期を生きた哲学者のひとりである。彼は現象学という立場を採用し、身体によって生きられる知覚的経験の観点から伝統的な哲学の諸前提を解体することによって、人間精神の捉え方を刷新する新たな見方を提示した。そして、それを同時代の人間科学との対話の中で洗練させていった。実存主義や構造主義といった流行思想の枠組みを超えて、世界との関係を根本から捉え直そうとするメルロ＝ポンティの哲学的思索は、今日の認知科学や人類学に携わる研究者たちにも影響を与え続けている。私たちは、彼が諸々の人間科学の間で模索していた前哨地のような哲学の在り方を検証するべき時期に来ている。本章では、構造概念をめぐるメルロ＝ポンティの思索を追跡し、特に哲学的思考が本質的に持っているとされる「遅延」についての思考を明らかにする。構造概念を独自の仕方で掘り下げていく彼の歩みは、人間科学の後に到来するという哲学的思考の特異な立ち位置を開示するにちがいない。

1　世界の揺らぎ

どれほど退屈していようと、世界の仕組みが解明され尽くしたなどと考えている者はほとんどいないだろう。同様に、どれだけ未知な部分が残されていようと、世界が驚きに満ちあふれていると感じている者もそれほど多くはないだろう。しかし出来事が起きるということは、何か未知の要素に出会うということだ。それはすぐに見慣れた風景の中に溶け込んでいく。しかし、いつも同じ世界の中に、微少な差異が過ぎ去っていく……。気ままにさまよう幼い子どものまなざしを追うとき、あるいは、その口が発する音声が独特の鋭さを伴って何らかの事物を浮かび上がらせるとき、事物の輪郭がぼんやりと揺らぎ、自然に築き上げてきた世界把握が少しだけ揺るがされるのを感じることがある。例えば、「あぷかー」という曖昧な音声が反響し、私たちが知る「パトカー」と「ダンプカー」の間を逡巡する。この揺らぎは長続きすることはない。すぐに私たちのまなざしが、あるいは口から発せられる音声が、特に意識するまでもなく、それを上書きしにやって来るだろう。世界は安定性を取り戻し、子どもを行動に導いた「意図」すら見えてくる。そうか、「パトカー」のつもりで「あぷかー」と言ったのか。そうか、このパトカーのおもちゃに触りたいのか……。このとき私たちは、子どものまなざしに寄り添っているという実感、「同じ世界」を共有しているという実感を得ることだろう。しかし、幼い子どもの「あぷかー」という音声は、消えてしまったわけではない。それは不安定な調子を伴って、私が安住する世界の周囲に影のように漂い、次の瞬間には、再び私たちの「同じ世界」を揺さぶるかもしれない。まるで私の世界の住人である子どもの口を借りて、別世界からの声が聞こえてくるかのようだ。言葉にならないこの声は、私の世界に対して提起された根底的な問いかけなのではないだろうか。この問いかけは、命題の形に表現されないまま、消えることのない微振動として私のまなざしの辺縁に漂い続ける。私たちはむしろ、この暗黙の問いかけに、今度はなんとか答えようとして――無駄だと知りながら――、再び子どものまなざしを追い、子どもの声に耳を傾けるのかもしれない。そうか、本当は……。なるほど、だがしかし……。

幼い子どもの所作に導かれて、私たちはもう一度世界に眼を向ける。しかし世界を見るということは、実は逆説的なことではないだろうか。私たちは、家に住まうように世界のうちに存在している。ところが、自分が住んでいる家を「見る」ためには、外に出てその全体像を把握せねばならないが、世界という家屋の外部に立つことなど私たちにはできない。確かに私たちの視界は限定されたものであり、何かを見ている私の姿を外部から観察することもできるだろう。しかし私たち自身がこの観察者の観点に立つとき、そこは私の世界の一部となり、「外部」はどこかに逃れ去ってしまう。外部は存在するが、そこに立つことはできない。ひとりきりで部屋にいるときにも、まるで絶えず見えない何ものかに取り憑かれ、知らぬ間に震えているかのようだ。幼い子どものまなざしが思い起こさせるのは、安定しているはずの私たちの世界の、このような思いがけない不安定性である。

私たちが慣れ親しんでいる世界は、実は後から安定的なものとして構成された世界なのではないだろうか。私たちが見ようと思うことと、実際に目に見える世界が成立することとの間には僅かな時差が差し挟まれている。この時差があるからこそ、私たちは自分が生きる世界を外から眺める観点には立てない。しかし、私たちは永遠に世界について考えることを禁じられているのだろうか。そうではないだろう。私たちの世界に対する問いかけは、絶えず外部からやって来ている。私たちは知らぬ間に誘い出され、その言葉に耳を傾けている。言ってみれば、私たちは世界について思考する仕方も分からないまま、世界についての問いかけに巻き込まれているのである。世界の中で思考することと、思考された世界の間には、埋め合わせることのできない時間的ずれがあるが、この隔たりはいつもすでに乗り越えられている。本当の意味で「生きられた世界」について思考するということは、この時間的ずれそのものを思考するということである。そのためには、私たちと世界を結びつけている関係性の緊張を緩め、世界が構成されたものとなる過程を捉え直さねばならない。細部に向けて思考の働きを加速するのではなく、反対に速度を緩めることによって、世界全体の運動を浮き上がらせなければならない。メルロ＝ポンティが哲学的思考に固有の「遅延」について語るとき、そして構造という概念に独自の解釈を施していくとき、彼の念頭にあるのはこのような思考の在り方だったと思われる。

2　哲学の遅延

もちろん私たちが生きる世界について考えているのは哲学だけではない。心理学や社会学といったいわゆる人間科学も、それぞれの観点からこの問題にアプローチしている。そこで、まず人間科学に対するメルロ＝ポンティの基本的なスタンスを確認しておこう。彼は、哲学が実証主義的傾向に蝕まれつつあることを認めつつ、現象学こそがそこから脱する道であることを強調している。普遍的真理を思考する哲学者といえども身体を携えて活動するひとりの人間であり、生理的・心理的・社会的・歴史的な諸条件に従って生きている。その意味では、確かにひとつの哲学的思考を心理学的あるいは社会学的な分析の対象として実証的観点から研究することも可能だし、それが当の哲学的思考の重要な側面に光を当てることもあるにちがいない。しかしだからといって哲学的思考の内的な動きが、心理学や社会学が説明する外的諸条件に尽くされるというわけでもない。要因に関する知識だけでは、ある思考が実際に組み立てられ、効力を発揮する運動を理解することはできない。諸々の要因を現象としてひとつに結びつける力を想定しなければ、そもそも心理学や社会学も生きた思考として捉えられることができなくなってしまうだろう。心理学的・社会学的な状況を解明するためにも、外的諸条件に尽くされることのない、思考の内的な論理それ自体を思考する学問が必要なはずだ。

メルロ＝ポンティによれば、現象学という学問は、経験そのものの豊かさの中で、人間的生の諸条件に関する人間科学の知見と、それを踏まえて展開する思考の内的論理に関する哲学的理解を両立させようとする試みである。それは「人間科学の原理そのものである外面性と、哲学の条件をなす内面性、状況につきものの偶然性と、知識にとって欠くことのできない合理的確実性、これらを同時に考えることができるような方法」なのである（「人間科学と現象学」）。私たちが身を置いている現象的世界と同じ水準で、いわば経験の内部から真理が出現する様子を捉えることができれば、私たちは実証主義的傾向の中で哲学的問いを見失うことなく、むしろ諸々の人間科学によって蓄積されていく知識の傍らに、新たな哲学のための場所を切り開くことができるだろう。伝統的哲学は、経験的世界の手前に論理的思考が純粋に作動する場を置くことによって、実証的知識を外側から支えようと望んできた。それに対して現象学は、自然に流れ去っていく経験の中で「生きられた世界」に立ち返ろうとする。つまり経験の緊密な流れをスローダウンさせ、「一歩後退」することによって、実証的研究の対象となっている経験的世界の内側に「異様で逆説的」な世界を開示するのである（『知覚の現象学』）。哲学は反省の手前の「非反省的なもの」に赴かねばならない。なぜなら、私たちが実際に生きているのは、けっして理路整然とした透明な世界ではなく、むしろ見通しの悪い雑然とした世界だからだ。理論的理性から見て「異様で逆説的」なこの世界こそが、私たちの経験の現場なのである。私たちはその中で、それを足場として、想像の中でそれをさまざまな仕方で問い変容させつつ、そこに不変項として留まるものを「本質」として取り上げ、「生きられた世界」の騒がしさを少しずつ落ち着かせていく。哲学的反省とはこうした営みに他ならない。現象学が語る「本質」は、世界が「ある」という根源的事態に対してつねに遅れて到来するのである。「本質を見て取ることにおいて大事なことは、自分が出発点にしたものよりも自分が遅れていることを知ること」なのだ（「人間科学と現象学」）。

世界についての思考と「生きられた世界」の間には、取り除くことのできない時差がある。現象学的思考は、遅延を取り戻そうとするのではなく、いわばこの否定性を積極的に利用し、人間科学の知見を全面的に受け入れながら、自らが見出した「本質」の観点から人間科学のうちですでに作動している諸概念を捉え直そうとする。人間科学に対する理論的な優位性を主張するのではなく、それらと共に自らが巻き込まれている経験的世界の絶対的な先行性を暴き出しつつも、まさに遅延という形で自らの自律性を確保しようとするのだ。「非反省的なもの」に回帰するということは、先行する世界と合致することではなく、それに対する時差を肯定的に生き直すことである。この営みはけっして完了することがない。「生きられた世界」にたどり着くことはできない。なぜなら、ある意味で私たちはすでにそこにたどり着いてしまっているからだ。哲学とは、このような仕方でつねに新たに世界を発見し直そうとする思考の態度なのである。それは文学と同様に、「世界や歴史の意味をその生まれつつある姿で捉えようとする同じ意志」の現れなのだと言えるだろう（『知覚の現象学』）。

3　構造の哲学

人間科学が哲学的言説を自らのうちに取り込んでいく趨勢の中で、メルロ＝ポンティは哲学という学問の自律性を確保しようとする。それは同時に、哲学の観点から人間科学を語り直す試みでもある。ここにメルロ＝ポンティの思想の独自性と困難がある。彼は同時代の心理学や社会学の動向それ自体のうちに、心理学主義や社会学主義を内在的に乗り越える方向性を読み取り、それを自らの哲学的思考に織り込んでいく。いわば哲学を、人間科学のうちで暗黙のうちに作動している営みとして再設定していくのである。とりわけ形態の知覚に関する新境地を切り開いたゲシュタルト心理学は、メルロ＝ポンティが自らの現象学的立場を導入する際の主要な対話者となっている。私たちはここに、彼が独自の構造概念を練り上げていく様子を認めることができる。

ゲシュタルト心理学は、非常に現代的な仕方で従来の心理学的立場を刷新している。古典的心理学において、人々は実在的世界からの刺激を心的機構が受け取る際のメカニズムを明らかにしようとしてきた。そこでは要素的刺激を受け取って総合する「感覚」という概念が自明のものとして前提されている。この過程を実在的世界の法則に従うものとして理解するにせよ（経験論）、あるいは人間精神の内的法則に従属するものとして理解するにせよ（観念論）、経験をそれに先立つ要素の結合として把握しようとする姿勢に変わりはない。古典的心理学のこのドグマを批判し、「感覚」というこの語に含まれた先入観を解体することによって、私たちが世界を経験する現場を掘り起こそうとする試みにおいて、メルロ＝ポンティはゲシュタルト心理学を高く評価する（『知覚の現象学』）。要するに、経験は先立つ要素の結合ではない。私たちは、例えば網膜等の器官を用いて光の粒子を個別に受け取った上で、それを脳内である色彩として統合しているわけではない。そのような理解は、持続の中で実現される色彩の生き生きとした経験を抽象化し、図式化することによって獲得されるものにすぎない。何の背景も持たない、まったく文脈から切り離された個別的要素など実際には存在しない。私たちはむしろ、ある具体的な事物の上の色彩を、それが置かれた背景とともに一挙に経験しているはずである。最初に「ある」のは、まとまりをもった全体的構造（ゲシュタルト）の出現という出来事であって、そこに含まれる諸部分は後から抽象化されるにすぎない。例えばひとつのメロディーは、個々の音の集合によっては説明されないのであって、むしろメロディーという全体的存在が、個々の音の価値を説明するのである。何かを経験するということは、何よりもそこに生まれつつある構造を一挙に把握することなのだ。

ここにメルロ＝ポンティは、経験に関する新しい哲学の可能性を認める。私たちは、個別的な要素の正確な把握が世界全体に関する正しい理解に結びつくと考えがちである。しかし、最初に与えられているのはむしろ世界全体なのである。理解を深めるということは、暗黙のうちに与えられたこの全体性を、後から概念を用いて明確化することだと考えねばならない。すでにそこに全体的構造が作動しているからこそ、私たちは経験に関する何らかの学問を構築することができるのである。経験は、どれほど個別的なものであってもすでに全体的なものであり、ある意味ではすでに客観的なものなのだ。だからこそ、私たちは科学的な手法で世界への問いかけに接近することができるのである。そうすると哲学の役割は、このような経験の自然的な流れ（「知覚の奸計」）に逆らって、後から「異様で逆説的」な「生きられた世界」を回復すること、ある現象がひとつの意味を持ったまとまりとして立ち現れる局面、ある世界の構造が構造化する局面に留まりながら、諸々の科学的思考が前提としている諸概念を問い直す観点を後から提示することになるだろう。

メルロ＝ポンティは、心理学における古典的思考の枠組みを刷新しようとするゲシュタルト心理学のうちから、ひとつの「構造の哲学」を取り出してくる。それは、すでに構成された世界を支える原理や可能性の条件を語るのではなく、新たな世界の出現に立ち会うような思考、構造の構造化に身を置くような思考である。科学的思考が合理的な仕方で取り出そうとする構造の内部に、それに先立つ歪な「生きられた世界」を取り戻し、さらに新たな構造化を呼び起こそうとする思考である。それはまさに「人間科学の原理そのものである外面性と、哲学の条件をなす内面性」を重ね合わせるような思考の在り方だと言えるだろう。人間科学は構造という言葉で人間的生を取り巻く諸条件を理解するが、哲学的思考はそれを構造化の局面から把握し直そうとする。構造の哲学は、世界の出現という根源的場面において、人間科学と協働しつつ、その傍らで少しずつ自らの自律性を確立していくのである。

4　視覚の謎

世界の出現とは、そこに立ち会う者の身体を通じて世界の構造が構造化し、諸々の事物が改めて互いに接続し合う過程である。世界を生きる主体において、いわば客観的な世界が新たに立ち上がるのである。私たちは、自らの介入に関係なく、世界が客観的構造として存在していると考えがちである。しかし、先にも述べたように、私たちは世界という住処の外部に立つことはできない。私たちが外側から世界に参入したのではなく、むしろ世界の構造が、見る主体のまなざしに合わせて後から構築されるのである。私たちは、いわば見ることによって見える世界のうちに存在するのだ。見ることと見えることの間には時差があるのだが、私たちの身体はそれを一挙に乗り越えているのである。晩年のメルロ＝ポンティはこの事態を、「視覚の謎」として捉えようとしていた。「謎は、私の身体が見るものであると同時に見えるものだという点にある」（『眼と精神』）。私が何かを見るということは、自分の身体を動かしてその対象にまなざしを向けることであり、それによって視覚的世界の内的構造が内側から組み替えられ、新たな光景が描き出される。見ることが見えることに推移する。私たちの身体は見えるものの一部であり、視覚的世界に所属するものでありながら、見るものとして新たな光景を立ち上げる。ここには二つの局面の「異様な重なり合い」があると言わねばならない。見ている私が外部から見られるとき、見る主体を中心にして描かれる平面が、その身体を含む見えるもの全体の平面へと脱中心化される。私という代替不能な存在が、誰かによって見られた一般的世界の一部に転化する。私は、時間の中で、言ってみればひとりの他者として世界のうちに統合されるのである。見るということは、ひとつの世界を手に入れるためにそこから離れることである。あるいは同じことだが、離れたところから世界に参入することである。時間的なずれの中で、身体は絶えずこの謎めいた距離を生きている。構造化の過程の中で、この「異様で逆説的」な経験は、私と世界の安定的な関係性へと昇華されていくのである。

哲学は経験的世界の中で「生きられた世界」の異様さを取り戻さなければならない。その際にメルロ＝ポンティが参照するのは、芸術作品の制作過程である。特に絵画は、世界についての客観的描像ではなく、むしろ新たな仕方で世界が出現し、世界と私たちを新しい仕方で結びつける様子を、物質的な仕方で画布の上に定着させる試みだと言える。絵画に描かれた世界がしばしば歪んで奇妙に見えるのは、それが私たちの視覚を構造化の過程に連れ戻すからであろう。メルロ＝ポンティは、視覚の謎に巻き込まれながら遂行される絵画の挑戦を、哲学的言説のうちで反復しようとする。この試みの中で、彼の言葉もいささか謎めいたものとなっていく。

科学の思考――俯瞰的思考、対象一般の思考――は、先立つ「ある」のうちに、光景のうちに置き直されねばならない。つまり、私たちの生において、私たちの身体にとってあるがままの感覚的世界や人工的世界の土壌の上に置き直されねばならない。〔…〕そして、私の身体とともに、「連合的な身体」、つまり「他者」もまた蘇ってくるにちがいない。〔…〕他者は私に付きまとい、また私が他者に付きまとい、そして私が他者と共に、具体的に作動し現前する唯一の〈存在〉に付きまとうのである。（『眼と精神』）

このようなメルロ＝ポンティの言い回しは、伝統的哲学の語法の外で問題を再設定しようという意志の現れであろう。それは、既存の言説の透明性を捨てて、ひとつひとつの言葉を改めて発見し直すような作業である。ここで特に目を引くのが、私と他者、そして両者と〈存在〉との関係を示している「付きまとう〔hanter〕」という表現であろう。「生きられた世界」を謎めいたものとしているのは、まさにこの語が示すような不思議な関係性である。この語は、通常は幽霊や観念といった実態のはっきりしないものと私たちの関係を表す際に用いられる。私たちは「この世」を生きている。そして「この世」の中で、私たちはつねに誰かから見られている。しかし、先にも述べたとおり、私たちはこの誰かの視点に立つことはできない。誰かの視点は、私のまなざしと時間的にずれているのだ。他者のまなざしは、まさに幽霊のように「あの世」から私に「付きまとう」のであり、反対に私のまなざしの方も同じように他者に「付きまとう」にちがいない。そして、互いに「付きまとう」このような関係性において、何かが「ある」ということ(〈存在〉)が立ち現れてくるのである……。

新たな世界が出現しつつあるとき、私たちは内側からその構造化に参与している。私たちがまなざしを向けている事物は、私や他者の身体の内側からまなざしそのものを構造化している。このとき事物は私や他者の内部にも外部にも存在しない。私たちと事物は二つの項目のように切り離されることなく、互いの背後に回り込むようにして、「見るものが見えるものを見る」という関係性を共に築き上げていく。その中で、画家の絵筆は、自らが生きる世界、そしてそこに住まう他者を、自らが描く世界のうちに改めて呼び起こすようにして、一幅の絵画を浮かび上がらせるのである。興味深いことに、ここでメルロ゠ポンティは「付きまとう」という関係性を、動物学における「同類」の認識と区別している。人間と他者の関係性は、動物と同類の関係性と異なる。人間と動物の間の一見自明な区別は、〈存在〉への関係性という観点から再定義されねばならない。人間以外の動物もまた身体を持ち、それぞれの感覚器官を用いて世界を認識し、仲間たちと共に社会を形成しているにちがいない。しかし彼らにとって、他者とはあくまで自らの環境世界に参与している存在である。そこにいない他者は、端的に世界認識の外に置かれている。それに対して、ひとり人間のみが、その場にいない存在(例えば死者)を自らの環境世界の住人として受け入れ、現在の世界を過去や未来に接続することによって、固有の文化的世界を形成することができるのである。言い換えれば、人間だけがシンボル機能を発達させ、象徴体系という新たな次元を構築することによって、不在を指し示す能力を手に入れ、〈存在〉をひとつの問題として浮上させるに至ったのである。人間は世界の内部に立ちつつ、例えば神話や宗教を通じて自らに「付きまとう」存在者の観点に立ち、自分が生きる世界の内側に留まりながら、自らを含む〈存在〉全体を開示し、そこに新たに別の文化的世界を出現させることができるのだ。ここでメルロ＝ポンティの構造の哲学は、同時代の文化人類学との対話へと差し向けられることになる。

5　最後の言葉

メルロ＝ポンティは、晩年に〈存在〉をめぐる以上の問いを「野生」という言葉によって捉えようとしていた。文化的世界の出現というこの問題は、同時代にクロード・レヴィ＝ストロースが練り上げていた神話論的思考をめぐる文化人類学の問いと重なり合うものである。急逝したメルロ＝ポンティに捧げられた『野生の思考』（一九六二年）を後に振り返りつつ、レヴィ＝ストロースは次のように述べている。

メルロ＝ポンティは、［…］画家における野生の視覚に存在論的根拠を与えようとしたのであるが、そのような視覚は［…］私自身が野生の思考と呼んだものと同じものであり、同時にまったく別のものでもある。どちらも「［科学における］活動主義がまったく知ろうとしない生の意味の層」からすべてを汲み取っているという点では、私はメルロ＝ポンティに賛成だが、私がこの意味の論理を探求しているのに対して、彼にとっては、この意味がすべての論理に先行しているのである。（「いくたびかの出会い」）

レヴィ＝ストロースはここで、実に正確に問題の所在を明らかにしている。哲学者も人類学者も、慣れ親しんだ世界理解に従う思考法（「活動主義」）に反して、構造の構造化という場面に立ち返ろうとする意志を共有している。しかし、これまで見てきたとおり、メルロ＝ポンティが、客観的世界の構築に向かうこの自然的傾向の中で、諸々の本質をその生まれつつある状態において捉えようとするのに対して、レヴィ＝ストロースの方は、さまざまな文化的諸制度の比較を通じて、人間精神の無意識的次元において働いている神話的思考がどのような内的論理を持ち、どのような法則に従って内在的に変容し、どのような観点から互いを差異化しているのかを探求する。人類学者は自らの経験を俯瞰することによって、「生きられた世界」の構造を明らかにするのだ。文化人類学者によるこの立場表明は、現象学的思考に根本的な問題を突きつけている。

人間科学の知見を受け入れながら、「生きられた世界」のうちから「本質」を抽出するという哲学の作業は、哲学者個人の想像力に負うところの大きい方法であり、それ自体としてある文化的背景を持っているにちがいない。そうだとすれば、文化人類学が近代西洋的な発想と根本的に異なる世界観について報告するとき、哲学はそこでいかなる権利をもって自らが練り上げた普遍性の拡張を主張することができるのか。むしろ私たちが行うべきなのは、自らが生きる文化的世界を、別の文化的世界と比較し、両者に通底する論理を探ることによって、自文化の価値観を絶対視する姿勢を徐々に緩和することであって、メルロ＝ポンティがそうしているように、自らの経験的世界の内部に「すべての論理に先行する」意味を見つけ出そうとすることは、むしろ自文化中心主義を過度に強化することにしかならないのではないか……。

人類学者からすれば、哲学者が自らの経験を拡張することによって、他文化を生きる人々の経験を再構成することはできない。しかしながら、逆説的な言い方になるが、だからこそ哲学者は自らのうちに蓄積された知識を批判的に捉え直し、「生きられた世界」のなかでそれを取り上げ直さねばならないのではないだろうか。メルロ＝ポンティが考える現象学とは、世界が出現する運動に再び参与しようとする意志である。かつてフッサールは『原始神話学』（一九三五年）の著者リュシアン・レヴィ＝ブリュルへの書簡において、哲学的真理の普遍性を問いただす歴史的相対主義の価値を認めていた。それを参照しつつ、メルロ＝ポンティもまた改めて哲学という学問の位置づけを再定義する。

「しかし人類学は、実証科学全体およびこうした諸科学の総体と同様に、認識の最初の言葉ではあっても、その最後の言葉ではないのです」。そうすると、実証的知識の前ではなく、その後から、哲学の自律性が成立してくるのだろう。(「哲学者と社会学」)

人類学が提示するのは、人間的思考が置かれている状況に関する報告である。あらゆる思考はこの状況の内部で展開される。哲学的思考といえども、その外部に立つことは許されない。この意味において、人類学が語っているのは、あらゆる思考がそこから語り始める「最初の言葉」であろう。それに対して哲学は、あらゆる思考が語り終えた後に、積み上げられた報告書の背後から語り始める「最後の言葉」である。絶対的真理など存在しない、すべては文化的な構築物にすぎない……。なるほど、そうか、だがしかし……。だがしかし、すべてが相対的な真理にすぎないとすれば、私たちはいかなる仕方で世界についての思索を進めていけばよいのだろうか。世界についての問いかけが生じているとき、私たちは、自文化中心主義の罠に捉えられつつも、やはり何らかの形で「真理」を求めて思考を推し進めるしかないのではないだろうか。確かに哲学的言説は、それが属する社会的構造の論理に支えられている。しかし構造の認識は、世界の出現、あるいは構造の構造化という事態に裏打ちされているはずである。構造化された世界の背後には、「異様で逆説的」な領域が潜んでいる。本当の意味で世界について考えるためには、この謎めいた領域の中で新たな構造化を模索せねばなるまい。疑いえないほど堅固な仕方で実証的知識が積み上げられた後で、初めて哲学は自らが作動する場所を切り開くだろう。「哲学は知識の一種ではない」とメルロ＝ポンティは述べている。「それはいっさいの知識の源泉を私たちに忘却させせまいとする警戒心なのである」(「哲学者と社会学」)。人類学が他者との出会いを構造の言葉に変換するとき、哲学的思考は後から、自らに先立つ構造化(「いっさいの知識の源泉」)の観点に立ってそれを語り直そうとするだろう。メルロ＝ポンティによれば、それは他者との「共存の次元」を呼び起こすことである。すなわち、私が他者のまなざしに「付きまとい」、他者のまなざしが私に「付きまとい」、そうやって私と他者が共に「付きまとう」あの野生の〈存在〉という謎めいた領域に身を置き直すことである。哲学的思考は最も遅れて到来する。しかしそれが「最後の言葉」を語るということは、すべての思考を完了させるという意味ではない。終わることのない終わりから、新たな世界の構造化が始まる。それは「最初の言葉」にすら先立つ言葉となり、例の幼い子どもの言葉に似た、世界への問いかけを再開する言葉、曖昧な、しかし確かな響きを備えた言葉となるだろう。

・文献

メルロ＝ポンティ、モーリス『知覚の現象学』(Maurice Merleau–Ponty, Phénoménologie de la perception, Paris, Gallimard, 1945.)。

レヴィ＝ストロース、クロード「いくたびかの出会い」(Claude Lévi–Strauss, « De quelques rencontres », in *L'arc*, no.46, 1971.)。

――「人間科学と現象学」(Maurice Merleau–Ponty, « Les sciences de l'homme et la phénoménologie », in Centre de Documentation Universitaire, 1953–1963.)。

――「哲学者と社会学」(Maurice Merleau–Ponty, « Le philosophe et la sociologie », in *Signes*, Paris, Gallimard, 1960.)。

――『眼と精神』(Maurice Merleau–Ponty, *L'Œil et l'esprit*, Paris, Gallimard, 1964.)。

第10章 認識と倫理

水俣から問われる哲学

吉川 孝
Takashi Yoshikawa

はじめに

倫理学とはどのような学問であろうか。「善」などの概念の意味を明らかにしたり（メタ倫理学）、特定の時代や地域の人たちがどのような道徳的信念を持っているかなどの事実的状況を調査したり（記述倫理学）、嘘をつくなどの「行為」や外出制限をするなどの「政策」の是非を論じたりすること（規範倫理学）が、現代において倫理学として取り組まれているが、ここにはいくつかの前提がある。第一に、事実と価値の二分法が前提にされており、メタ倫理学や記述倫理学は、価値にかかわる概念や信念を解明するときにも、価値評価にはコミットすることはない。第二に、規範倫理学は、私たちの行為や行為との類比で捉えることができる政策を主題とし、そうした行為や政策の決定の是非についてときに道徳原理に依拠して論じようとする。第三に、このような倫理学の営みはすべて中立的な立場からなされるものであり、まともな倫理学の思考からは偏りが排除されていることになる。

こうした現代倫理学を真正面から批判したのがI・マードック（Iris Murdoch，一九一九－一九九九）であり、彼女は当時の道徳哲学のそうした（今日もそれほど変わらない）傾向の問題点をはっきり指摘している。その最初の著作は『サルトル　ロマン的合理主義者』（一九五三年）であり、サルトルやボーヴォワールなどの現象学者が小説家でもあることに注目して、小説を通じて人間の生を記述し、特定の価値観から読者に訴えかける手法——現代倫理学の主流とは異なる手法——を読み取っている。サルトルの哲学や小説は、人間の複雑な本性やその生の状況を記述しながら、自由の大切さを読者に訴えかけている。つまり現象学は、行為には切り詰められない内面としての意識経験を、ある種の価値にコミットしながら記述し、読者に生き方の変化を促している。本章は、マードックの試みをその源泉の一つでもある現象学の動向と結びつけ、水俣病をめぐる実例を踏まえながら「ヴィジョン」としての意識経験に焦点を合わせる倫理学の可能性を探りたい。

1　マードックと現象学

現代倫理学においては、私たち人間は、内面としての意識経験ではなく公共的に観察可能な行為の水準において主題化され、しかもその行為は自由に自己を統制する主体の選択によるものと考えられる。しかしマードックによれば、こうした人間の捉え方は、個人の意識経験が折り重なって形成される「ヴィジョン（見え方・見方）」から目を背ける点において、いちじるしく不十分である。私たちは環境や時代や言語や身体などのそれぞれの生存の条件に縛られており、そこからしか世界を経験することができない。このような経験の条件が「ヴィジョン」という視覚的な比喩によって示されており（実際の視覚能力を意味するわけではない）、私たちの行為はヴィジョンに支えられており、行為するときにはこのヴィジョンがそのつど表現される。私たちは「自分が見ることができる世界の内でのみ選択することができる」のであり、何が善であり何が悪であるのか、自分とは何であり、何を大切にして生きるのかについてのヴィジョンがなければ、自分が悪を避けて善を為そうという行為も生じない（『善の至高性』）。

興味深いことに、このようなヴィジョンの次元の重要性は、二〇世紀の前半のドイツの現象学者においてはっきりと表明されていた。現象学的倫理学の中心人物であるM・シェーラー（Max Scheler, 一八七四－一九二八）は『倫理学における形式主義と実質的価値倫理学』（一九一三年）において、「それ自身のアプリオリな内実とそれ自身の明証とをもつこの価値認識（ないしは特殊な場合には道徳的価値認識）に、道徳的意欲、いや道徳的態度一般は基づいている［…］」と述べている。価値やその高さや低さがさまざまな感情の経験によって認識され、価値そのものが与えられる。しかも、このような価値の認識は、通常の道徳哲学が想定するような、何らかの道徳原理に依拠した価値判断（倫理学における学問的判断）ではなく、直観を通じて価値それ自体を見てとることである。私たちが何かを意欲しつつ行為するときには、それを支える価値の認識が必要とされている。このような指摘は、まさに行為に先立つ認識（＝ヴィジョン）の水準に目を向ける倫理学を展開する点で、マードックと重なっている。

さらに、現象学の創始者とされるE・フッサール（Edmund Husserl, 一八五九－一九三八）もまた、『改造』論文（一九二三年）において、私たちの認識を問い直すような「認識倫理的」な営みとしての倫理学を構想する（『改造』論文）。ここでは、行為のみならず、行為を支える評価や認識などを吟味することが課題とされる。しかも、フッサールは、弟子のA・ライナッハ（Adolf Reinach, 一八八三－一九一七）の「否定判断論」（一九一一年）における瞬間的な「作用」としての認識と持続する「確信（信念）」としての認識という区別を踏まえており、後者をも含めた認識を批判的に検討することが、私たちの自己理解の中心部分を動揺させることにつながるとも考えている。

マードックによれば、現代倫理学においてヴィジョン（＝確信としての認識）の次元が倫理学の対象になりにくかったのは、ヴィジョンは捉えどころがなく観察・検証に適していないからであり、さらにそれは歴史的文脈に依存しているので、自由に選択・変更することが困難だからである。つまり、ある種の行為の悪さを明らかにして、それを罰したり、撤回してもらったりすることはできるが、ある人が長年にわたって培ってきたヴィジョンの是非を判断して、それを放棄してもらうことは難しい。行為が公共的に観察可能であり、自由な選択に基づいてなされるのに対して、ヴィジョンは捉えどころがなく、当人に選択できない仕方で形成されている。しかし、あくまでもヴィジョンが行為を支えており、さまざまな道徳上の対立がそこに根ざすならば、私たちのヴィジョンが成熟する仕方や異なるヴィジョンをもつ人との関わり方を熟慮することが重要な道徳的課題となるだろう。

マードックにおいては、自己のヴィジョンを問い直すことが道徳の基本的な形式となっている。古来、道徳哲学は自己の信念をめぐる技術についての議論であったし、今後もそうあらねばならない。自己の信念に変化が生じるきっかけは、自己を超えて実在する世界やその世界に生きる個人としての他者たちとの出会いである。ヴィジョンの倫理学は、行為の正しさについて判断を下し、その判断に行為を導かせるのではなく、超越者との出会いによって自己の変容を誘おうとする点で、ある意味では宗教に近いものとなる。この発想のポイントは、倫理学に携わる私たち自身がすでに特定のヴィジョンに根ざしていて、偏りのうちで思考をせざるをえない点にある。以下ではヴィジョンを吟味する倫理学の具体的な意義を示すために、水俣病への哲学者や科学者のアプローチを検討したい。

2　市井三郎の挫折

四大公害病として知られている水俣病が公式に確認されたのは一九五六年であり、一九六〇年代後半から七〇年代前半に、企業(チッソ)の加害責任を追及するいわゆる「第一次訴訟」をめぐる裁判闘争が行われ、被害者を支援する運動が全国に広まっている(そこに法学、経済学、医学、化学などの研究者も加わった)。この時期には、石牟礼道子の『苦海浄土』(一九六九年)や土本典昭の『水俣　患者さんとその世界』(一九七一年)が発表され、文学や映画が大きな役割を果たしているが、哲学から本格的な取り組みはなされていない。一九七〇年代後半から八〇年代になって、石牟礼の呼びかけによって結成された不知火海総合学術調査団のメンバーに、哲学者の市井三郎(一九二二-一九八九)が参加する。市井は、ホワイトヘッド、ラッセル、ポパーなどの翻訳でも知られる分析哲学者であるが、その関心は歴史哲学、価値哲学、それらを背景にした日本思想史などにも向かい、さらには思想の科学研究会のメンバーとして現実の社会問題にもコミットしており、水俣の調査にふさわしい哲学者だった。ところが、市井の論文はメンバーから痛烈な批判を浴び、調査団の報告書『水俣の啓示』(一九八三年)には、市井論文「哲学的省察・公害と文明の逆説——水俣の経験に照らして」とそれを批判する最首悟の論文「市井論文への反論」が併載された。

市井は、公害、飢餓、疫病、自然異変、戦争、虐殺など、自然死に至るサイクル以外の理由で人間が滅ぶことを「人間淘汰」と名づけ、さらに調査団に同行した経験から、重度の胎児性患者が生きていることそれ自体をも「人間淘汰の新たなる深淵」と見なす(『水俣の啓示(上)』)。論文では、水俣病患者が淘汰されることが「必要悪」であるかどうかという問いが立てられる。これを考察するのは、当時紹介されはじめた進化論を基盤とする社会生物学(E・O・ウィルソン)が、爆発的に増加する人口の安定化の必要性を指摘しており、市井がここに人間淘汰を許容する危険を読みとったためである。市井は、そのような立場を批判しながら、水俣病による淘汰について「なんら理性的に首肯される理由がない」し、それを許容する「学説」も許すべきではないと、論文を結んでいる。

こうした市井の論考に対して、最首悟は、苦悩を抱える水俣病患者を無残にふみにじることへの「驚きと怒り」を表明し、論文が「無意味」であるばかりか「加害的」であると主張する(『水俣の啓示(上)』)。この批判は、市井論文における概念の使い方と患者についての認識の仕方という二つの点に向けられる。第一に、市井は「人間淘汰」という概念を用いて、水俣病患者が「淘汰」されていると考える。しかし、「淘汰」には価値のないものを捨てるという意味があるため、この概念を用いた考察自体が被害者の苦しみを助長し、人間性をふみにじることになりかねない。第二に、水俣病についての認識にも大きな問題がある。市井は、水俣病患者を「淘汰されつつある人々」と捉えて、医学的に有効な治療法がなく重い後遺症に苦しむことを強調する。しかし当時は、症状の多様性に目が向けられ、「軽症患者」が水俣病の認定から除外されてしまうことの深刻な問題が生じていた。にもかかわらず、市井による患者の認識はステレオタイプの「重症患者」のみを念頭におくものである。最首は、そうした認識が広まることで、多くの人に差別的偏見が植え付けられ、典型的な症状以外の患者たちの正式な認定や補償が妨げられることを危惧している。ここで批判されているのは、水俣病患者の淘汰は許されないという市井の導き出した結論ではなく、概念の使い方、問いの立て方、眼差しの向け方である。批判の矛先は、市井自身や彼の依拠する哲学のヴィジョンに向かっている、と言えるだろう。

市井の考察は、現場で用いられる言葉やそこで生じている問いを受け取るわけではなく、学問上で議論される「淘汰」という概念によって基本的な問いを立てて、ステレオタイプの病像を鵜呑みにして考察を進めている。とはいえ、習慣から独立に言葉の意味を定義したり、中立の立場から世界を認識したり、学問の議論の枠組みから現実世界の出来事を理解したりするスタンスは、市井に特有のものではなく、哲学研究に広く見いだされ、ときにはその美徳とされることもある。つまり、哲学は、何よりも概念を明晰にしたり、議論を整理したりすることに気をつかい、偏りのない立場から思考することを目指している。そうした哲学は、患者がその土地でどのように生きており、どのように世界を見ているのかを深く理解する必要はないのかもしれない。市井は、ある意味で哲学の文献研究に忠実であり、現地の人たちと積極的に接するわけではなかった。調査団長だった歴史学者の色川大吉（一九二五－二〇二一）によれば、水俣での市井は「旅館で、いつもごろごろ寝ているか、本を読んでいるだけ」であり、「哲学はどこかへ行ってするものではない」とも語ったという（「不知火海総合学術調査団のころ」）。アームチェアの研究者を見事に体現する市井の姿は、あらためてマードックの道徳哲学の意義を私たちに理解させてくれる。

学術研究者が水俣に赴いたとしても、魚を漁《いを》って生きることが、その魚を食べて病むことが、病んでなお魚を食べ続けることがどのようなことなのか、すぐさま理解できるわけではない。マードックによれば、他者たちやその生きる世界を理解することは、彼らの言葉を学んで、そのヴィジョンをそれなりに共有しなければならない。調査団メンバーは「聞き書き」という方法やそこに記される方言の大切さを認識することになる。最首による批判が明らかにしたように、市井は言葉の使い方、問いの立て方、眼差しの向け方などにおいて問題を含んでいたのであり、それは自分のヴィジョンを水俣に晒すことを拒んだことに起因している。

3 中立性への批判

これに対して、水俣において患者たちの信頼を得ることになる研究者たち、例えば、医学者の原田正純と化学者の宇井純は、科学における中立性という立脚点を問題視し、患者の経験から学ぶことを徹底している。原田正純（一九三四－二〇一二）は、生涯にわたって水俣病患者に関わっているが、興味深いことに、その研究や治療の行為が「見る」ことに導かれていた。原田は、熊本大学の大学院時代に水俣病の調査に同行し、患者たちの悲惨な生活を「見る」ことになり、「見てしまった責任」を果たすべく、患者の診断や治療にあたることになる。しかも原田は、数多くの著作で視覚にかかわる比喩を用いており、『水俣・もう一つのカルテ』では、それぞれの章を演劇の幕に準え、「眼の記憶」「眼の記録」「眼の位階」「眼の横断」と位置づけている。「眼の記録」とされた第二章「もう一つのカルテ」では、

「軽症患者」といわれる患者たちのさまざまな感覚障害の経験を、メモや日記などを引用しながら記述している。例えば、症状の悪化から漁にでる生活を諦めて、ミカンを育てている五二歳の女性のある日の生活は以下のように記されている。

三時（午前）頃から五分ごとにからす曲りがして、つる（痙攣）のでねむれない。六時四十分起床。七時二十分朝食。頭痛がつづく。九時から十二時まで網の手入れ。全身だるい。昼食後ごろ寝、二時からバスで鍼灸院に行く。五時帰宅。六時夕食。頭痛して首から肩がこる。八時ねる（『水俣・もう一つのカルテ』）。

認定申請が棄却されて再申請をしているこの女性の日記には、「軽症」と言われる患者が、その日の体調や通院に左右されながらかろうじて仕事を続けている様が記されている。

宇井純（一九三二－二〇〇六）は東京大学の助手を長年にわたって務め、公害にかかわる自主講座を開催したことでも知られている。水俣のみならず全国の公害問題に取り組んだ宇井は、「公害を見抜くには、心眼と心耳を持たねばならぬ」と語っており、現地へ行って自分の眼で見て、当事者から話を聞くことを重視している（『宇井純セレクション2』）。彼は中立的な立場からなされる「役人」と「学者」の取り組みを批判して、「公害に第三者はいない」と主張する。行政が中立であるときには公害の被害や問題を理解することはなく、被害者の生きる立場に立って「不公平な行政」となるときに初めて、公害を全体として理解できる。また、科学のほとんどが工業や産業のために発展しており、その特性からして公害の加害者の利益と結びつきやすい。このことに無自覚であれば、科学者は加害者の側に加担することになりかねない。原田もまた「中立ってことは『ほとんど何もせん』ってことですよね。権力側に加担している」（『原田正純の遺言』）と述べ、宇井と同じように、中立的な立場に立つ科学そのものの問題点を明確にしている。二人はともに、水俣における被害者や加害企業や行政を見つめる中で、私たちの知識・認識が、科学のそれも含めて、そもそも中立であることはなく、通常は何らかの権力や権威とともにあることを敏感に感じ取っている。

こうした背景には、水俣病をめぐって、さまざまな科学が中立を装いながらも、実際には加害企業やそれと結びつく行政に加担した歴史がある。例えば、発生当初における原因究明は困難を極めたが、そこにおいて、加害企業に都合のよい学説を流布する東京のある大学の研究者がいて、その発言は中央の権威ある学者の見解として報じられた。さらには水俣病の認定においても、認定患者数の急増を避けようとするかのようにある時期から認定基準が厳しくされた。その基準設定や審査においては、患者自身の経験の語りよりも、専門家とされる学者の知見が尊重された。認定を申請した者たちが、補償金目当ての「ニセ患者」と見なされることさえあった。科学のなかでも医学が他の分野よりも尊重され、さらに医学のなかでも、患者の生活に目を向ける疫学ではなく神経内科の知見が尊重された。誰かが水俣病であることが補償制度との関連において正式に「認定」されることをめぐって、誰のどのような「認識」が尊重されるべきかは、一九七〇年代から今日にまで至る水俣の最大の問題である。実際には、被害者や被害者に近い人たちの認識ほど軽んじられる傾向があり、当人の家族や当人の生活をよく知る医師からすれば水俣病としか言いようのない者――家族とともに長年にわたって水俣湾の魚を食べ続け、家族は重症の認定患者となった者など――も、認定されないまま放置される事態も生じている。

4　認識の正義から倫理へ

このように被害者の証言が軽んじられ、その声が理解されないことは、「認識」をめぐる大きな問題を示している。現代の哲学研究者ならば、このような状況に直面したときに「認識的不正義」の議論を参照できるだろう。その議論の最初の枠組みを提供したM・フリッカー（Miranda Fricker, 一九六六－）によれば、二種類の不正義が区別される(『認識的不正義』)。人種差別のある社会においては、黒人の証言が白人のそれに比べて信用されないことがあり、これは「証言的不正義」とされる。まさに水俣病患者の証言は学者の知見に比べて低く見積もられ、ときに嘘をついているとさえ誹謗された。さらには、特定の人たちの経験を解釈する資源が社会のなかに乏しいために、何らかの不利益を被っている当事者の状況が理解されないことは「解釈的不正義」と名づけられている。例えば「セクシャルハラスメント」という概念がなかったときには、女性が何らかの被害の経験を訴えても理解されにくかった。水俣においてもまさに、感覚障害を水俣病の症状として適切に解釈する資源がなかったために、ときに神経痛やリウマチなどと変わらない「軽症」として扱われ、まともな補償の対象とされなかった。市井三郎が調査団に参加した時期には、被害者たちはまさに認定制度をめぐる壁に直面していたのである。ある意味では、「認識的不正義」をめぐる議論が確立されていれば、哲学からも何らかの貢献ができた、と言いたくなるかもしれない。

確かにそうかもしれず、何らかの概念を身につけることで私たちの認識が深化拡大するだろう。「認識的不正義」として論じられることで水俣の問題はこの概念ですでに論じられているジェンダーや人種の問題と結びつけられるかもしれない。しかし、そもそも学術上の概念から現実の問題を考察することの危うさを考えることも重要である。認識的不正義の議論を手がかりに水俣にアプローチすることは、社会生物学の概念を用いた市井の試みと何が違うのだろうか。市井が批判されたのは、当事者たちの声を聴き、彼らの世界をともに見ようとする姿勢のないままに、手持ちの理論や概念から水俣の現実を理解したからであった。宇井や原田のような研究者は、認識的不正義の議論や概念を手がかりとすることなしに、患者から学ぶことによって、直面する事態の深刻さをしっかり受け止めた。重要なのは、水俣と接することで、研究者の携わる学問や自分の生活の偏りが浮き彫りになることであり、さらにはそのことをしっかりと受け入れることであろう。原田は自分がさまざまな失敗をしたことや水俣病患者から医学の限界を学んだことを隠そうとしない。熊本大学に診察を受けにきた患者たちにふたたび来るように伝えたときの彼らの戸惑いから、原田は、仕事を放棄して一日がかりで水俣から熊本に来る患者の困難を知り、自分から水俣に診察に行くことにする。また、母親の摂取した毒物は胎盤を通過しないという当時の医学の常識とは別に、母親たちはみずからの食生活ゆえに我が子が胎内で水俣病になったことを直感的に知っていた。原田はそのような母親たちの証言を手がかりに胎児性水俣病を発見することになる。

特定のヴィジョンのなかで何らかの偏りを生きる私たちは、一切の偏りを克服する地点に立つことはできない。他者のヴィジョンに出会ったときに自分の信念を改めるべきことがあるだろうし、そうした信念の改訂に少しでも開かれている姿勢が倫理的な大きな意味を持っている。「倫理的生は実際のところその本質からして「革新」からの生［…］である」と述べるフッサールは、まさに自分がみずからの信念（ヴィジョン）を問い直し、それが改められることを、倫理の営みの核心に見いだしている（『改造』論文）。このような意味での倫理は、世界を中立的に見渡す立場に立って、認識内容の正しさを吟味したり、認識の価値の不当な配分を告発したりするわけではない。つまり、認識にかかわる正しさという意味での二つのタイプの正義にかかわるものではない。第一に、私たちは、通常の倫理学において行為の正しさを吟味するように、認識の内容の正しさを吟味することができるだろう。ある種の認識が差別的であるかどうかを検討するなど、自分のものであれ他者のものであれ、中立的な立場から、認識の内容の正しさを検討できる。第二に、私たちは、認識的不正義の議論が示すように、証言が話者の立場によって不当に低く見積もられたり、高く評価されたりすることがある。そうした発言の評価をめぐる正義を検討する意味があり、その場合には、中立的な立場から、話者の権威やその認識の価値の配分が考察されるだろう。

原田や宇井もそのような正しさに敏感ではあったが、彼らの水俣へのアプローチの根幹にあるのは、さらにはマードックやフッサールの倫理学を支えているのは、そのような意味での認識の正義への関心ではない。むしろ、原田と宇井は、科学者である自分たちの認識が偏っていることを自覚して、自分の認識の不十分さを露呈させるべく、患者たちから世界の見方を学ぼうとしている。マードックやフッサールはまさに信念の革新や自己の変容のうちに倫理的意味を見いだしており、そうした倫理学は、誰かの認識の内容を批判したり、特定の人たちの認識が不当な軽視を告発したりするわけではない。むしろここでは、自分のヴィジョンを自分で検討するような、かなり慎ましやかな営みが、認識の倫理として考えられている。自分のヴィジョンを吟味するからこそ、原田や宇井は、歴史上未曾有の出来事を前にして、被害者の求めに応じながら柔軟に思考と実践をすることができた。

おわりに

学術研究者が生きている条件は、水俣の課題に取り組むのに適しているとはかぎらない。原田や宇井はそのことを踏まえ、患者から学ぶことに徹している。とはいえ、市井のような東京に住む哲学者と、原田のような熊本に住む医学者や宇井のような全国の公害問題に取り組む化学者との間にある、生きる条件の相違にも目を向ける必要がある。原田にとって、水俣病患者への医療行為は生涯を捧げる使命であったし、宇井にとって、各地の公害被害者の支援は、かつて勤めた企業で有害物質を排出していた科学技術者としての深い反省でもあった。東京と水俣を観光客のように往来する市井は、現地でも旅館に引きこもり読書をしたが、フィールドワークという手法を身につけていない文献研究者が、ある土地やそこで生きる人々に関わりを持たないのは当然かもしれない。そもそも水俣から遠く離れた土地に住む哲学者に対して、原田や宇井と同じような関わり方を求めることはできないだろう。本や論文を読解するだけでは水俣について語る資格がないのであれば、そもそも水俣への哲学的アプローチは成り立たないのだろうか。おそらくそうではないし、そうであってはならない。

マードックや現象学者たちの発想によれば、あくまでも重要なのは、他者の言葉やヴィジョンに触れることであり、その手段はフィールドワークに尽きるわけではない。市井が水俣に赴いたときには、すでに石牟礼道子の文学作品や土本典昭の記録映画が発表されており、現地で被害者とともに時間と空間を共有することはなくても、文学や映画を通じて彼らの生きる世界について想像を広げることもできた。しかし残念ながら、市井の哲学のスタイルは、そうした作品を手がかりに想像力を働かせることを重んじるものではなかった。しかも、市井による水俣への無謀なアプローチからしばらくして、応用倫理学が日本にも輸入され、医療、企業、技術、環境などへの取り組みがさかんになされたが、水俣の課題に正面から向き合うものはほとんどなかった。日本における哲学の営みのなかで、水俣について語られないことが、哲学そのものに潜んでいる何らかの偏りを示しているかもしれない。自らの生存の条件をはっきり自覚する機会が少ない大都市に住み、土地から遊離しがちな大学という組織に身を置くことで、哲学研究者は自分たちが中立であるという幻想を抱き続けることができる。水俣のことに少しも触れることなく、科学、医療、企業、技術、環境、差別などのトピックの研究を進めるということは、いったい何を意味しているのだろうか。自分たちのヴィジョンの偏りを吟味しようとするマードックや現象学を真摯に受け止めるなら、このような問いが待ち受けているだろう。

・文献

色川大吉編『水俣の啓示』（上・下）、筑摩書房、一九八三年。

色川大吉「不知火海総合学術調査団のころ――色川大吉聞き書」（桜井厚インタビュー）『不知火海民衆史〈下〉聞き書き篇』、揺籃社、三〇九－三四八頁、二〇二〇年。

宇井純『宇井純セレクション2　公害に第三者はない』、新泉社、二〇一四年。

シェーラー、マックス『倫理学における形式主義と実質的価値倫理学』、吉沢伝三郎【訳】、白水社、二〇〇二年。

原田正純『水俣・もう一つのカルテ　水俣＝語りつぎ』、新曜社、一九八九年。

――『原田正純の遺言』岩波書店、二〇一三年。

フッサール、エトムント『改造』論文 (E.Husserl, *Husserliana* Band XXVII, *Aufsätze und Vorträge.1922–1937*, Kluwer Academic Publishers, 1988, pp. 3–124.)

フリッカー、ミランダ『認識的不正義』、佐藤邦政【監訳】、飯塚理恵【訳】、勁草書房、二〇二三年。

マードック、アイリス『善の至高性　プラトニズムの視点から』、菅豊彦・小林信行【訳】、九州大学出版会、一九九二年。

第4部

よくいきる

第11章

現れを迎え入れるという倫理

小手川　正二郎
Shojiro Kotegawa

はじめに

専任教員が主任監督を務める入試業務を担当した際、一緒に担当した年配の女性が私には補佐役の大学職員に見えた。ある職員が彼女に「先生」と話しかけた時、彼女が教員だということに気づき、自分の性差別的な見方に愕然とした（筆者の経験より）。

黒人男性が、仕事の会議のために広い部屋に足を踏み入れると、ざわめきが小さくなったことに気がつく。静粛になるわけではないが、確かに音量は下がるのである。夫とともに不動産会社を訪ねた女性は、不動産屋が自分に話しかけたり、自分を見たりしないことに気がつく。彼女が直接話しかけているときでさえ、である。［…］二〇歳の頃と同じくらい耳のよく聞こえる八〇歳の男性は、多くの人が、就学前の子どもに話すような幼稚な短文を使って、大きな声で話しかけることに気づく。（アイリス・マリオン・ヤング『正義と差異の政治』第五章）

何がどのように現れるかは、受け取る人に応じてしばしば異なる。黒人男性が気づいた声量の変化、女性や高齢男性には露骨に映る対応の違いは、そうした対応をした当人たちには同様の仕方で現れていなかったり、そもそも気づかれていなかったりすることが多い。同じ人に対しても、気分や状況によって同じものが異なる仕方で現れることもある。さびれて薄汚れた街なみが、ふとした時に懐かしく美しく感じられるように。

現れは移ろいやすく、誤りやすい。しかも、実際にどう現れたのかは当人以外知りようがない。冒頭の例でも、私は誤解に基づいて何かをしたわけではなかったため、私が女性を当初職員と見ていたことを知りえたのは私以外にはいなかった。だとすれば、第三者の視点からはこうした現れの成立は不確かなままだ。このような現れについて、改めて哲学的に考察する意義はあるのか。哲学は、存在するかどうかも不確かな主観的「現れ」よりも、誰もが存在すると認めざるをえない客観的「実在」について語るべきではないか。

本章では、こうした通念に抗して、現れについてそれぞれの観点から徹底的に思考した哲学者たち（デカルト、マードック、斎藤慶典）の歩みを手がかりに、次のような一連の問いを検討する。（一）「何かが私に現れる」とはいかなることか。（二）何かが私に「あるがままに」現れるとはどのようなことか。（三）何かを「あるがままに」迎え入れることは、いかなる点で「倫理的」だと言えるのか。（四）「あるがまま」に対して「透明」になるとは、どのようなことか。これらの検討を通じて、冒頭の諸事例で問題となっている性差や人種といった要素が、端的な現れに対して副次的なものとは言えないことを示しつつ、（五）「私」が「他者とともに見る」ことができるとしたらいかにしてかを考察する。

1　「何かが私に現れる」とは？

何かが現れる、とはいかなることか。霧が晴れて山肌が現れる。竹藪を抜けると一筋の道が現れた。友人がようやく現れる。何かが現れるとき、現れる当のものは、必ずしも移動したり、変化したりする必要はない。右の例では、山肌や道は微動だにせず、周囲の環境が変化したり、見る人が移動したりすることで、以前の場所からは見えなかったものが見えるようになる。何かが現れることは、現れるもの単体で完結した運動ではなく、「他の何ものかに対して」現れることをその不可欠な構成要素としているのだ。

「現れる」は多分に視覚的な意味を帯びており、「目に見えるようになる」、「姿が見える」とほとんど同義で用いられることも多い。とはいえ「現れる」は必ずしも視覚的な意味に限定されない。例えば、先に挙げた例でも、道や友人の姿が見えたと解する必然性はなく、竹藪を抜けた視覚障害者が道の存在に気づいたり、友人の声が聞こえて彼女が（オンライン会議に）入って来たことがわかったりする場合も「現れる」と言う。また、夢のなかで何かが現れることもあるし、想像のなかで現実には存在しないものが現れることもある。

このように、視覚やさらには感覚一般にも限られない「現れる」の核心に、「私には〜と思われる」という側面から迫ったのがデカルトである。デカルト（René Descartes, 一五九六－一六五〇）の『省察』（一六四一年）においては、「絶対に疑いえないもの」を獲得するためになされる方法的懐疑を通して、感覚・現実世界・理念が順々に、疑いうるものとして斥けられていく。まず、私たちが容易に見間違えたり聞き間違えたりするように、感覚はときに誤るし、いつでも誤りうる。では、個々の感覚を絶えず引き起こしつつ、全体として同一なままにとどまる現実世界の存在はどうだろうか。これもまた、様々な感覚がその内で生じていた世界全体が夢だったということがありうる以上、現実だと思っていた世界が夢にすぎなかったという可能性がどこまでいっても残り続ける。最後に、感覚とは独立に思考され、普遍的に妥当するとされる理念（数学的概念や因果性）さえも、それを理解する私たちの理性が根本的に誤っている（「狂っている」）可能性がある以上、絶対に疑いえないとは言えない（斎藤慶典『デカルト』第一章）。

こうした懐疑を経て、デカルトが次のような結論に至ったことはよく知られている――たとえ私が欺かれていたとしても、つまり本当は存在していないものを見ていると思いこんだり、それが存在していると誤って考えてしまったりしている場合でも、そのように「私には思われている」ことそのことは疑いようがなく、そう思っている限りでの「私」は存在する。『方法序説』（一六三七年）等に見られる「私は考える、ゆえに私は存在する」という命題は、より正確には、このような「私には〜と思われる」という次元で捉えられた「考える私」が何がしかの仕方で存在することを意味している。

こうした懐疑の果てに見出された「考える私の存在」は、通常の意味とは異なる内実をもつ。まず「考える」とは、先立って懐疑に付された思考――推論を介して前提から結論を導き出す理性的な思考や自分の意志で始めたり止めたりできる能動的な思考――を意味しない。むしろ、「見ている、聞いている、熱くなっていると私に思われている（videor）」（デカルト『省察』第二省察）ことは、私に直接的に知られ、私が拒んだり取り消したりできないような「考える」ことだ。それは、知覚や想像や意志といった他の活動と並べられるような思考ではなく、（いずれの活動にも「私には〜と思われる」という次元が見出される限りで）それらに共通して見出される意識の働きを指す。

ただし、「私には〜と思われる」ことは、特定の活動を行っている自己についての反省的な意識、「私が〜していることを考えている」というメタ的な思考でもない。自分の活動を主題化する反省は、当の活動とは別個に生じるもう一つの活動であり、日常的な活動がこうした反省的な自己意識を伴うことはそこまで多くない。これに対して、「私には〜と思われる」は、たんに自分に現れていることへの気づきを、それも「私」という独自の観点からの気づきを示しており、こうした気づきは一つ一つの出来事が「私の経験」となることの必要条件をなす（『ワードマップ現代現象学』第三章）。

「考える」ということを以上のように捉え直すと、「考える私」の方はどうなるだろうか。通常、「私」とはそれを発する個々の人物、デカルトを筆頭に、特定の時や場所で「私には〜と思われる」と思う人一人ひとりを指している。しかし、方法的懐疑においては、「私」の物理的身体や感覚能力も懐疑の対象となり、「私」の性格や属性といった「私がいかなる者であるのか」（アイデンティティ）を規定する特徴も、「考える私」そのものとは区別される。というのも、ここで問題となっている「私」とは、「私には〜と思われる」、「私には〜が現れる」という仕方で、何かが現れることそのことの成立に不可欠な構成要素をなし、何らかの性格や属性を具えた個々の人物はそうした現出構造において現れる者の方だからだ（斎藤慶典『デカルト』第一章、『実在の形而上学』第五章）。

何かが思われ、現れることに不可欠な構造契機に位置づけられる「私」は、思考という活動を遂行する一人の存在者ではなく、「思われる」という働きそのものと解される。それは、現われてくる何かを受けとめ、それを現出へともたらす「運動」である。「現出へともたらす」と言っても、「私」は無から現象を生み出したり、対象を自分の意のままに描き出したりできるわけではない。あくまで、現れて来るものがもつ無数の現出可能性のいずれかに「私」が「付き随《したが》う」ことによって、何かが「私」に現れる。ただし、現れて来るものが「私」にどのように現れるかはあらかじめ決定されているわけではないし、「私」はただ受動的にそれを映し取っているわけでもない。現れて来るものの〈あちらからこちらへ〉という動向に対して、その都度の関心や注意を伴う〈こちらからあちらへ〉という「自発的」な運動があるがゆえに、同じものが人や状況によってまったく異なった形で現れるということがありうるのだ（斎藤慶典『危機を生きる』第三章）。

こうした観点から見ると、「私」とはそれを通してのみ何かが姿を現す「媒体」という役割を担っている。媒体としての「私」の機能が最も際立つのは、「身体」においてである。触れられたり見られたりする身体（現出する身体）がデカルト的懐疑において斥けられる一方で、様々なものが現れる際にその背景をなす身体的な条件は、現れて来るものがつねにそれを介して現れる不可欠な媒体をなす。何が現れうるか、それがどのように現われるかといった現象の具体的な内実は、身体という媒体との関係において規定されていくのだ（斎藤慶典『実在の形而上学』第五章）。

運動や媒体として捉え直された現出の契機を、個々の人物や主観と混同される危険を冒しながら、なお「私」と呼び続けるのは、「私には〜と思われる」という場面で、「現《げん》に」何かがそう思われ、現れているという直接性・臨在性を表すためである（斎藤慶典『デカルト』）。この直接性は、思われること・現れることに、つねに何らかの人物が居合わせ、その人の心に何かが直《じか》に現れていることを意味しているわけではない（実際、何かが私に現れるとき、私がいかなる人物として居合わせているかを特段意識することはない）。何が現れるにしろ、それは「現に」、つまりその都度の「今・ここで」現れており、このこと自体はいかなる根拠もなく、端的に与えられている。無数の時と場所に重ね合わされうる「現に」という現出の契機は、いかなる現実の時点・地点とも同一視されない一方で、私たちはそれぞれ唯一無二の「今・ここで」を通して、「現に」にアクセスしている。このことが思われや現れをこの「私の」経験にし、他ならぬこの私に「今・ここで」何かが現れているという「当事者性」を形づくる。「私」とは、何かが「現に」現れていることの端的さと、それを受け取る働きの（人物としての私のアイデンティティには汲み尽くされない）当事者性を表現していると考えられる（斎藤慶典「私の／と痛み」）。

このような「考える私」の「存在」は、何らかの空間的な位置を占める物理的な存在とは区別される。「思われる働き」や「現れることの媒体」としての「私」は、それを通じて初めて「何かが存在する／しない」ことが経験されるようなものである。こうした「私」の「存在」とは、ひとたび現れたことが後に錯覚や誤りだと判明した場合でも、そのように現れたこと自体を疑ったり、取り消したりすることの不可能性として理解される。

2　「あるがままに現れる」とは？

すでに見たように、「何かが私に現れる」という事態は、現れて来るものの〈あちらからこちらへ〉という動向と、それを受け取る働きとしての「私」の〈こちらからあちらへ〉という動向との交差として捉えられる。そして、〈あちら〉から現れて来る何かは、それへと向かう〈こちら〉からの動向を「反映」している（『危機を生きる』第三章）。例えば、同じ茄子を前にしても、料理の材料を探しているとき、植物学の分類対象として観察するとき、絵に描くときとでは、それぞれ異なる仕方で現れて来るはずだ。

一方で、スーパーで今夜の食材を探すときに重点が置かれるのは、茄子の大きさや太さ、弾力や重量感、傷やいたみの有無といった点だろう。他方、茄子の品種を見分ける場合には、傷やいたみがあっても気にならず、形状や長さ、ヘタの色や皮の厚さなどに注目するだろう。どちらの特徴も、一つの茄子の多様な現出可能性に含まれ、〈こちら〉側の動向に応じて、ある特徴が際立ったり、逆に目立たなくどうでもいいものになったりする。〈こちらからあちらへ〉向かう多様な動向には、各々に固有な注意の向け方や対象の「ふさわしさ」があり、異なる種類の現れ方の間に優劣は存在しない。

しかし、各々の現れ方の内部で〈こちら〉側の見方が更新されることで、対象がより鮮明に現れるようになったり、〈こちらからあちらへ〉向かう動向の質が変化することで〈あちらからこちらへ〉到来する動向をより「あるがまま」に迎え入れられたりするようになることもある。例えば、画家が自らの描こうとするものをひたすら見つめるなかで、音楽家が自らの奏でる音の響きに耳を澄まし続けるなかで、〈あちら〉側が「自《おの》ずから」姿を現すのを「待つ」ような場合だ（『危機を生きる』第三章・第八章）。

「待つ」と言っても、〈こちらからあちらへ〉の係わりをなくし、ひたすら受動的になるわけではない。むしろ待つことは、普段は目にとまることのない特徴やあり様に注意を向け直し、感覚や思考を研ぎ澄まして、注視し続ける点で「能動性の極み」とも言える。ただし、〈こちら〉側の恣意や作為に沿って〈あちら〉側のあり様を一方的に決めつけたり、自分に馴染みの姿や自分がすでに知っている事柄だけを〈あちら〉のうちに性急に見て取ったりして満足してしまうなら、それは〈あちら〉を「あるがままに」迎え入れることにはならない。だとすれば、ここでの能動性とは、自分が慣れ親しんだ定型的な仕方で〈あちら〉を見たり、自分がただちに知りえない〈あちら〉のあり様をわかったつもりになったりする誘惑に抗《あらが》い続けることを意味するだろう。

〈こちらからあちらへ〉向かう動向の高まりは、〈こちら〉の力で〈あちら〉を圧倒してしまうことでもなければ、〈こちら〉の力で〈あちら〉を覆い尽くしてしまうことでもない。そうなってしまったら、〈あちら〉はむしろ隠れ・歪められてしまうからね。そうではなく、〈こちらからあちらへ〉向かう動向はその強度を増せば増すほどむしろ透明になり、〈あちら〉がおのれを顕わにするがままに任せ、そのようにして〈あちら〉を解き放つのである。（『危機を生きる』第三章）

何かが私に「あるがままに」現れることが可能となるのは、自らの恣意や作為を削ぎ落とし、自分の習慣的な見方や偏見に抵抗し続けることで〈あちら〉の動向に対して〈こちら〉ができる限り「透明になる」ことによってなのだ。このような「私」は、自らの習慣的な見方や自己中心的なあり方に縛られることなく、〈あちら〉のあるがままの現れを「自《みずか》ら」――本能や他者によって強制されることなく――迎え入れようとする点で「自由」である。「迎え入れる」という表現は、〈あちら〉側の動向に自ら従うというこの受動的かつ能動的な動向を表しているのだ。

3　私の見え方が問い直される

たんに外的障害がないこととも自分の欲求や意志に適うように行動できることとも区別される、このような自由は、いかなるときに経験されるのだろうか。〈こちらからあちらへ〉向かう動向からこぼれ落ちてしまうものと出会うとき、より正確に言えば、〈こちらからあちらへ〉向かう動向が〈あちらからこちらへ〉到来するものから逸れてしまい、〈あちら〉のあるがままに付き随うためには〈こちら〉からの向かい方そのものを変容しなくてはならなくなる時である。そのような時に、これまで違和感も疑問も抱くこともなかったがゆえに背後に退いていた自らの見え方に初めて気づき、その一面性が問い直されるなかで、そこから幾分か自由になる可能性が拓かれる。

このような見え方の問い直しは、自己中心的な見方に抗して現実をあるがままに見ようとする倫理的経験に顕著に見られる。倫理的な状況において自己中心的な見方が問い直されるのは、たんに、自分や身近な人たちの利害を他人の利害よりも優先しがちである私たちに、公平な観点から客観的な事実に基づいた正しい行為を選択することが求められるからではない。特定の状況の下で、どのような行為をいかなる根拠に基づいて選択するかがしばしば倫理的問題とされるが、これは「〜するべき／〜してはならない」という形でつねに顕わになる「道徳」という観点から理解された「倫理」の一側面にすぎない（斎藤慶典『私は自由なのかもしれない』第四章）。

マードック（Iris Murdoch, 一九一九－一九九九）によれば、「同一の事実を前にした行為の選択」に焦点を当てる道徳は、選択に先立って各人が重きをおいてきた価値の違いや、そうした違いによって同一の状況でも異なる仕方で現実を見ている可能性を過小評価しやすい。すると、各人の現実の見え方――そもそも何を「倫理的」問題とみなし、現実のいかなる点に注目して当該問題に関連する重大な事実を見て取るか――こそが選択を形づくっていること、同じ理由から同じ行為を選んだとしても、誰がどういう経緯でそうしたかによって異なる内実や意義をもちうることが看過されてしまうことになる。

私は自分が見ることができる世界の内でのみ選択する（choose）ことができる。ここでの「見る」（see）は道徳的な意味であり、明瞭な見え方（vision）が道徳的な想像力と道徳的な努力の成果であることを含意している。もちろん、「歪んだ見え方」（distorted vision）も存在し、「現実」（reality）という語はここでは規範的な語にならざるをえない。［…］人はしばしば自分が見ることのできるものによって、ほとんど自動的に強制される。（マードック『善の至高性』第一章）

私たちは自分に現れるものに基づいてのみ選択したり、行為したりすることができる。〈あちらからこちらへ〉現れて来るものは、〈こちらからあちらへ〉の動向を反映している。この動向は、たんに知覚能力や身体的な姿勢だけではなく、倫理的な能力（徳）や態度も含む。だとすれば、選択に先立って現実をどの程度「あるがままに」見て取れているかに、すでに「私」の倫理的なあり方が反映されており、「私」がいかなる行為を選択しうるかは、そもそも「私」に何が現れうるかに左右される。そして、〈こちらからあちらへ〉向かう動向がそのままでは、〈あちらからこちらへ〉到来するものに付き随うことができないとき、それが「歪んだ見え方」である可能性とともに、より「透明」ないし「自由」になる可能性が示唆されるのだ。倫理的経験とは、〈こちらからあちらへ〉向かう動向には汲みつくされない形で到来する〈他者〉を受け取り、「私」のあり方そのものが問い直される経験であり、そのようにして「私のみが担いうるもの」に基づいてこの問い直しに応答することに他ならない（斎藤慶典『私は自由なのかもしれない』第三章）。

4　「あるがまま」に対して「透明」になる

倫理的経験において「私」の「歪んだ見え方」が問い直される時、それはいかにして「より透明な」見方に変容しうるのだろうか。まず、ここで問い直されるのは、何かが現れて来ることの非主観的な媒体でありながら、同時に特定の時と場所を占め、「何らかの仕方で」存在せざるをえない「私」の個別的・具体的なあり方である。対象のいかなる特徴に注意を向けたり、そこからいかなる動作を予期したりするかといった「私」の見え方の習慣は、特定の時と場所に身を置く個別的な身体に、幼少期からの経験や教育を通じて「身体化」されているからだ。反省的な次元に先立つ「身体化された習慣」を通して何かが現れて来るのであり、この習慣のうちに〈あちら〉を特定の類型（男女や人種や老若）のもとで知覚したり、それと紐づけられる偏見のもとで捉えたりする傾向性が孕まれる。

一見すると、〈あちら〉に対して〈こちら〉が可能な限り「透明」になることは、「私」がこうした個別的で具体的なあり方を脱ぎ去り、可能な限り非主観的で中立的な媒体に近づいていくことを意味しており、〈あちら〉が「あるがままに」現れることに付き随うことは、いかなる類型や属性とも切り離して〈あちら〉をただそれだけで見ることを意味しているように見える。例えば、本章冒頭の例のような場合、私は男性の専任教員という自らの属性を脱ぎ捨て中立的な立場に立ち、女性への偏見で曇った眼鏡を外して、相手を「女性」としてではなく、「ただの個人」として見るというわけだ。しかし、このような考えは、「透明」「歪みのない」という視覚的比喩に引きずられ、身体化された見方の習慣の根深さを見誤ってしまっている。

一方で、自己の属性を顧《かえり》みることなく中立的な立場に立つことは、〈あちら〉に対して「透明」になることを意味しないばかりか、場合によっては特定の自己理解（男性、人種的マジョリティ）に根ざした相手への差別的な見方を、そうした自己のあり方とは無関係に生じる自然な反応だと「自然化」して自己正当化することになりかねない。

確かに「私」の（身体が帯びる）様々な属性は、第一節で見たように、それ自体「私」に現れて来る特徴であり、現れの媒体としての「私」（身体化された習慣）とは区別されねばならない。しかし、身体のこの二つの側面は、現実にはほとんど切り分けがたい。身体は、「「それを通して」「それに対して」何かが現象するもの」である一方で、「いちばん手前で、私に最も近いところで現象するもの」でもあり、「「向こうからこちらへ」と「こちらから向こうへ」という二つの動向が、重なり合っているところ」、「内側と外側とが交差しつつ微妙にずれている場所」をなすからだ（斎藤慶典「私の／と痛み」）。実際、幼少期から形成され、日常生活のなかでほとんど無自覚に働いている身体化された習慣を可視化できるとしたら、それは自己の身体の顕在的な特徴やそうした特徴をもつ身体が社会のなかでどのように位置づけられているのかを知ることによってである。

「男性」や「人種的マジョリティ」は、必ずしも当人にアイデンティティとして受け取られているとは限らないし、それ自体が身体化された習慣であるわけではない。にもかかわらず、身体化された知覚習慣はこうした属性のおかげ、ないし属性のせいで私の身体が占めうる場所や取ってしまう態勢に由来している。例えば、人種的マジョリティにとって交番のある通りは安全に歩ける道に映るのに対して、人種的マイノリティにとってはいつでも警官から呼び止められて職務質問にあいかねない危険な道に映ることがある。このとき、両者の肌の色（や「人種的」とされる特徴）が直に両者の知覚習慣を構成しているわけではないが、肌の色のおかげ／せいで両者が置かれてきた社会的な状況とそこでの一連の経験がそれを形づくってきたと考えられる。だとしたら、こうした属性やそれに由来する状況などを無視して中立的な立場に立った（つもりになった）としても、それは「透明」になるどころか、むしろ現実を歪めることになるだろう。

同様に、他人をその属性から切り離し、「ただの個人」として見ることは、その人を「あるがまま」

に見ることにはならない。他人がいかなる社会集団に属し、その集団が社会のなかでいかなる状況に置かれているかを無視することは、他人に対する偏見を避けるよりもむしろ、その人が生きている「あるがまま」の現実を無視することに等しい。

5　〈他者とともに〉見る

以上から推察されるのは、倫理的経験において、〈こちらからあちらへ〉向かう動向には汲みつくされない〈あちら〉を迎え入れ、「私」の見方が問い直されたからといって、〈あちら〉への見方を自ら「変える」（例えば、他人を特定の属性のもとで見るのをやめて、「ただの個人」として見るようにする）ことができるわけではないということだ。〈あちら〉がいかに現れるかを「私」が意のままに変更したり操作したりすることはできない。

「私」にできるのは、他者に対して現実がいかに現れているのか、他者の証言に耳を傾けることだ。とはいえ、当然ながら、現実が他者（他人や他の動物も含む）に現れるのとまったく同じ仕方で「私」に現れることはない。「私」は——それ自体が「私」に対して現れて来る——他人の証言や他の動物の声から、「私」に現れているのとは別様の仕方で現実が現れている可能性を知ることができるのみである。そして、疑いえないとされたのがあくまで「現に」が「私」のもとで開かれていることのみであった点に鑑みると、「現に」へ「私」以外のアクセスが開かれ、そこで現実が別様に現れているということは、決して疑いえないものではなく、あくまで「可能性」として示されているにすぎない。

けれども、この可能性を——「私」が確証することはできないが、だからといって否定するのでもなく——あくまで「可能性」として保持し続け、そうした他者と〈何もしないで、ただともに〉とどまることはできる（『危機を生きる』第七章）。〈何もしないで、ただともに〉というのは、「私」が他者に対する現れそのものを「共有する」ことはできないため、「他者の視点から現実を見る」ことや「他者への見方を変える」ことを試みるのではなく、ただ〈他者とともに〉現実を見ることとして理解できる。それは、他者と同じ現実を見ているという確証も、他者と同じ仕方で現実を見ているという確証もなく、むしろ他者との埋めがたい断絶を抱えたまま〈他者とともに〉にとどまるということだ。そこでは、「私」にとって不可疑的な「私に〜と現れている」という事実よりも、「他者に〜と現れていると私に証言されている」という事実にある意味でより重きを置くことになるのだ。

共通の対象や目的に向かう共同行為とは言い難いこうした〈他者とともに〉見ることは、いかなる内実をもつのか。第一に、それは「私」に直に現れて来るものに対する「ためらい」を惹起する。どれだけ自然に現れたものでも、それは「私」の身体化された習慣を通して現れているのであり、「私」に現れた性質が〈あちら〉に帰されるとは限らない。例えば、特定の人種に属するとされる人を「美しい」と感じたり、「恐ろしい」と感じたりするような場合、私に現にそう現れていることは否定しがたいとしても、そうした現れや感情が私に身体化された人種的な偏見から生じている可能性に敏感になり、それらが直接的で自然に感じられるのはなぜかを問う余地が生まれる。

第二に、自分に現れているものを他者の証言に照らして見つめ直すなら、他者にはありありと現れているものが自分の視野から抜け落ちてしまうことで、自己と他者が属する集団間のいかなる関係性が維持ないし強化されているのかを理解することが可能となる。例えば、冒頭の事例のような対応を「自然な」対応として受け取ることは、黒人を会議の場にふさわしくない者とみなしたり、女性を契約相手とみなさなかったり、高齢者を対等な対話者とみなさなかったりすることで、自己が属する集団よりも黒人・女性・高齢者という集団を劣位に置くことである。このような習慣化された見え方が変わるためには、たんに自分の偏見に気づくだけでは充分ではなく、他者との不均衡な関係にある「私」の集団帰属のあり方（「人種的マジョリティ」や「男性」としての自己の位置づけ方）が変わる必要がある。要するに、現実に対してより「透明」になりうるとしたら、それは色眼鏡を外すかのように自らの属性を脱ぎ捨てるのではなく、他者に現れる現実の諸側面が「私」に現れることを妨げている集団間の不均衡や「私」の集団帰属のあり方を変革することによってなのだ（池田・小手川「差別するときに何をおそれているのか」）。

結び

見え方の変容は、特別な機会にのみ生じる劇的出来事ではない。私たちの見え方は、幾多の出会いとそれに伴う変容を経て現在に至っており、どれだけ年を重ねてもなお新たな変容に開かれている。様々な他者との出会いのなかで、私は世界が別様に現れている可能性を教えられる。この「教え」は、私の見え方を変容させることなく取り入れられる未聞の事実や情報や知識の伝達とは異なる。世界が全く別様に現れている可能性をほのめかす他者の証言とは、いかなる事実や知識を教わったか判然としないまま、私の見え方全体を問い直し、「あるがまま」に見ることを促すような教えである。

この意味での教えは、学校の教員から与えられるとは限らず、見知らぬ人や子どもや人間以外の動物から与えられることもある。けれども、それが一過性の問い直しにとどまらずに、私の見え方全体を変容させるに至るためには、教えを与えるものとの継続的な関係が必要だ。私が出会うありとあらゆるものが「教えるもの」となりうるが、現実に継続的な関係を結び、実際のやり取りや会話がなされなくなってもなお私の見え方に影響を及ぼし続けるような他者との関係は稀である。「師」とはおそらく、この稀な関係を結び、絶えざる教えをもたらし、世界の別様の現れへと誘《いざな》い続けるような他者を指しているのだろう。

■ 文献

池田喬・小手川正二郎「差別するときに何をおそれているのか――現象学的解明の試み」、『倫理学年報』第七一巻、二〇二二年所収。

植村玄輝・八重樫徹・吉川孝編著『ワードマップ　現代現象学』、新曜社、二〇一七年。

斎藤慶典『実在の形而上学』、岩波書店、二〇一一年。

――「私の／と痛み～感受性としての私」、慶應義塾大学文学部編『「私」を考える』、慶應義塾大学出版会、二〇一三年所収。

――『私は自由なのかもしれない――〈責任という自由〉の形而上学』、慶應義塾大学出版会、二〇一八年。

――『危機を生きる――哲学』、毎日新聞出版、二〇二一年。

――『デカルト――「われ思う」のは誰か』、講談社、二〇二二年。（原著二〇〇三年）

デカルト、ルネ『省察』、山田弘明【訳】、筑摩書房、二〇〇六年。

マードック、アイリス『善の至高性――プラトニズムの視点から』、菅豊彦・小林信行【訳】、九州大学出版会、一九九二年（Iris Murdoch, *The Sovereignty of Good*, Routledge, 1970.）。

ヤング、アイリス・マリオン『正義と差異の政治』、飯田文雄・苅田真司・田村哲樹【監訳】、河村真実・山田祥子【訳】、法政大学出版局、二〇二〇年。

第12章

レヴィナスにおける悪と責任

村上 暁子
Akiko Murakami

はじめに

哲学・倫理学史上、悪については様々に語られてきた。代表的なものだけでも、義人の苦しみと神への抗議（聖書のヨブ記）、善悪二元論（マニ教など）、堕罪による善の欠如（アウグスティヌス）、形而上学的な悪・自然的な悪・道徳的な悪の区分（アクィナス）、最善世界説による神義論（ライプニッツ）、道徳的な悪に関する「根元悪」説（カント）、道徳的善悪を生むルサンチマン（ニーチェ）、「正当化しえないもの」としての悪（ナベール）、全体主義体制における「凡庸な悪」（アーレント）等々、枚挙に暇がない。とはいえこれらの議論は多様な角度からなされており、悪についての理解も各々異なるため、体系的に整理することは困難である。また、悪の概念に関する言説を整理するだけでは、悪という事象の具体性を捉え損なってしまうリスクもある。そこで以下では、エマニュエル・レヴィナス（Emmanuel Lévinas, 一九〇六－一九九五）における〈苦痛の被り〉としての悪論を手掛かりに、悪と責任のあいだの連関について考えたい。レヴィナスは悪の根拠をめぐって「神義論の終焉」を主張し、他人の苦しみに対する応答責任の問題を提起して、医療や看護の現場で働く人々にも影響を与えた。その発想を取り上げることで、悪の当事者とそれ以外の者のあいだに横たわる差異を考慮しつつもその差異を責任逃れの理由とはしない「間人間的秩序」としての「倫理」に光を当てることが、本章の目的である。

1　悪の因果的責任追及における困難

一般に悪と責任について考えるとき、悪の作り手に責任が追及されることが多い。何らかの悪が特定の人物Aの行為によって引き起こされたとき、私たちは「なぜAは悪をもたらしたのか」と問うだろう。例えばAが殺人事件を起こした場合、Aの動機や、その性格、家庭環境、背後にある社会状況などが吟味されるかもしれない。しかし知りうる情報全てを分析してもなお、適当な原因が見当たらない場合もある。そういう場合にも、因果的想像力を働かせることは出来る。例えば私たちは、当人も意識していない無意識下の欲望に訴えたり、前世からの業を引き合いに出すことで、悪が生じた理由について納得しようとするかもしれない。一方、重い疾患や自然の災厄によって悪がもたらされることもある。この場合には、悪の因果的責任を特定の人物に追及できない。しかしそれでも、天とも神ともつかないものに責任を帰することはできる。これは個々の宗教の違いを超えて広く人間社会一般にみられる因果的思考であるが、西欧哲学の伝統においては、一神教の影響のもと、万物の創造主としての神が一切の事象の究極原因として思考されてきた。善なる神と悪なる神を分ける二元論とは異なり、この発想においては、それ自身善であるはずの唯一神がどうして悪の存在を許容したのかが問われることになる。

一八世紀にゴットフリート・ヴィルヘルム・ライプニッツ（Gottfried Wilhelm Leibniz, 一六四六－一七一六）が「神義論」と名付けた論理（神を弁護するという趣旨から「弁神論」と訳されることも多い）は、神が可能な限り最善の世界を創造したとの仮定のもと、悪の存在理由を機能的観点から説明するものである。ライプニッツは、悪が最善の世界の実現にとって必要な機能を果たしていると主張することで、神の采配を擁護する。この論理では、特定の悪の原因を知ることが人間にとって難しいときであっても、神の摂理という秩序に基づいて悪の存在の正当性を示すことができる。しかし神義論は、被造物にすぎない人間に世界の最終根拠たる神の真理がどこまで開示されうるのかという重大な疑念につきあたる。神的存在者の概念について詳細な分析を行っても、聖書とその伝承に分け入って解釈しても、神についての完全な知識を人間が持ちうる保証はないからだ。哲学において認識論が発展するにつれて、この困難は一層強く自覚されるようになる。

従来の神義論が抱えるこの問題を踏まえ、別の仕方で道徳性における悪の責任を説明したのがイマヌエル・カント（Immanuel Kant, 一七二四－一八〇四）である。カントは、神義論におけるあらゆる哲学的試みは失敗したとの見地から、絶対的自発性としての自由に着目して、人間が意志によって決定する事柄についてはその責任を人間自身に問うことができると主張した。カントによれば、私たち人間は理性的存在者であるかぎり、道徳法則を立法する実践理性としての意志と、道徳法則を自らの行為を律する主観的規則（これが格率と呼ばれる）として採用するかどうかを決める選択意志をもつ。選択意志によって格率を定める自由がある以上、この選択の積み重ねによって人間は善くも悪くもなりうる。たとえ道徳法則に適った行為をしていても、その人が則っている主観的格率が悪しきものである場合、道徳的に悪であると判断されるのだ。（この観点からは、道徳的な意味で悪しくなりうるのは人間の意志のあり方、その心情だけであり、自然的な災厄に代表されるような害悪は道徳に関しては価値中立的とされる。）では、道徳法則を自身の格率として採用することが権利上可能であるにもかかわらず、なぜ人間は事実上それ以外の格率を採用してしまうのか。これに対しカントは、有限な理性的存在者である人間は道徳的な動機のほかになお別の動機（例えば自己愛）を必要とするからだ、と説明する。非道徳的な法則を道徳法則より優先させる転倒した性癖ゆえに、人間の選択意志はその根底において腐敗しているのである（これが「根元悪」と呼ばれる）。この性癖が類としての人間に必然的かつ普遍的に認められる以上、どれだけ道徳法則に適った行為をしているようにみえても、人間はその心情において悪でありうるとカントは言う。このように、カントは、道徳法則を敬う意志をもちながらもそれ以外のものを優先してしまう人間的自由の両義的性格に着目して、道徳的な悪の因果的責任は人間自身に追及されるべきだと主張した。とはいえ、選択意志の腐敗という自由の両義的性格に依拠するこの枠組みにおいても、犯された悪の最終根拠は特定できない。というのも、カントによれば、自由を与えられた人間がそれを行使する過程で悪の方を選択するとき、選択意志の主観的根拠それ自体はもはや認識できず、語ることもできないからである。

以上から、一切の事象の究極原因として神的存在者を立てる場合にも、責任主体としての人間に帰される自由の両義的性格に着目する場合にも、悪の因果的責任を追及する思考は困難に直面すると考えられる。悪が存在する理由、その起源について十分な説明をなしえないとすれば、悪とその責任についてどう語ったらよいのだろうか。次節では、あらためて悪の概念規定について検討し、レヴィナスが採用した別の戦略に光を当てよう。

2　〈苦痛を被ること〉における悪のあらわれ

そもそも「なぜ悪が存在するのか」に関する考察の多くは、悪の概念を善の概念との対立のもとに理解してきた。人間の自然本性に照らして、欲求の対象となる〈望ましいもの〉とは反対に忌避の対象となる〈望ましくないもの〉として悪が規定されることもあれば、人間の道徳性に照らして、〈正しい〉と判断される事柄とは反対に〈不正〉と判断される事柄として悪が規定されることもある。いずれにおいても、悪は善という実在が欠如していること、善の尺度における量的不足として、相対的に規定されている。例えば、この世において生を享受することが幸福であり価値がある（＝よい）とみなされるとき、死はその対極にある不幸として価値がない（＝悪い）と規定されうる。ここで悪は、善という価値との比較のもとに規定され、善悪の二項対立図式からその定義を借り受けている。しかしながら、悪が悪であるゆえんを、悪の出来事に内在する本質的特徴に求めることもできるのではないか。悪という現象それ自体を哲学的な考察対象とするなら、善の概念との比較対照によってはもたらされない独自の特徴が見えてくるかもしれない。そこで以下では、〈苦痛の被り〉における悪のあらわれに即して思考するレヴィナスの悪の現象学に目を向けたい。

正面から悪という主題を扱うことすらないものの、レヴィナスの著作には悪をめぐる考察があちこちに垣間見られる。そこにおける悪の規定は、規範に即して道徳的悪と判断される特定の行為（例えば殺人、嘘など）に限定されたものではなく、より広い範囲に及んでいる（例えば吐き気、疾患による痛みや飢え、さらには精神的苦痛も扱われている）。また、その悪の規定は一般的な善悪の二項対立図式には馴染まないようにみえる。レヴィナスは善を存在の彼方に位置づけることを自身の哲学的プロジェクトの根幹に据えているが、悪の方は存在の内在的性格と関連付けられつつも存在の彼方への超越とも関連付けられており、単なる善の対立項として整理できない複雑な相貌をもつからだ。とりわけ重要なことは、レヴィナスが〈苦痛の被り〉という「様態」を起点に悪を規定している点である。そこで、苦痛＝悪を単なる「性質」ではなく「様態」として捉える理由について若干指摘しておこう。（ちなみにフランス語では同じ単語（mal）が同時に「苦痛」と「悪」の意味をもつ。そのため以下では文脈に応じて訳し分け、場合によっては苦痛＝悪の表記を用いる。）

一般に「性質」は、存在者や出来事が〈存在する〉という事態からは区別して考えられている。例えば悪という性質は、特定の存在者や出来事に備わる属性として抽象的に概念化されうる。これに対し「様態」の方は、存在者や出来事が〈存在する〉という事態から切り離しては考えられない。レヴィナスがこの様態としての苦痛＝悪に光を当てる背景には、ハイデガーの存在論的差異という発想の影響がある。存在者（存在するもの）と存在（存在作用）の連関を思考するこの発想に即して、レヴィナスは初期の著作で「存在することの苦痛＝悪」（mal d'être）という言葉を用い、〈存在者が存在する仕方〉における悪を問題にしている（『実存から実存者へ』（一九四七年）序章）。存在者と当の存在者があるという事実（存在）とを区別するこの方法を採用することで、悪を善という性質の裏側として規定するのとは異なる特徴づけが可能になる。例えばレヴィナスは、苦痛＝悪の奥底にあるのは「釘づけにされている」という痛切な感情」であって何らかの善の欠如態として規定される「性質」ではないことに注意を促し、「胸のむかつき／悪心」（mal au cœur）とも表現される「吐き気」が単なる「意識的事実」ではなく、「存在者の存在それ自体の成就」としての「現存」の事実でもあると指摘している（「逃走論」（一九三五年）『レヴィナスコレクション』第六節・第一節）。ここで苦痛＝悪の本質は、存在することの内在性が当の存在者を苦しめるひとつの〈存在する仕方〉に即して、存在者がその存在とのあいだに取り結ぶ関係における実存様態として考えられているのである。後期の論文「超越と苦痛」（一九七八年）「無用の苦しみ」（一九八二年）においても、レヴィナスは苦痛を被る存在様態を分析しているが、その考察には変化も見られる。レヴィナスはそこで、〈苦痛の被り〉が〈存在することの彼方〉として超越を成就することに言及しているからだ。両論文における考察は「苦痛」としてあらわれる悪と責任の連関を考えるうえで重要な意味を持つため、以下ではこの二論文を中心に後期の立場を確認していこう。

論文「超越と苦痛」においてレヴィナスは、ヨブ記における悪をめぐる解釈を取り上げつつ、苦痛＝悪のあらわれについて「過剰としての苦痛」「志向としての苦痛」「苦痛の憎悪としての苦痛」という三規定を引き出しており、その論点は論文「無用の苦しみ」における考察にも引き継がれている。両論文において「苦痛＝悪」（mal）や「苦しみ」（souffrance）、「痛み」（douleur）といった別の言葉で表現されている事態はみな「耐え忍ぶ／文える」（supporter）様態と関連しているため、以下では言葉の相違にかかわらず重なり合う内容を抜き出したい。〈上記二論文からのキーワードや内容の参照に際しては、長めの引用を除き出典表記を省略する。〉

レヴィナスによれば、苦痛において意識は「異質な綜合不可能なもの」と関わっており、〈苦痛の被り〉という現象は〈あらゆる綜合を拒む過剰〉という様式によって定義される。感覚作用一般においては、統覚と呼ばれる純粋な形式のもとにさまざまなものが綜合され、意識における心理学的状態をなしている。これに対し苦痛＝悪は、色や音や接触の経験と同様、意識が担う内容ないし感覚といったひとつの「性質」として現れる一方で、ひとつの「様態」でもあるという曖昧さをもつという。それは、感覚や知覚の受容性以上に受動的な「受苦すること（pâtir）の受動性」として純粋な被りを体現し、意識に反して課せられ、引き受けることができない「過剰」として現象するのだ。ここで「過剰」という表現は、苦痛の量的な大きさを指すわけではない。レヴィナスによれば、苦痛が「過剰」であることは、「苦痛の有害性という質的特性」によってあらわになる。なるほど苦痛が「有益なもの」と見なされることもあると思うかもしれない。例えば新型コロナウィルスワクチンの副反応に苦しむとしても、感染や重症化を防ぐためというその「動機」や、社会全体で感染予防につながるというその「結果」に照らして、接種に伴う苦しみはむしろ「有益である」と判断されることがある。しかし、特定の苦痛が有害かどうかを動機や結果に照らして判断する際には、「善」の概念との量的比較が行われている。そうした思考は、苦痛の対立物として「快適さ」といった善を持ち出し、それによって苦痛の「有害さ」が相殺されるとみなしているからだ。〈例えばワクチン接種の場合、重症化を心配せずに安心して外出できる、コロナ禍の収束による日常への回帰、といった「よさ」が念頭に置かれているだろう。〉しかしながら、苦痛そのものとは別の要因〈その動機や目的、結果など〉によって苦痛に意味を与え「有益なもの」にしようとする一切の試みに反して、苦痛を内的に分析するかぎり、それを無害化しえないことが分かる。レヴィナスによれば、苦痛のうちには苦痛を被る者を標的にする「志向」があり、それは一般的な仕方では問題化できないからだ。苦痛を被る者は、自己に狙いを定める苦痛＝悪の志向との関係のうちに置かれ、その関係様態のうちで個別化された者として、自らの置かれた世界を見出す。ゆえにあらわれとしての苦痛＝悪は中立的、形式的な仕方では記述できず、苦痛はそれを被る者に害をなすという特性をもちつづけるのである。さらにレヴィナスは、苦しむことは「苦痛に対する憎悪」としても現象すると言う。苦痛は心身を蝕むその内容からして辛いものだが、〈苦痛を被ること〉それ自体を承認できず、忌避したり憎んだりすることがより一層苦痛の様態を悪化させ、当事者を苦しめるからだ。例えば、慢性的な頭痛に苦しむ人は、頭の痛みだけでなく、理由もなく突如頭痛が襲ってくるという事実そのものを恐れ、憎むことによっても苦しむだろう。また、苦痛を被ることを承服することが当事者にとって不可能なのは、〈苦痛を被る〉という現象それ自体のうちにいかなる動機も目的もなく、苦痛＝悪を正当化しえないためでもある。「固有の現象として内的に見るとき、苦しみは無用のものであり、それは「無動機、無目的」である。」（「無用の苦しみ」第一節）レヴィナスの議論によれば、苦痛は意識に統合しえない仕方で現象し、能動性や受容性を超えた絶対的受動性において被られ、それを承服しえないことがなおも苦痛を増幅させる。このかぎりでいかなる苦痛＝悪も無根拠で無用なもの、正当化不可能なものであると言えるだろう。反省哲学の文脈において、ジャン・ナベール（Jean Nabert, 一八八一－一九六一）は悪を「正当化できないもの」として規定したが、レヴィナスもまた悪を苦痛の正当化不可能性に即して思考しているのである。

このようにレヴィナスは、悪をひとつの「性質」として捉えて善との対立軸のもとに位置づけるアプローチとは異なり、〈苦痛を被る〉という「様態」を内的に分析して苦痛＝悪のあらわれがそれ自体では「無用なもの」であると示している。では現に被られている苦痛＝悪について、責任を問うことはできないのだろうか。またレヴィナスは、苦しみの無用性についてとりわけそれが他者のものであることに留意し、「無用なものとしての苦しみという現象それ自体が、原理的には他者の痛みのことなのだ」

（「無用の苦しみ」第三節）とも述べているが、なぜ他者の苦痛が特権視されるのか。次節では、「神義論の終焉」においてこそ他者の苦痛＝悪への応答が要請されるとする見解を分析することで、他者における「無根拠で無目的の痛み」によって提起される責任の問題を検討しよう。

3　他者の被る苦痛＝悪に対する応答責任

聖書のヨブ記における苦痛＝悪をめぐる解釈を扱うなかで、レヴィナスは「神義論」に対する自身の見解を示している。まずは物語の筋をおさえておこう。そもそもヨブは神を信じる敬虔な正義の人であったが、突然財産や家族を喪い、重い皮膚病を患うなどの不幸に見舞われるなかで、生まれた日を呪い、神に抗議するようになる。これを目にしたヨブの友人たちは、ヨブの被った不幸にはそれに先立つ悪行があったと考えて、神の前に自らの非を認めるようヨブに迫る。だが、ヨブは自身の潔白を主張し抗議をやめようとしない。ついに神が現れて「私が地の基を築いたとき、あなたはどこにいたのか」と語りかけるが、その一方で神はヨブの友人たちの批判を偽りとして叱責し、ヨブの訴えこそが真摯だと評価した。友人たちの姿勢はなぜ神に好まれなかったのだろうか。レヴィナスは「義人の苦しみを目にして神を正当化した者たち」の姿勢は「報酬と懲罰の道徳」という世界の秩序を前提とするものであったと指摘している。神が与える至福には善行が先立ち、神罰には過ちが先立つと信じるヨブの友人たちは、この世界の構成要素として神の賞罰を位置づけ、現世の苦しみを理解可能なものにしようとした。レヴィナスの見るところでは、苦痛＝悪を「有意味なもの」にしようとするこの考え方（これが広義の「神義論」と呼ばれる）は西欧の人間の自己意識の重要な構成要素のひとつであり、その傾向は啓蒙の時代の理神論や無神論的進歩主義にも垣間見られるが、二〇世紀に生じた「謂れなき苦しみの範例」によってこの「神義論の終焉」は不可避となった。なぜならそこで、被害者の被った苦痛＝悪がなんら根拠も報いも伴っておらず、むしろ「隣人の痛みの正当化が紛れもなく一切の背徳の源泉」であることがあらわになったからである。つまり他の人間の苦痛はそれ自体「正当化できないもの」であり、自我が隣人の苦しみを正当化しようとすることこそが不道徳の始まりなのである。その一方でレヴィナスは、「他人の苦しみの無用性」が「根本的な倫理の問題」を引き起こすときには、他者との関係において味わわれる苦痛が別の文脈に置かれ異なる意味を持ちうる、とも述べている。例えば、「病気」としての痛みは「根源的受動性、無力、放棄、孤独」として引き受け不可能な苦痛＝悪を体現し、「別の自我による助けを、治療を、救助を求める初源的な訴え」を発する契機となりうるという。つまり他者の苦しみが「無用なもの」であるからこそ、他者の苦しみに留意することが「異議を唱えることのできない至高の倫理的原理」へと高められ、医療的ケア行為が要請されるのである。とはいえここで「他者の苦しみ」が引き起こす倫理的問題は、単に医療や介護の専門家集団の崇高な使命を明らかにするものとして理解されてはならない。むしろ苦痛＝悪の現象学は、この問題が自我である限りにおけるこの私にかかわることを示している。じっさいレヴィナスは、ヨブ記とその解釈において「自我の受苦と、他の人間の受苦を自我が身をもって味わうときの受苦のあいだの関係」が一度として前面にあらわれていないことに注意を喚起しつつ、〈他人の苦痛によって自己が被る苦痛〉へと論点をずらし、苦しむ他人と自我のあいだの関係性について考察している。

たしかに、誰かが苦痛を被るとき、それは当事者だけの問題にとどまらず、その者と他の者たちとのあいだの関係性の問題を提起する。例えば加害行為の場合、被害者と加害者、それ以外の者の区別に基づく関係性が生まれ、裁判などの公の場で謝罪や賠償の責任、刑罰の妥当性などが追及される。特定の個人の意図的行為に帰することができない苦痛＝悪の場合にも、そこにはつねに当事者とそれ以外の者のあいだの関係性が存在する。例えば、津波や大雨の被害が生じると、被害者に対する補償や、復興のための協力要請がなされる。こうした関係性が構築される理由やその根拠について倫理学は多くのことを語ってきたが、先のレヴィナスの論理によれば、その根底にあるのは「他者の苦痛」が正当化しえない「悪」であり、それによって自己が苦しみを被りうること、他者による自己の受苦可能性であると考えられる。しかしながら、そもそも他人が被る苦痛によって自己が苦しむとはいかなる事態だろうか。「共苦」という言葉はともに苦しむという意味を持つが、苦痛＝悪を被る現象の具体的なあらわれを起点とするかぎり、当事者とそれ以外の者が同じ苦しみを味わうことができないことは明白である。他人の苦痛は他人に狙いを定める志向をもつ以上、それ自体、自我には測り知れないものだからだ。他人の苦痛によって自己が苦しめられるこの関係について、レヴィナスは以下のように述べている。

私を追尾する苦痛というかたちを取って、他の人間によって引き受けられている苦痛が私を傷つける。まるで私が私自身の上で安んじていること、私の「存在する努力」(*conatus essendi*) を他の人間が審問しつつ私に直接訴えかけているかのように、まるで私が現世における私の苦痛を詠嘆するより先に他者に対して有責であるかのように、その苦痛は私を苛む。このことにこそ、苦痛のうちにこそ、その「志向」(私は私の苦痛＝悪 (mon mal) というかたちを通して専一的にその「志向」の目標である) のうちにこそ、「善」(le Bien) へと通じる穿孔があるのではないのだろうか。(「超越と苦痛」第五節)

この箇所でレヴィナスは、他人の苦痛によって自己が苦しめられる関係様態のうちに、私がもっぱら自己のために存在していることを不当なものとして問いただす他者の志向を見出している。ここで私の苦痛＝悪は、それ自体が他人とのあいだの非対称な関係様態である。私は自己の場所からしか出発できず、苦しむ他人と立場を交換することは出来ないが、それでもなお私は他人によって一方的に傷つけられ、自己のために自己の苦しみを嘆くよりも前に他人の苦しみに応答するよう催促されている。この意味で、他人の苦痛とそれによって苦しむ自己の苦痛は全く別のものであり、後者のうちには、苦しむ他人に応答する責任に伴う罪責性、悔恨や後ろめたさがあると考えられる。自己を標的とし苦しめる限りでそれは「私の苦痛＝悪」の発現にほかならないのだが、そこには「善」への結びつきがあると示唆されている。しかしながら、苦痛＝悪の志向が「善への穿孔」でもあるとはどういうことなのだろうか。ここで言われる「善」は、苦痛の対立項としての快適さや、苦痛を贖う至福から区別されていることから、レヴィナスが中期から「他人のために実存すること」と結びつける「道徳性」や、自我に対して「道徳的命令」を下す他者の「聖潔性」の論点と関連があると思われる（『全体性と無限』（一九六一年）第四部B・第一部B）。また「存在の彼方の善」への超越という論点は、後期思想に通底する「応答責任」(responsabilité) への召喚という発想とも密接に関連している。この点について少し補足しておこう。

レヴィナスの枠組みにおいて「応答責任」とは、因果的責任ではなく、自我が他者に問いただされて応答するよう求められる仕方のことである。自我から他のものへと向かう志向とは反対に、ここで自己は、他者からの逆向きの志向によって狙いを定められているが、この「応答責任」への召喚は、後期の主要著作『存在の彼方へ』（一九七四年）において他人の「ための／代わりの」(pour) 苦しみの様態として語られている。なるほど自我が他人の苦痛＝悪の作り手ではない場合、自己に対して悪の因果的責任を追及することはできない。にもかかわらず、他人の苦痛によって自己が被る苦痛は、「他者のための／代わりの苦しみ」として「応答責任」を告げる道徳的命令と結びつく。この道徳的命令の通達は、責任に応じれば応じるほどに責任が増幅し、究極的にはあらゆる他人が被る苦痛、あらゆる他人が犯す過ちに対する応答を迫られる様態として生起するが、それは人間たちのあいだの連帯という関係性を前提にしている。例えばレヴィナスは、ヨブの物語における神の言葉「私が地の基を築いたとき、あなたはどこにいたのか」のうちに、自我が果たすべき義務への違反を咎める「怠慢の確認」を読み取り、この「怠慢の確認」が意味をなすのは「人間の人間性が兄弟として創造に連帯している」「自らの自我でも自らの仕業でもないものに対して責任がある」場合のみだと述べている。つまり、創造以来の他人たちの苦しみや過ちに対して自己が兄弟として連帯しており、因果的責任を超えて万事と万人に応答する責任が自己に課せられているからこそ、謂れのない苦痛を耐え忍ぶ「無用の苦しみ」が、他人たちのために代わりに苦しみを耐え忍ぶ「義人の苦しみ」として生起するのである。

こうした自己のあり方についてレヴィナスは、「主体性は、他人たちがなすこと、他人たちが苦しんでいることによって告発されており、他人たちがなすこと、他人たちが苦しんでいることについて責任がある」（『存在の彼方へ』第四章）と述べて、そこに「身代わり」を見出している。他人たちの過ちや苦しみによって告発されることのうちで、自己には応答責任が課せられ、主体性は〈他者のために代わりに苦しみを被ること〉の様態に置かれる。この様態をレヴィナスは、自発的な同意や受容によることなしに「被りうる容量を超えて被ることとしての感受性」（『存在の彼方へ』第四章）と表現している。この苦しみは、感覚や知覚の受容性を超えた「過剰」、「引き受けられないこと」として現象しつつも、他人たちのために他人たちを支える／耐え忍ぶ（supporter）主体性の様態として生起する。つまり「他者のための代わりの苦しみ」とは、支えきれないものを被り、他人たちのために耐え忍ぶ様態なのである。先に見たように、レヴィナスは、被られた苦痛はどんなものであれ本質的に無意味かつ無用なものだと考えている。しかし自己の苦痛が他者のために応答する責任へと召喚する道徳的命令として意味を成すとき、この苦痛は単に無用なものではなくなる。ここでは苦痛の過剰が、それ自体は無用なものでありながらも他者へと向かう「方位」としての「意味」（sens）を通達するからだ。レヴィナスによれば、他者へと向かう方位が告げられることはそれ自体〈存在することの彼方〉としての超越の生起であるから、ここで苦痛＝悪の被りは、〈存在すること〉には回収されない他者の無限性によって〈他者のためにあること〉へと召喚する道徳的な「善」へと結びついていると言える。

以上から、苦痛＝悪とは〈無用な被り〉にほかならないが、他者の苦痛によって触発される私の苦痛は、それが自己を応答責任へと任命するかぎりで、〈他者のためにあること〉としての「善」へと結びつき、存在からの超越として「意味」を生成するというレヴィナスの主張が明らかになった。このように、後期思想では、〈苦痛＝悪の被り〉について、無意味かつ無用でありながらも他者への方位として意味を生成する、存在の内在性への縛り付けでありながらも存在の彼方への超越でもある、という一見矛盾するような主張がみられる。しかしながら、これは苦痛＝悪に関する見解の変化というより、それを思考する上で用いられる枠組みの変化を反映していると考えられる。というのも、痛みや苦痛、苦しみとしての悪をその存在様態から捉え、そこに立ち現れる志向や関係性に基づいて考察する姿勢自体は、レヴィナスにおいて終始一貫しているからだ。つまり、中期以降の「倫理」および「道徳性」をめぐる自他の関係性の枠組みにより、〈他者の苦痛によって私が被る苦痛〉に与えられる位置づけが変化したのである。このことを踏まえ、最後に、レヴィナスが「間人間的な秩序」(l'ordre interhumain) と呼ぶこの関係性の枠組みが持つ意義について考えたい。

4　「間人間的秩序」としての「倫理」

これまで見てきたように、レヴィナスは、苦痛＝悪というあらわれの現象学的分析において、苦しむ他人たちとそれによって苦しむ自己とのあいだの関係の非対称性という論点を導入することで、悪と責任の連関について独自の考察を展開した。その議論は、苦痛＝悪を被る者が置かれた様態を起点に、当事者に対して苦痛がどのようにかかわり、当事者が苦痛とどのような関係を取り結ぶのかを、その出来事の内側から解明しようとするものであった。それによれば、苦痛を被る者は、苦痛を与える志向との関係のうちに具体化されているかぎりで、苦痛＝悪のあらわれを無害化することも、有意味化することもできない。さらにこの「無用な苦しみ」の根拠や目的を示そうとする「神義論」がはらむ倫理的問題に目を向けると、自己が他者の苦痛に対して無関心ではいられないという非対称な関係性のうちで「応答責任」への呼びかけが生じることが見えてくる。つまり、苦しみとしての悪の問題は、他人が被る苦しみによって掻き立てられる自己の苦しみを経由することで、「間人間的な秩序」としての「倫理」における応答責任の問題へと結びつくのである。こうして苦痛＝悪が生じている様態や苦痛＝悪を取り巻く関係性について思考することで、レヴィナスは、悪の因果的責任を追及することが困難な場合であっても、別の仕方で悪とその責任について語りうることを示した。この倫理学的思考は、環境汚染や貧困、食糧不足、感染症によるパンデミックのように、個人の自由な選択の範囲を大幅に超える災厄に見舞われている現代社会にとって重要な意味をもつように思われる。レヴィナスによる苦痛＝悪の現象学は、他人の苦痛と私の苦痛のあいだにある差異を捨象することなく、差異によってこそひらかれる関係性の秩序としての「倫理」を語る取り組みとして、今後も突出した意義をもつのではないだろうか。

■ 文献

カント、イマヌエル『カント全集10　単なる理性の限界内の宗教』、北岡武司【訳】、岩波書店、二〇〇〇年。

ナベール、ジャン『悪についての試論』、杉村靖彦【訳】、法政大学出版局、二〇一四年。

ライプニッツ、G・W『宗教哲学　弁神論　上巻・下巻』、佐々木能章【訳】、工作舎、一九九〇年／一九九二年。

レヴィナス、エマニュエル「逃走論」（『レヴィナスコレクション』、合田正人【編訳】、筑摩書房、二〇〇六年）所収。

――『実存から実存者へ』、西谷修【訳】、ちくま学芸文庫、二〇〇五年。

――『全体性と無限』、藤岡俊博【訳】、講談社学術文庫、二〇二〇年。

――『存在の彼方へ』、合田正人【訳】、講談社学術文庫、二〇〇四年。

――「超越と苦痛」（『観念に到来する神について』、内田樹【訳】、国文社、一九九七年）所収。

――「無用の苦しみ」（『われわれのあいだで』、合田正人・谷口博史【訳】、法政大学出版局、二〇〇六年）所収。

第13章

私は「私」から出られるのか

中村 佑子
Yuko Nakamura

はじめに

幼いころから、私が「私」に閉じ込められていることに失望、もっと言えば絶望していた私は、自然に自分が「無」になることに惹かれていった。それは容易に死への憧れとして育っていったが、そのとき「死」は恐ろしいものではなく、私に生命を与える存在の暗がりに還っていくような解放の場所としてあった。また私が「私」から一瞬でも脱出できた、ある特異な体験から、「私」のありようを含めた世界は、「別様でありえる」と希望をもっていた。この一連の思考のプロセスと、近年興味をもってずっと追い続け、また私自身が当事者でもある「ケア的主体」に至る自分の問題系を整理し、「私」が一様ではなく、ゆらぎ、ゆさぶられ、二重化し、攪乱され、主客を侵犯しあいながら往還し続ける変容体であること、そこにこそ希望を感じることを指し示したい。

1　「私」という閉じ込め

a　ある雪の日

私は幼いころから、なぜ私は「私」に閉じ込められているのかと思っていた。私が「私」でしかいられないことに失望、もっと言えば私から脱出する術がないことに、絶望していた。この「私」に、死ぬまでずっと閉じ込められたままなのか？　この体のなかに、この「私」という意識のなかに、閉じ込められたままなのか？　私が「私」でしかいられないことを「閉じ込め」と感じ、苦しんでいた。

主体のありかたによって、何か解放の手がかりは得られないだろうか。愛はどうだろう。人を愛したとき、私の自己の壁は溶解し、閉じ込めは多少なりとも解消しないか。何かに感動すること、そんなこともまた自分を脱出できる術になるのではないか。そんなふうに、さまざまな可能性を夢描いていた。なぜ私は「私」に閉じ込められているのかという問いは、驚きや発見ではなく、私にとっては苦しみだった。それがなぜニュートラルな驚きなどではなく、絶望なのか。きっかけになる体験が、一つだけある。

大学受験勉強をしていたある冬の寒い日、窓の外では小雪がちらついていた。私は自分の部屋で机に向かっていた目をあげて、ふと窓の外を見た。すると自然に私の意識は外に出て、窓の外から私を見たのだ。このとき私は机に向かって勉強をしている数分前の自分だった。

私の意識は、自然に、外から見ている方の自分にあった。私は体をもっていなかったかもしれない。なぜなら家はマンションの4階だったから。でもそのときの私はさして不思議にも思わず、顔を下に向けて自分の身体を確認するようなこともなく、ただありありと部屋のなかの自分が見えて、そうしてまたすぐに、机の前の自分にこの私の意識が移った。移ったというよりも私の意識は、中の自分と外の自分、両方に重なっているように思えた。浮かんでいる私も私なら、机に座っている私も私。もっといえば、私は私たちの間にある窓であることもできるかもしれないし、舞い散る雪であることもできるかもしれない。そのくらい自由に、私は「私」から解放され、ゆらゆらと揺れていた。

このときの浮遊感、軽妙さ、解放と自由はなかなか筆舌に尽くしがたいものがあり、私は人間の身体という容れ物を介さなくても、私でいられるのではないか。というよりも、あれも私、これも私。私はそこら中に遍在できるのではないかという希望のようなものを受けとった。

体験はこの一瞬だけだったが、私が私でしかいられない閉じ込められた世界には、風穴があくことがあるという、このときの感覚は、別様である世界の可能性として、私のなかに深く刻印づけられた。窮屈な「私」という壁は崩れることもあるし、もっと外部に「私」が流れ出たり、外部が流入してきたりすればいいのにという、願いのようなものが育っていった。

b「私」と物質

たとえば私は、自分のなかに毎時毎秒、細胞や血流やその他自分では見えないもの、感じられないものが、刻一刻と形を変え、生成し続けるエネルギーのようなものを感じる。ふと目をみやると、この世界の方も刻々と形を変え、ブラックホールは星の死を飲みこみ、宇宙はいまも成長を続け、恒星は生死を繰り返している。宇宙全体が生成の爆発的なエネルギーに突き上げられて、いまがある。目の前の事態は、とてつもない生成と虚無との往還のなかの特異点のようなものとして、ここにある。私という事態も、いま目の前にある世界の姿も、膨大なエネルギーが動いているさなかの、偶然の、奇跡的な、ほんの一点に過ぎない。

自分というものも、世界も、何か安定的に固まったものではなく、とんでもない変容を続けるなかで、ただ現状静止しているように見えているに過ぎない。そう考えることで、私は「私」という壁に囲まれた塊からの脱出を夢見ていたのだと思う。自分と世界とに共に働いている膨大なエネルギーに身をうつすことで、「私」を超え出る起源のようなものを志向し、そこに解放を見ていた。私という固有性から脱出できたとき、世界はあらためて動き出す。この実感が少女時代の私にはありありとあったのだ。そのとき綴っていたノートを見返すと、円錐形で書いてある自分と、同じく円錐形で書いてある宇宙とが、円錐のボトムの底から頂点までを通過するエネルギーの矢印としてイコールで結ばれ、図式化されている。後々、ベルクソンの円錐形の図（アンリ・ベルクソン（Henri Bergson, 一八五九－一九四一）の主著『物質と記憶』（一八九六年）にあらわれる、記憶の全体を円錐形で示した図）を見たとき、あ、私の図と思った記憶がある。一方で、外部への流入と流出の予兆は、他の物質への憧れのようなものとして、感じるものだった。

たとえば一陣の風が吹けば、この風は一体どこから吹いてきたのだろう、その風のたもとに私も一緒に連れていって欲しいと風をにらんだ。それがどこからともなく生まれ、消えゆき、また次の見えない風につながっていることをつきとめると、風には「私」なんてものはきっとない、一方「私」とはなんて不自由なのかと、人間存在の固まりぐあいに落胆した。

私はつねに、形あるこの「私」からの脱出経路を探していたといっても過言ではない。「私」の閉じ込めを解消するものへの憧れはとても強かった。

c　死とは何か

ところで、ここで私が脱出したいと思っている「私」とは、身体なのか意識なのか、あまり区別せず語ってきた。身体と意識が別のものであると仮定しての話だが、まずはこの自然的な感覚で多くの人が捉えるであろう、意識／身体の二元論を起点に考えてみる。

もし私が脱出したいと願っているのが「身体」であれば、死をもってすれば、一旦は自由になれるかもしれない。大島弓子の『ダリアの帯』という漫画には六〇歳で死んだ「ぼく」がどんなふうに世界を見たのかが描かれている。

　ぼくの体は／とつぜん／気流のように／自由になった／自由です（『ダリアの帯』）

「ぼく」には精神的に不安定な黄菜という妻がいた。黄菜が精神科病院に閉じ込められたのを脱出させ、山奥で二人、誰からも邪魔されずに生活をしていたのだが、「ぼく」はある日ぽっくり畑で倒れて死んでしまったのだ。死んでから「ぼく」は、黄菜と会話ができることに気づく。誰からも理解されなかったが黄菜は一人、死んだ者たちや雨つぶ、風……森羅万象と会話していたことに、「ぼく」ははじめて気づく。

　死によって意識が身体を離れて持続するのだとしたら、それは私が憧れた風や水として生きるようなもので、死とはなんと自由だろうか。死をもってすれば、「私」への閉じ込めが、一旦は自由になるかもしれない。そう願った私は、希死念慮に悩んだり、具体的に哀しみが迫って耐えられない、ということでもなかった。ただ、この「ぼく」のように、自由としての死のイメージに憧れ続けた少女だったといえる。

　しかしこうも問えるだろう。本当に死をもって自由になるのか。身体と意識が別々の存立形態をもつと仮定したとしても、「私」への閉じ込めは、「死」をもってしても、本来の意味では解消しない。死んでもぼくは「ぼく」と名乗っているからだ。身体を離れ、自由に飛んだり泳いだり、どこへでも「ぼく」の自意識だけで旅することができるかもしれないが、ぼくが「ぼく」でしかないことは終わっていない。

　さらにこのとき、死は「私」の世界を閉じさせるだけであり、別の閉じ込めが待っているかもしれない。私という意識を、他の主体に感じることもありえるからだ。「この世界にいる」という感覚を、感覚の主体となる座標軸をとおして感じることを、意識と呼ぶとすれば、その意識が私であろうが、他の誰かに移植されようが、意識というものに閉じこめられていることは終わっていない。つまり「世界にいる」「ここにある」という感覚こそ、私が逃げ出したいと感じる所以なのだろう。

あるいは死とは形あるものの手前で、すべての分節が必要のない世界に突入するという、夢のような想像だってできる。私が存在しないことで、世界もその存在の仕方を変え、私が形あるものである手前ですべてのものと溶け合うような、ジュリア・クリステヴァ（Julia Kristeva, 一九四一－）が「存在の地下室」と呼んだような、すべてが薄膜のようなものとしてつながった暗がりへと還っていくとも考えられる。そのとき、まったく別のはかりしれない存立形態をもち、別の「いる」という感覚を抱くことができたとしたら……。それは果たして「私は死んだ」と呼べる事態なのだろうか。生きているとも考えられる。

こうして言葉はどこまでも、その可能性のしっぽを追いかけることができる。

d　論理実証主義に抗して

ここまで「私」を解放するものとしての死のイメージを、かなりラフに語ってみたが、アカデミズムの中枢においては、論理が厳密ではないと瑕疵を指摘されるだろう。あるいは無意味な言明だと論駁される恐れを抱いてしまう。

学部時代の哲学科には論理実証主義（数学や論理学の文のような分析的に真な文か、経験的観察によって検証可能な文のみを有意味とみなす立場）の風が吹き荒れていた。何か問いをもったとしても、論理的に精密な仕方で語らなければ落ち度があると言われたし、つねにその抑圧のなかで語らざるを得なかった。だから、ことさら怖がってしまうのだが、本当に言葉とは、実証的に語らねばならぬものだろうか。一度は反発した論理実証主義というものを、ここであらためて考えてみたい。

ウィトゲンシュタイン（Ludwig Wittgenstein, 一八八九－一九五一）の「語りえぬものについては沈黙しなければならない」という言明は、誰しもこの一言を聞けば、それを知る前には戻れなくなる魔術的な響きがある。いったん「語りえぬもの」という視線をもったあとは、有意味な文を語らねばいけないという強い抑圧がはたらく。しかし有意味を求める論理全体に、私は違和感をぬぐえなかった。

最近読んだレベッカ・バクストン編著の『哲学の女王たち　もうひとつの思想史入門』には哲学史のなかに埋もれた女性思想家たちの多くが、論理実証主義の流行のなかで、君の論理は有意味ではないと言われ、正当なアカデミズムの外に置かれてきた事態が克明に綴られていた。私の哲学科哲学専攻の学部時代に抱いた論理実証主義への違和感もまた、ここに綴ることで、後発世代の学び（あるいは防衛）につながるかもしれないと期待をこめて、経緯をふり返ってみたいと思う。

一八歳の春、日吉キャンパスに足を踏み入れてはじめて取った哲学の授業が、斎藤慶典先生の講義だった。私は新入生で、先生もそれが慶応でお持ちになった最初の授業。講義は前年に刊行された永井均『ウィトゲンシュタイン入門』の講読として進められた。永井＝ウィトゲンシュタインは、私が他の私でなく「この」私であることに、心底驚いていた。そして斎藤先生は、世界がこのようにあるということを、昔もいまもふしぎに思われていた。

その刺激的な講義は、四年間を通してももっとも印象に残る授業で、その授業をとっていた盟友たちとはいまもつながっているし、日吉キャンパスのけやきの新緑が窓の外に揺れ、初夏の日差しが教室の白壁を皎々と輝かせていた光景さえ、いまも手に取るように思い出される。

私はその白い部屋で、ウィトゲンシュタインの「世界の限界」という言葉に出会ったのだ。久々にこのときの新書のページを開いたら、たくさんの書き込みがあり、付箋にメモがしてあるなかから、やはり「世界の限界」という『草稿』（一九六一年）の一節を引いたページに、深々とドッグイアがされていた。

e　世界の限界

哲学的自我は人間ではない。人間の体でも、心理的諸性質をそなえた人間の心でもない。それは、形而上学的主体であり、世界の（一部ではなく）限界なのである。（『草稿』）

私が感じていた、「私」のなかに閉じ込められているという苦しみは、ウィトゲンシュタインの言う哲学的自我の一種と推察される。哲学的自我とは、本質的には問うことのできない形而上学的な問いを抱えている者のことを指す。だとしたら苦しむ私は、ウィトゲンシュタインによれば人間ではない。人間の体をもつのでも、人間の心をもつのでもなく、世界の限界であるという。存在への問いをもつ形而上学的主体は、世界内部にはいないのだと。

このメッセージは、当時の私にはとても強烈だった。その証拠に「世界の（一部ではなく）限界」には、強い筆圧でぐるぐると丸が囲ってある。永井によると、『草稿』の一節に現れているこのウィトゲンシュタインの逡巡は、その後の議論では綺麗に削られているという。なぜなら、ウィトゲンシュタインは論理的な厳密さを自分自身にも適用し、語りえぬものについて沈黙してしまったから。

マルセル・デュシャン（Marcel Duchamp, 一八八七－一九六八）の言う、「死ぬのはいつだって他人」としか感じられない、本来は思考不可能である自分の「死」を考えることは、論理実証主義的には無意味とされてしまう。死を、「私」の閉じ込めに対する「自由」として憧れる私は、世界の一部ではなく、限界に位置すると世界から切り捨てられてしまう。だからこそ、死を考えることは、最大の希望であるかもしれないのに。

今回あらためて『ウィトゲンシュタイン入門』を読み直し、ウィトゲンシュタインの兄弟の多くが自殺で死んでいること、ウィトゲンシュタインが希死念慮をたびたび抱えていることが、あの頃より人生が進んだいまの私には、重く響いた。自らがつくった論理の伽藍を眺めたのちに、登ってきた梯子をはずし、自分の目の前に見えている世界に「言語ゲーム」という、生きていきやすい名前を当てるウィトゲンシュタインは、言語の中で自殺をしているようなものだ。言語ゲームと言えば、仮の死をなんども経験できる。私が私であることを、もう考えないように、通り過ぎることができる。言語的に自分を死に至らしめ、最後に本当に自殺をしてしまったウィトゲンシュタインは、少しは楽になったのだろうか。よりクリーンで綺麗になった世界に、息つける場所は果たしてあったのか。

新書の後半、私の書き込みは「それでも、問いを発することができるということは、後ろの世界があるということなのだ」「世界の内部にいたら問いは問いとして立ち上がらない、語りえぬものに取り憑かれているからこそ、語りえぬものについての問いを発しているのに、ウィトゲンシュタインは黙ってしまう、封印してしまう」と続く。私は、存在の問いを発せざるを得ない自分自身の苦労を重ねていたのだろう。

同じころ、はじめてデカルトの考える主体について学んだときの深い空虚感を思い出す。「我思うゆえに我あり」と問えること、すべてを意識の明証性に収斂させようとすることは、自我というものが今日も明日も変わらないという信頼の上になりたつと思われた。しかし当時の私には、そうした静的で固着化した自我イメージの世界にどうにもなじめなかった。授業後のペーパーに、我思うゆえに我ありと問う、その「我」という前提条件がおかしい、あるいは我への演繹について考える必要を感じないというようなことを書いて、「考えるに値する」と赤字で記入されていたことを思い出す。

私はやがて、あんなに哲学の研究を続けたいと思っていたのにやめ、もっと自由に自分の問いを語りたいと思うようになる。別に、論理的に厳密に語れと先生方に説得されたわけではない。ウィトゲンシュタインの呪縛に自らはまっていってしまった。事実と価値をわけるのではなく、実証できないからこそ言葉には可能性がある。もっと言葉の果てを、言葉のなかで探っていきたかった。学部でウィトゲンシュタインに出会ってしまった私は、ウィトゲンシュタインの犠牲者ともいえるのではないかと、いまでは思う。

2　私からの脱出としてのケア的主体

a　母とは器である

そこから長い時間が経ち、私は人生の半ばに至り、妊娠、出産した。私に閉じ込められていることに絶望していた私は、他者に生命を宿らせる場所としての「母型」になった。そこで私は、自分に起こる主体の揺らぎに心底驚いたのだ。

妊娠とは自分とは別のリズムで鼓動を刻む他者と、私の身体という場所を共有することだ。普通は「生」の強さに横溢していると思われている胎児や新生児は、自分が生きているかもわからない、まだこの世に現れ出たことも知らない、虚無のただなかにいる生命の「種」のような存在だ。私は潜在的な次元にとどまっていた種をうけとめ、形を与え、日々自分の身体にある器のなかで育て、そうしてこの世の光の下にさしだした。それはとても奇妙な体験だった。

生まれてからも子どもが不快で泣けば、私はどこが不快なのか、全身をセンサーにして身を捧げるようにして子の身体感覚を想像する。子どもが熱を出すと自分まで具合が悪くなる。自他未分の一心同体の状態になることで、子どもの生体の訴えを察知する感受力を高めているともいえた。私の固まった主体は溶け出し、子どもと重なった存在になった。

この経験は私に言葉を失わせ、言葉を取り戻すために『マザリング　現代の母なる場所』（二〇一九年）を書き、「母」とは何かを広く考察した本になったが、扱っていたのは存在が消滅する危機に接する、そら恐ろしい世界だったのだと思う。

私は妊娠出産をとおして主体の揺らぎに驚いたわけだが、それは救いでもあったのだといまはわかる。「私」が解体し、自己の壁が揺らぐ経験は苦しく、迷子になったけれども、あれだけ願っていた「私」からの脱出可能性、世界の別様のありかたとして映った。自分は固まっていない、世界も固まっていない、ゆらめく変容体の特異点に過ぎないという実感は、胎児を抱えた母、新生児と溶け合うような「場」に身を浸す母の主体そのものであった。こうして考えてみると、母であることを直視する前提条件が、私の深いところで存立していたのだということがわかる。

b　主体が溶け合う世界

産後の女性は精神疾患に近いという考え方がある。産褥うつ病という疾患もある。これだけ主体が揺らぎ、身体器官ごと他者に投げ出される体験なのだから、私が迷子のような感覚になったのは当然だと思えた。この同一性がゆらいだ主体を表す言葉がない。詩人の森崎和江（一九二七－二〇二二）は「私」のなかに、いまの私が含まれていない、妊娠している「私」をあらわす言葉が、これまで使ってきた言葉のなかにないと語った。存在の手前で他者に生命を渡す受容器であり、生成のエネルギーそのものでもある母という主体は、本質的に言語化不可能な存在なのだ。この主体のありようは、大人にとっても、母当事者にとっても、目を凝らさなければ見えてこない事態だが、子どもの世界では違うらしい。

第二子を妊娠中のある日、五歳の長女が「ママと赤ちゃんが作ったごはん美味しい」と言った。お腹はもうはちきれんばかりに大きく、そのお腹を台所にすりつけるようにしてお料理したあとだった。娘には、私はいま一人ではなく二人に見えていて、私が行う行為が、赤ちゃんと力を合わせて成し遂げていることとして見えている。幼児には、まだ主体はそこまで固まったものとして写っていない。

本当は大人の私たちの前にも、いつでも世界は動的で可変的であり、混乱した姿を見せていて、そのなかで主体は遊泳しているはずだ。哲学の考える静的で固着化した自我イメージには、ダイナミズムがないと感じていた私にとって、「母」を考えることは私なりの「主体の哲学」批判だったのだろう。さらに言えば、固まった自己を前提として社会が回っている、現システムへの批判でもあった。

c　ヤングケアラーの宙吊り感

いま私はまた新たな主体のゆらぎと解体を、関心の対象としている。子どものころから、病気の家族のケアを担ってきた子ども、いわゆるヤングケアラー問題だ。何を隠そう、私自身がそうだったのだと思う。別の角度から、また少女時代に立ち返ろう。

母は精神的に不安定なところがあり、数週間、身動きもせず床に伏せったり、突然起き出してきて懐石料理のような凝った料理を作ったり、浮き沈みがはげしく、寛解を繰り返した。子どもの私はその波に揺られ、翻弄され、母という深く暗い海を泳ぐ、一艘の小舟のようだった。

診断でいえば躁鬱病だったと思うが、子どもには精神的な病のことは、深くまで理解できない。母の心の痛みはどこにあるのか。一日中寝ていなければならない苦しみは、どのあたりにどのようなものとしてあるのか。伏せっていなければいけないのはなぜなのか。痛みに対して、いつも自分が開ききっているような無防備さがあった。苦しそうな母を楽にしてあげたいと家事を手伝ったり、自然に家のなかの仕事を担うようになっていった。

母が傷つけば、自分も傷つく。脆弱で依存しあいながらも、自分が可変的で想像力によって伸び縮みするような自由を感じた。そう、ケアを担うというと、がんじがらめで苦痛と忍耐だけがそこにあると人は想像するが、ケアには特有の自由さがある。すーすーと他者性が流入しやすい自己がもつ、ある種の開放感なのだと思う。私はずっとそんな自己を抱えていたのだろう。

母を楽にしてあげたいと思って行う行為は、自分が欲しているのかそうではないのかわからない。母が望んでいることなのか、私が望んでいることなのか、願望や意思の初源もあいまいとなり、自分の欲求がどこにあるかわからない。母を想うと私は二重になった。ケア的主体の特異性とは、ケア対象者と共振してゆくことだ。共にゆれなければ病の人、困っている人のニーズがキャッチできないから必然なのだが、なぜそれが起こるかというと、ケアというものが変容する事態をただ受容し、引き受け続ける一つの技術だからだろう。後年、あなたが話す言葉には主語がないと言われ続けてきたのは、そんなところに原因があるのだろうか。

同じ題材で、私は『サスペンデッド』という映像作品をコロナ禍のさなかに作った。3人の当事者、一人は精神科医、もう一人は当事者支援のピアサポート団体を主催する人、そして私のエピソードを混ぜ合わせるような形で脚本化した。二人の母は統合失調症で、私の母は躁鬱だが、驚くほど幼少期の体験や感じ方が似ていて、それはまさに「サスペンデッド」、さまざまなものが宙吊りのなかで接続していく感覚だった。子どもの私たちは、生と死の、病と健康の、受動と能動のはざまで、何をも決定せず、すべて先のことはわからないという形の「待機」のなかにあって、宙吊り＝サスペンデッドでゆらゆらと浮遊していた。つねに不確実なもののなかに棲まっていた。決定不可能性に耐え忍びつつ、そのなかを遊覧していた。

ヤングケアラーらしい自分の特性だと自覚していることがあって、それは他の人より自分の欲求や、意思が立ち上がりにくいということだ。母の病に身をうつすように感覚を研ぎ澄まし、物事を決定している私の意思は、本当に私のものなのか。母の痛みを取りのぞきたいから自分が望んでいるのか、よくわからなかった。

そのころ世間では、自己責任という言葉が盛んに言われていて、中東に旅立ち、傷ついた人の力になろうとしたボランティアの女性が、猛烈なバッシングにあっていた。後年、子どもを産んでからも、子育てと仕事の両立は自己責任だと言われた。自己責任という言葉を盾に、糾弾され続ける世界にいつも違和感があったのは、子どものころから意思の初源があいまいな、主体が溶けあう感覚を抱いていたからだろう。

そもそも責任をとるということの重要性がわからない。責任をとりあう社会が、成熟した社会だというのは誰が決めたのか。責任の前提となっている意思はどこから発するのか。なにか事件が起こると、本人の犯行動機ばかりが取り沙汰されるが、その人をとりまく他者、社会、世界の絡まりあいのなかで行為は遂行され、犯罪として顕現する。その人のゼロからの意思などというものが本当にあるのか。

もっと人は、見えない依存の糸が絡まる、網の目のなかに存在している。依存は決して悪ではない。そもそも生まれて数年間、人間の赤ちゃんは自分で移動することも、自分からご飯を得ることもできない。人の手に守られた状況のなかにしか、「安全」がない。人間は二足歩行をしだしてから、女性の子宮口が狭まり、小さい未熟児の状態でしか赤ちゃんを産めなくなったので、依存は人間という進化した種における個体の必須条件である。しかし時を経て人間界は、このゆりかごと墓場に隣接した数年間のとめどない依存期を忘却の彼方に追いやって、ケアの場も社会の中枢から離し、こんなにも個が重要視され、それぞれの主体が固まり、もはや溶けあうこともなく、依存し合うことは悪いこととされ、責任もなにもかもが一人の人間の肩にのしかかる、そんな社会を作ってしまった。

我思うゆえに我あり、と厳然と言える「我」もまた、生まれたときの姿と遠く隔たっている。デカルトの「我」も、きっと生まれてから数年間は自分では立てず歩けず、フィードされ、支えられなければ死んでしまう存在だったのに、皆それを忘れて「我」とのたまうのだ。責任をとることで社会の成員とみなすという輝かしい「評価軸」は、固着し安定し、厳然と立っている自主自立の自己を起点にしか、考えられていない。

では、泣く泣くケアに従事しているヤングケアラーの子どもの意思はどこに介在するのか。苦しみをぬぐいとってあげたいと思って親に手をかけたとして、そこで行われる行為の責任はどこに存するのか？　そのときぬぐい去ろうとした苦しみは、親にとっても自分にとっても苦しみなのだ。この問いに、これまでの自己モデルによって答えられるだろうか。

d 病の人間の言葉

一つずっと疑問に感じていたことがある。なぜ哲学者たちは、精神病患者になにがしかの可能性を仮託するのか。一九七〇年代から現代思想の哲学者たちはいわゆる分裂病、いまでは統合失調症とよばれる病者の言葉を、神託のように受けとってきた流れがある。ジル・ドゥルーズ（Gilles Deleuze, 一九二五－一九九五）は、アーティストであり晩年は分裂病者だったアントナン・アルトー（Antonin Artaud, 一八九六－一九四八）に哲学的な発見を託すし、クリステヴァは、近代言語の限界を攪乱するものとして、精神に失調をきたしている人の言葉を措定した。象徴界の記号である「ル・サンボリック」は、近代言語として歴史とつながる秩序ではあるが、言語をつきぬけた外部を呼びかけないと批判したのだ。それを攪乱するものとして「ル・セミオティック」——たとえばそれは詩的言語であり、言語以前のハミングやうめき、リズムやイントネーションなどといわれる——は、外なるものとつながり、通時的には幼児の言語外のふるまいや言葉、共時的には夢や、精神病患者の言葉とした。

環境から発せられてくる情報を組織化せず、ばらばらのものとして受け取り、生《き》のままの情報を生きるといえる統合失調症者の知覚は、言語以前の原初の知覚を希求する哲学者たちには、輝かしいものと映るのかもしれない。あるいはカントのいう「物自体」というのは、自らの行動のために統合する知覚を逃れた存在ともいえるので、言語の外部性を考えるのに、病者の言葉が大いなるヒントに思えるのだろう。しかし私は、病者の言葉に哲学者がなにがしかを語らせることに、違和感をおぼえていた。

クリステヴァの言うように言語の外部だけでなく、秩序の外部、理性の外部、歴史の外部、管理の外部、意識の外部、意味の外部……現代思想は外部性の感覚からこんこんと湧き出しているといえるが、外部性がなんらかの他者には見えるはずだと、その感覚を他者に仮託してしまって良いのだろうか。意味や理性を逸脱する存在として、狂気や精神病に過度の期待をかけて良いのだろうか。外部性の感覚とは、不可知の部分が世界にはあると感じることだろうが、それこそが他者ではなく私自身のなかにあると考えられないだろうか。私の存在はほとんどが知り得ないものの総体でできている。どのくらいの大きさ、深さ、広さを自分は知らないのか、知り得ないのか。その自らのうちの不可触の感覚から外部性が湧き出、生が始まるという感覚がある。不可知性を自分自身が秘めていると考えてこそ、不可知そのものである世界を信頼することにつながるのではないか。

確固とした自己が、すべての行為の前に、意思を働かせて待機しているというイメージはきらびやかで頼もしいが、それは近代社会が仮設した幻想であるだろう。確固とした自己を社会に排出するために学校教育があり、人間は自分の意図を説明せよと、つねに社会から抑圧を受ける。

人間存在はもっと無防備に外に開かれ、応答せよという他者からの呼び声のただなかで、わけがわからない情報にもみくちゃにされ、溺れながら、行為を遂行している。それは、圧倒的に無防備であるということを耐え抜くことでもある。そして私はそんな主体にこそ、解放と悦楽を見る。

絡みあって網の目のなかにある自己、病者に身をうつし、胎児に場を与え、他者との境界をなくし、迷子になりながらも日々のケアを行う自己がケア的主体ならば、ケア的主体には自己責任という名前で他者を糾弾するという発想は生まれない。

依存しあい、溶け出しあい、一人一人がやがて消滅へと向かう運命を共有しているという意味においてのみ、運命共同体である私たちは、確固とした自己をもつ以前に、もっと溶けあい依存しあっていた。それを起源ととらえるならば、「私」から脱出したいという願いは、ある種の起源への回帰だったのだろう。

私が「私」でしかいられないことから解放されようとすること、それはこのがんじがらめの世界から解放されたい、近代的自我から逃れ去りたいという欲望とイコールだった。もし死が、起源への回帰なのだとしたら、なんと安らかなのだろう。その死を、一人一人の人間が平等に抱えていると考えることはなんと甘美なほど剥きだしの事実だろうか。ケア的主体は、死に隣接する主体でもあった。

私のなかに死があり、私のなかに外部性が開いている。そうして、私は固まることなく、無防備に、変容し続ける。

■ 文献

ウィトゲンシュタイン、ルートヴィヒ『ウィトゲンシュタイン全集1：論理哲学論考、草稿一九一四－一九一六、論理形式について』、大森荘蔵ほか【訳】、大修館書店、一九七五年。

大島弓子『ダリアの帯』、白泉社、一九九九年。

クリステヴァ、ジュリア『恐怖の権力〈アブジェクション〉試論』、枝川昌雄【訳】、法政大学出版局、一九八四年。

デリダ、ジャック『コーラ プラトンの場』、守中高明【訳】、未来社、二〇〇四年。

ドゥルーズ、ジル『意味の論理学』、岡田弘ほか【訳】、法政大学出版局、一九八七年。

永井均『ウィトゲンシュタイン入門』、筑摩書房、一九九五年。

中村佑子『マザリング 現代の母なる場所』、集英社、二〇一九年。

バクストン、レベッカ【編著】『哲学の女王たち もうひとつの思想史入門』、向井和美【訳】、晶文社、二〇二一年。

ベルクソン、アンリ『物質と記憶』、杉山直樹【訳】、講談社学術文庫、二〇一九年。

森崎和江『大人の童話・死の話』、弘文堂、一九八九年。

第5部
ともにある

第14章 喪失という攪乱
死別を中心に

中 真生
Mao Naka

はじめに

死別をはじめとする自分の大事なものの喪失は、ふだん顧みることもないほど当たり前になっている日常や自分にとっての世界が、根本的に揺るがされる経験であると言える。それらがじつは当たり前ではなかったこと、もろくて危うい均衡の上につかのま成り立っていたものであることを、失った後から思い知らされる。こうした、世界が覆るような動揺は、死別がその最たるものではあるものの、喪失の経験一般に通底する側面だろう。喪失経験には、深刻な病気、身体の一部または機能の喪失、離婚など関係の喪失、失職、故郷の喪失など様々ありうる。また戦争や災害、犯罪、体制の崩壊などは、大小多くの喪失経験を生み出す背景となる。同じ出来事でも人や状況によって受ける衝撃は異なるだろうが、それらがまさに青天の霹靂として経験されることは少なくない。それまでの自分や世界を失ってしまったように感じたり、あるいは同じはずの自分や世界の見え方が一変してしまったように感じうる。本章は、明示的には死別を中心に考察することになるが、じっさいには、右のように経験されるあらゆる喪失経験を含む、より大きな喪失の範疇のうちに死別を位置づけ、死別がそれらの喪失経験と地続きのものであることを念頭に置きながら考察していく。

死別に関する研究は、フロイト（Sigmund Freud, 一八五六－一九三九）が「喪とメランコリー」で触れて以来、精神分析や心理学、精神医学、社会学などの分野で着々と積み重ねられている。それらの多くは、死別によって生じる悲嘆に焦点を当て、あるいはそこから立ち直る過程や方法を考察するものである。しかし本章では、残された人の悲しいとかつらいという思いそのものを対象にするのではなく、大事な人やものをなくす事態は、それら当人の視点からどのように捉えられ、経験されているのかを描きとることを試みる。

1　あるとないから考える

1.1　あるからないへ

自分にとって、あって当たり前、いて当たり前のものがなくなることは、喪失体験と呼ばれる。それは、自分の大事なものや人が、あるからないへと移行するのを経験することだと言える。この移行を「理解」するのは、思いのほか難しい。それどころか、人には最後まで、本当には理解できないのではないか、とさえ思う。あったものがなくなること、有が無になることを。だから私たちは、たとえば、生活のほぼ全てだった学校生活を、卒業することで失った場合であれば、当時の級友と会ったり、同窓会を開いたりすることで、それは完全になくなったわけではない、会いたいときはいつでも会える、共有している思い出を語り合うことができるなどと思うことで、無意識にでも自分を慰め、不可逆な現実の衝撃を和らげようとする。故郷にもいつでも帰れると思うことが慰めになり、何ものも決定的に、完全に失われたわけではないと信じ、あるいはごまかすことができる。

しかし、どのように見方を変え、慰めを得ようとしても、旧友や故郷のように形を変えてあり続けているわけではなく、決定的になくなってしまうこと、そしてそれが痛切に、文字通り痛みや傷として経験されるのが、自分の大事な人や動物の死であろう。少し前まで確かにあり、自分にとってはそれがあることが当たり前で、それを前提に自分自身や、自分の生活が成り立っていると感じていたものがなくなる。自分の存在することと同じくらい確かなものがなくなる。自分は相変わらずあるのに。

私たちはその大事な人やペットがいないことに耐えられず、死後の世界と死後の存在を何らかの形で信じて慰めを得ることがある。それは、あるの世界を延長して、亡くなった人をも違う形でそこに包含しようとすることだと言えるだろう。むしろ、大事な人が完全に無になったと考えることの方が難しいのではないか。気持ちの上でも、自分にとって理解可能な世界を維持する上でも。

このように、あるからないへの移行、越境は、人間には理解し難いように見える。そのものに思い入れがあればあるほど。それというのも、あるの中にとどまらざるをえない私たち人間には、あるものしか本当には考えられず、想いを向けることができないからではないか。逆に、ないはずのものを考え、それに気持ちを向けることで、亡き人をある意味で、あるものにしてしまっているとも言える。生きている時にあるのとは別の仕方で。

1.2　あるとないのあいだの不均衡

あるからないへの移行が不可解なのはなぜかを、もう少し考えてみたい。誰か大事な人がなくなったとき、その人がまだいたときに生じた思い出、感情、想いなどを引き連れて、その人がいなくなった今も、何かしらに帰属させたくなる。帰属させるのが自然だと思えてしまう。それなのにそれができないのを不可解に感じ、フラストレーションを募らせるということがあるだろう。大事な人は、今はない。

その人やものへの想いはいまだはっきりとある。それどころかそれらがなくなったことで、今まで意識されず、背景に押しやられていた想いまでが表に出てきて、溢れ出す。それなのに、その想いが向かう先の対象がなくなっている。対象に関する想い、愛情、記憶などは過剰なほどこちら側にあるのに、それが帰属するはずの当の対象がない。ないものを強く思い、ないものを欲することが果たして可能なのか。ないものについては、本来、考えることも、想いを向けることも、欲することもできないのではないか。このあるとないのあいだのちぐはぐさが、私たちの理解しがたさの核にあるのではないか。

残された人が自分自身の生活を前に進めるためには、なくなった人への様々な想いをなくすように努めるか、ほかへ向けるか、あるいは無視するかしかないように思える。それでも他方で、その人の記憶や感覚は薄れさせたくないし、その人を何らかの形で思い、気遣えることが、いっときの慰めになる面もある。言いかえれば、一方で、あるとないとのちぐはぐさをないの方に揃えることで解消したいと望むが、他方で、自分の故人への想いまでもなくしてしまいたくはない。もしそうしたら、故人が今度こそ完全にないものになってしまうように感じる。

身近な人を亡くした人々に聞き取りをした、哲学者で臨床家のアティグは、右のような彼らのちぐはぐな感じと、そこから生じる矛盾した思いや葛藤を次のように代弁する。

私たちが誰かをその人の生前に気づかっていた場合、そのひとがいなくなってしまったら、私たちの気づかいはどうなるのか。違う形で、なおも気づかうことができるのだろうか。(『死別の悲しみに向き合う』、以下『向き合う』と略記)

ボビーへの愛を抱いたまま暮らしながら、ボビーに別れを告げるすべをどうやって見つけるのか。(同書)

フロイトは、残された人が感じるこのような、あるとないのちぐはぐさに注目し、リビドーという概念を用いてそれを表現したと言える。「喪とメランコリー」で彼は、故人への思いの宛先がないことによるフラストレーションが、死別による悲嘆の中心にあると考える。彼によれば、私たちはふだんリビドーと呼ばれる一種の心のエネルギーを、愛する人、大事な人に向け、注いでいるが、その人が亡くなるとそれが叶わなくなり、リビドーは行き先を失ってしまう。それが死別の悲しみや困惑の源にある。しかし残された人は、その中でもがきつつ、しだいに亡くなった人に向けられていたリビドーをその人から切り離し、ほかの対象に向けられるようになるとも彼は考える。その過程が「喪の仕事」と呼ばれる。

私たちが注目したいのは、フロイトが死別の悲嘆を、リビドーの宛先がなくなり、リビドーが行き場を失い滞留しているイメージで描き出した、その点である。このイメージは、死別した人の感じるやるせなさ、先に私たちが、あるとないの不均衡と呼んだものをよく表していると言えるだろう。死別の悲嘆がそのように描かれ、説明されるからこそ、それに続く「喪の仕事」の課題が、こちら側の記憶や想いなどが過剰なほどあることと、それを帰属させられるはずの当のものがないこととの不均衡をどのように解消するか、残された人がその不均衡にどう折り合いをつけ、自分自身の生の方に向き直ることができるようになるか、であることになる。つまり、リビドーの故人からの切り離しと、ほかの対象への向け換えである。

ただ、フロイトがリビドーを故人から切り離し、別の対象に向け換えることが悲嘆のさしあたりの目標だと考えたことに対しては、のちに様々な批判的乗り越えが試みられる。故人との「継続する絆」を主張する論者たちは、故人から愛着を切り離してほかのものに向け換える必要は必ずしもなく、むしろ残された人は、故人とのあいだに生前とは別の形の関係を作り直すに至るのだと考える。私たちの観点から見ればこのことは、ないはずのものを何らかの形であるの世界へ位置づけ直し、ないもののための「場所」を、あるのうちに見出すことだと言ってよいだろう。故人は、生きている者と同じようにあるわけではないが、それでも、たとえば、あの人ならどう言うだろうなどと思い返され、参照される対象として、または傍にいてくれる、見守ってくれるなどの感覚を通して、あるのうちに位置づけられうる。

1.3　あるをはみ出していくない

しかし他方で、亡くなった人は、おとなしくあるのうちに位置づけられたままにはならない面もある。ことあるごとに、やはりあの人はいないのだという絶望や虚無感が沸き上がってくるのは、いないという厳しい事実、生きてあるのとはやはり違うという事実を折々に突きつけられるからだろう。あるいはまた、あるのうちに位置づけてしまえばしまうほど、逆に、あの人は私が思い出し、想像し、作り上げた像にとどまるのだろうか、そんなはずはない、という物足りなさ、手応えのなさを感じる。自分が一番求めてやまない、亡くなった人の、自分を凌駕する「他者性」が欠けているのを感じてしまうと言ってもよいだろう。

『ナルニア国ものがたり』で有名な、作家で英文学者のルイスは、愛妻を亡くした後に書き始めた日記の中で、自分が妻のイメージを作ってそれに焦がれれば焦がれるほど、彼女の「他者性」を削いでしまう焦りともどかしさを吐露している。

彼女の死後ひと月も経ぬというのに、私の思うH［妻］をますます想像上の女性にしてしまう営みが知らぬ間にゆっくり始まっているのを感じる。［…］彼女を描いたはずが、どうしても、ますます私自身の創作になりはすまいか。本物のHが、徹頭徹尾、私ではなく彼女自身であることによって、実にしばしば私を牽制し、制止した、あの現実はもはやないのだ。［…］強烈な切れ味の、彼女の他者性はどこかへ行ってしまったのだ。［…］それ［妻のイメージ］はこっちで糸をあやつれる人形なのだ。［…］イメージはますます、どうしようもなく従順になり、退屈なほどわたしに従属してゆくほかない。（『悲しみを見つめて』一部改訳、［ ］内は引用者）

あの人は私の作った像になど収まるはずがない。収まるならあの人ではない。そんなふうに、大事な人を冒瀆し、矮小化してしまっている疚しさを感じてしまうのだろう。故人をあるのうちに生前とは違う形で位置づけ直すことで、つかのま保たれていたかに見えたあるとないの均衡が、こうしてふたたび揺さぶられ、あるとないのあいだの溝が際立つことが起こる。まるである側からない側へ、いっとき橋が架けられては、また外されるかのように。均衡を取り戻しては乱されるというこの繰り返しに、残された人は翻弄されてしまう。

2　世界へのかかわりに与える影響

2.1　世界へのかかわりの前提としての故人

第1節では、大事な人の死を、あるからないへの移行という点から考えてきた。そのせいで、もしかしたらその大事な人が、あたかも自分の対峙する対象のひとつであるかのような印象を与えたかもしれない。一面では確かにそうだが、他方で、大事な人は、単に他の物や人たちと並ぶ対象のひとつにはとどまらない。その人は同時に、自分が世界に働きかけ、世界のうちでふるまう時の前提、あるいは条件にもなっている点を見落とすことはできない。

小さい子どもの場合が一番顕著だろう。たとえば、親が自分を気にかけてくれる、そのことに下支えされた自分が、世界に向き合っているという側面がある。こんなことをしたら親はどう言うだろうと考えながら、それを背景に背負って行動しているところがある。成長するにつれてその側面はずっと奥に引っ込むだろうが、それでも多くの場合、なくなりはしない。それが親（だけ）でなく、恩師や、親友や恋人の場合もあるだろう。さらに長じて、自分自身の子どもがそのような存在になることも少なくない。

ふるまいの前提になるのは、よいものばかりとは限らない。たとえばつねに否定されて育ったため、何をするにも自信がもてないとか、世界を悲観的に見てしまうという場合のように。またもっと日常的に、一緒に暮らしているパートナーや家族などと、知らないうちに、あるいは日々の交流を通じて、考え方やふるまい方、ものごとの味わい方などを共有したり、相互に影響を与え合ったりしていて（これもまた肯定的なものだけとは限らない）、その共同に形作られたものが、ふるまいの前提になっていることも多いだろう。

いずれにしても、世界内の無数に存在するものたちの一部――家族や親友、恩師など――は、このように、ただ私たちの面前に他のものたちと同じ位格であるだけでなく、その手前でも、私たち自身の考え方、感じ方、ふるまい方、生き方、総じて存在の仕方に影響を与え、それらを形成するという仕方で、私たち自身との境界が定かでない、いわば融合した仕方でも存在していると言えるだろう。つまりその人は、残された人にとって、単に自分の目の前にある対象のひとつであるだけでなく、自分とともに、あるいは自分のがわにあり、自分自身と分かちがたい仕方で、世界へのかかわり方、ひいては自分自身の存在の仕方を形成しているものでもあると言える。そうだとすれば、そのような人をなくすことで、これまでの自分のふるまい方、生き方が立ち行かなくなってしまう可能性が高い。というのも、その人がなくなることで、私にとっての世界の中身が変わるだけでなく、世界の現れ方そのもの、私の世界へのかかわり方そのものもまた、変容するのだと言えるからである。世界が私にとって帯びる意味が変わってしまう、と言ってもよいかもしれない。

ジャノフ＝バルマンは、「前提」(assumptions) という言葉を用いて、ある種の死別も含むトラウマ的出来事について次のように考える。私たちはふだん、世界はそこそこ安全で、自分の努力や働きかけである程度変えることができる、そして極度に悲惨なことはそうそう起こらない……といった土台となる楽観的な信頼を、世界や自分自身に対してもっている。ところが災害や、ガンなどの深刻な病気、レイプ、そして愛する人を(とくに死期が迫っていたわけでもないのに)亡くすなどのトラウマ的出来事を経験すると、その前提が、じつは幻想だったことを思い知らされる。世界は脅威に満ちていて、自分の力が及ばないことがほとんどであり、今後もどんな悲惨なことでも起こりうる、と考えるようになる。こうして私たちは、大切な人や健康、家財、自尊心……などを失うとともに、それらが形成し、支えてくれていた世界や自分への素朴な信頼をも失うことになる。次項では、そうした経験のひとつである、身体の一部を失う場合をとりあげてみたい。

2.2　死別と身体の喪失――共通性と相違

これまで見てきた、私たちが世界に働きかけるときの基盤に影響を与えているものとは、じつは身近な他の人間だけではない。メルロ＝ポンティにとっては、他の人間以前に、あるいはそれと混ざり合う仕方で、私たち自身の身体がそのようなものである。彼にとって、私たちの身体は、単に世界のうちのひとつの物ではなく、自分がそれによって世界と関わることができるようになる前提であり、条件を成すものである。

そうだとすれば、身体の一部を失うことが、死別の経験と多くの点で類似しており、それらが重ね合わせて理解されるのもうなずける。パークスは、手足の切断と配偶者との死別について、「あまり細かい相違を問題にしなければ」、「これら両者の状況を同じ研究分野と見なすのは適切である」(『死別』)

と述べる。死別者も肢切断者もともに、自分が世界に働きかけるための基盤を失うのであり、身近な人や自分自身の身体に依拠して形成していた世界へのかかわり方を失うのだと言ってよい。たとえば、家族とともに何気ない日常を共有すること、あるいは何不自由ない身体で旅行やスポーツを楽しむこと、それが可能な自分、それが可能だった世界を失うのである。この点で両者は深く共通しており、彼らの苦しみや困惑が逆に、喪失以前には意識することの少なかった側面、つまり、いかに大事な人や自分の身体が自分自身の世界の解釈の仕方、世界へのかかわり方を支えていたかを教えてくれる。

ただ、パークスが指摘するように、両者の違いもある。そのひとつは、私たちが手足を失った場合、身近な人を失った時に故人を恋しく思うようには、手や足そのものを恋しく思い、その幻影を追い求めることはほとんどない点である。このことは、彼が指摘するように、切断者が「本当に喪失した」のは、手や足以上に、「以前にその失った手や足で行っていた機能」であり、ひいては、その機能に支えられて成り立っていた自分や世界へのかかわり方であることを示しているだろう。たとえば、以前と同じように生活したり、運動したりすることができない。それが難なくできる自分ではもはやなく、同じ世界へのかかわり方は二度とできない。そのことが苦しいのである。とはいえ先の違いも、身体が、私たちが世界にかかわる際の前提を形作っているという、故人との共通の側面をいっそう際立たせている。

2.3 馴染みの世界と現実のずれ

そうであればこそ、喪失した人はしばらくのあいだ、故人も、切断した手足も、頭ではもうないことを理解しつつも、感覚としてはまだ近くに(あるいはともに)存在しているように感じ続ける、ということが起こり得る。肢切断者が感じるこの肢の「存在」は「幻影肢」と呼ばれ、メルロ＝ポンティの思想で重要な役割を果たしている。また彼自身が、幻影肢を死別の場合になぞらえている次の箇所がある。

彼［切断手術を受けた人］が自分のその［切断された］脚を見失わないでいるのは、彼が依然としてその脚を考慮に入れつづけているからであり、それはあたかも、プルーストが自分の祖母の死をはっきりと確認しながらも、依然として彼女を自分の生の地平に保持しているかぎりでは、まだ彼女を失ってしまったわけではいないのに相似ている。（『知覚の現象学』、［ ］は引用者、以下同様）

ここでは、脚を切断した人と祖母を亡くしたプルーストが、失ったものを保持している仕方が似ているとされる。前者は、現実には脚はないのに、その脚を考慮に入れた世界へのかかわり方をいまだに保持しており、一方プルーストは、現実には祖母はもういないのに、祖母が当たり前に組み入れられた世界を保ち続けている。そして喪失で激変した現実よりも、喪失以前から馴染み、当たり前に拠り所にしていた世界のうちに、彼らは住み続けようとしているのだ。

そもそも私たちは、ふだんから、現実か馴染みの世界かの二者択一ではなく、このふたつを重ね合わせて生きている。メルロ＝ポンティはこのことを身体の次元で考察して、「習慣的身体」（意識しないでも身体に染み込んでいる身体のあり方／動かし方）と「現勢的身体」（その都度の現実の身体のあり方／動かし方）と呼ぶ、ふたつの層の重なり合いにそれを見る。それらふたつのあいだにずれが生じるたびに修正し、寄り合わせながら、私たちは世界に働きかけている。たとえば、乗り慣れていない自転車に乗るとき、最初は動きがぎこちなくなるけれど、徐々に新しい自転車に合った体の動かし方を身につけ、しばらくすれば違和感なく乗れるようになる時のように。

ところが、そのふたつのあいだのずれがあまりに大きく、また現実が受け入れがたいものである場合、すぐには両者を調整できず、現実と大きく乖離した馴染みの層のうちに、しばらくのあいだ生き続けることになる。幻影肢はそのひとつの現れである。死別の場合にも同様のことが言えるだろう。故人がいなくなってしまった世界が、頭では理解していても現実とは思えず、感覚としては、長年かけて故人の染みこんだ馴染みの世界の方に、なおも生き続けている。とはいえ、いつまでもその世界にとどまることもまた難しい。いつも座っていた場所に故人がいないことに気づくなど、現実の世界とのずれが見え隠れするたびに、故人や手足がもうない現実を突き付けられる。その繰り返しの中で、やがて（人により異なるが）、ふたつの世界のずれを苦労して解消し、寄り合わせようとする模索が始まることになる。

2.4　世界へのかかわり方の再編成

前節で見た、ずれを解消していく模索とは、死別者も肢切断者も、故人や自らの手足とともに形成していた、自分のあり方や世界へのかかわり方に対する固執を、時間をかけて徐々に緩め、新しい現実に即した世界へのかかわり方などを再編成していく過程だと言える。故人がいなくても、手足がなくても、それらがあった過去や幻想に閉じ込もって生きることなく、現実の世界にとっかかりを得て、世界に働きかけることができるように変えていく。それを通して、一度はばらばらになった自分と世界へのかかわり方を、ふたたび立て直す必要があるということである。

先に見たジャノフ－バルマンは、トラウマ的出来事の経験者たちが、苦しみを少しでも和らげ、生きていけるようになるためには、失った大切な人やものなしで、自分や世界についての諸前提を作り直す必要がある、そしてその過程で新たに形成された前提に、自分が経験したトラウマ的出来事を組み込む必要があると考える。そのために有効なのが、自分の経験を「解釈する」ことだと言う。解釈は、誰かに語ることを通じて、あるいはルイスのように、書くこと、また苦しみもがく中で、あるいは出来事に関連することを連想した時に、考えることなどを通じて行われるだろう。そこには、なぜそれはほかの人ではなく自分に起こったのかを「解釈する」ことも含まれる。解釈には、答えも終点もない。だから、咀嚼すること、と言いかえてもよいかもしれない。解きほぐし、結び付け、毎回違うところ、あるいは同じところに、違う角度から光を当てる。様々な理由や意味を見出し、理解しようと試みる。この繰り返しを通じて、耐え難い出来事を、そして大切なもののもはやないことを受け容れ、現在の世界の中に自分が安心できる居場所を再び作り、前に進めるようにする。これを本章の言葉で、世界へのかかわり方を再編成すること、と言いかえてもよいだろう。

2.5 故人との絆

喪失するのがものではなく人間である死別の場合には、先述のことに加え、次のような側面もあるだろう。それは、大切な人を失ったという、自分に起こった出来事を解釈するだけでなく、故人そのものを解釈するという側面である。故人はどのような人で、その人生はどのようなものだったのかを繰り返し解釈すること、また故人と自分の関係や、共にした経験などを解釈することである。そのことが、新しい自分や世界についての前提を作り直すのを助けてくれることがある。たとえば故人の終わってしまった人生を、またある場面のふるまいや言葉を、意識的に、あるいは何かのきっかけで不意に、様々な角度から解釈し吟味することで、毎度新たな発見をしうる。そして解釈は、常に思考や言葉を通すとも限らない。ある人々は、故人の大事にしていた仕事や意志、関心を引き継ぎ、自分自身のものとするふるまいや姿勢を通じて、その人をより深く理解していくことだろう。いずれにしても、故人の死後も、そのように故人から影響を受け続けうる。あるいは残された人の変化がまた、故人の人生の解釈に影響を与えるという仕方でも、故人との関係は築き直され、更新され続ける。

死別研究において、大事な人が亡くなったとき、その人への想いや、その人との関係はどうなるのか、徐々に消え去るのか、あるいは形を変えて保たれるのかについては、立場が分かれる重要な争点のひとつになっている。フロイトが、故人との絆を断ち切り、その分、ほかの関係にリビドーを注ぐようになることが喪の仕事の目標だとしたのに対し、故人との絆は断ち切られる必要はなく、むしろ多くの場合、形を変えて維持されるのだと考える人々がいる。また、親子をはじめパートナーなど親密な関係に生ずる「愛着」に注目したボウルビィは、故人との愛着の絆は、質を変え、再組織化されることで、故人のいない現実とも齟齬をきたすことなく、保たれうると考えた。つまり、無理に故人との絆を断ち切ろうとする必要はない。故人を形を変えて想いつづけながら、現実世界で新しいパートナーを得たり、自分自身の生にまい進することは、可能であるばかりか必要でもあるのだ、と。

先に引いたアティグも同様に、「故人との絆を断ち切る必要はない。必要なのはその絆の質とそれが人生において占める位置を改めることだ」（『向き合う』）と言う。そして、そのように故人との関係の質を変え、新たな世界へのかかわり方に組み込むことは、故人の人生を解釈し、しかもたえず解釈し続けることによって可能になると彼は考える。

> 故人を愛し続けることは、展開されつくした人生の物語を読み、解釈し、その物語と動的に作用しあいながら生きるようなものだと考えよう、と私は提案する。（同書、一部改訳）

以上見てきたことは、1節末尾で述べた、ないをあるに組み入れること、とも言いかえられるだろう。ただ、そこではまだ触れていなかった重要な点がある。それは、故人との関係を形を変えて保ち、自分の新たな世界へのかかわり方の中に組み込む営みが、自分自身の過去も含めた生の解釈と、生への向き合い方をも変えていく動的な相互作用だという点である。解釈の営みはそのように、故人の生と「対話しつづけること」だとアティグは考える。

だとすると、フロイトから離れて、改めて考えられる喪の仕事とは、故人や故人への想いに背を向けることで、残された人が今を生きていけるようになることだけではない。そうではなく、故人に関心を向け、故人の性格や言動、終わった人生を解釈し続けることで、関係の質を変えつつもそれを保つ。そしてそのように築き直された絆が、残された人が世界へのかかわり方を再編成するのを助け、現在を生きていけるように後押しする、そのような方向もありうるのだと言える。残された人による絶えざる解釈によって、故人の人柄や人生の現れ方が変容し、そのことが翻って、残された人の現在に影響を与えもする、そうした円環がそこにはある。

1節での、あるとないという観点を用いて言い直せば、あるからないへと橋を架け、ないものとの関係を築くことが、ある側のあり方に影響を与え、それを絶えず変容していく。この意味で、故人の生は終わったものの、固定され不変なわけではない。まるで読み応えのある本を何度も読んで咀嚼し、そのたびに新たな解釈を得るように。確かに、解釈することは傷口をえぐるような営みであり、時にはそれを避けることで自分を守る必要もあるだろうが、同時に、解釈することが、たとえわずかでも、癒しや、新たな洞察、生きる指針を得ることにもなりうる。痛みを感じながらも、繰り返し解釈し続けることが、故人との関係を編み直し、翻って自分自身をも解釈し直し、咀嚼し、変容させていく、という相互作用である。

1節末尾で述べたような、あるからないへと橋を架け、架けては外されるという揺り戻しは、こうして見てくると、必ずしも単なる徒労ではなく、この終わることのない解釈の営みの、別の姿であったと言えるだろう。自分が生き続け、成長したり衰えたりと変わり続ける限り、解釈の営みは終わらない。生の様々な局面に応じて、それまでとは異なる視点や意味が見出されうるからである。たとえば自分が親になったり、別の喪失を経験したりするたびに、あるいは自分が衰え、死を目前にした際に、故人は似たような状況で、こう考え、感じていたのかもしれない、などと思いを馳せ、発見し、解釈を重ね続ける。

したがって、あるとないとの不均衡、大切なものがあった世界とそれらを失った現実の世界とのあいだの隔たりは、喪失と不在の苦しみを生み出す源でもあるが、その隔たりを埋め、それらを結び合わせようとする模索それ自体が、故人との絆になっているのだとも言える。その模索は言いかえれば、あるからないへと、たとえつかのまであっても橋を架けようとすることであった。移ろいやすいが、想いを馳せるかぎり消え去ることもないこの故人との繋がりが、大事なもののもうないことを組み込んだ現実の世界を生きていこうとする人たちを、後押ししてくれるように思える。

■ 文献

アティグ、トマス『死別の悲しみに向き合う』、林大【訳】、大月書店、一九九八年。

ジャノフ-バルマン、ロニー『打ち砕かれた前提　トラウマの新しい心理学に向けて』(R. Janoff-Bulman, *Shattered Assumptions: Towards A New psychology of Trauma*, The Free Press, 1992.)。

パークス、コリン・マレイ『改訂　死別——遺された人たちを支えるために』、桑原治雄、三野善央【訳】、メディカ出版、一九九三年。

メルロ＝ポンティ、モーリス『知覚の現象学Ⅰ』、竹内芳郎、小木貞孝【訳】、みすず書房、一九六七年。

ルイス、クライブ・ステープルス『悲しみを見つめて』、西村徹【訳】、新教出版社、一九七六年（C.S. Lewis, *A Grief Observed*, Faber & Faber, 1961.）。

第15章

不可視性と共同体の倫理

アウグスティヌス「説教」九九における聖書解釈から

佐藤 真基子
Makiko Sato

もし私たちが目に見えないものを信じないなら、人間社会そのものが、調和が失われることによって、立ち行かなくなるだろう。

アウグスティヌス「見えないものへの信仰」

はじめに

次の引用は、「ルカによる福音書」七章三六節から五〇節で語られる話の、始まりの部分である。

さて、あるファリサイ派の人が、一緒に食事をしたいと願ったので、イエスはその家に入り、食事の席に着いた。見よ、この町の、一人の罪深い女が、イエスがその家で食事の席に着いているのを知り、香油の入った石膏壺を持って来て、泣きながら、イエスの足元に背後からたたずみ、彼の足を涙で濡らし始め、髪で拭い、彼の足に接吻し、香油を塗った。イエスを招いたファリサイ派の人はこれを見て、「この人がもし預言者なら、自分に触れているこの女が誰で、どんな人か分かるはずだ。罪深い女なのだから」と思った。(「ルカによる福音書」七章三六節–三九節)

想像してみてほしい。ある男が、客を自宅に招き、食事会を催している。彼の名はシモン、ユダヤ教の一派であるファリサイ派に属する者だ。食卓には、数人の人々と共に、巷で評判の、人々が預言者と言って称えるイエスが招かれている。そこへ突然、招かれていない女が、会の主催者であり家の主人であるシモンに断りもなく入ってきた。そしてイエスのもとに近寄り、泣きながらその足に触れている。女の動作はまるで、神殿で行われる祭儀をそこで行っているかのようでさえある。予期しない女の侵入に、シモンらその場にいた人々が驚いたことは想像に難くない。

彼らが驚いたのは、女の行いばかりではない。その女は、罪深い女として知られていた。彼女はおそらく、人々が広く共有し重視していた社会的、宗教的、倫理的規範に反した者として知られていた。ファリサイ派のシモンなどその規範の指導者層にある人は、そうした、「罪深い」とみなされる人に触れたり一緒に食事をしたりするべきではないという考えにも従っていた。それゆえ、人々に教えを説き、預言者とも言われるイエスが、女に触れられるのを斥けないことも、シモンらにとっては驚きであった。そこでシモンはこう推論した。教えを説く者であるからには、この女が触れるのをよしとするはずはない。彼女が触れるのを斥けないイエスは、彼女が罪深い女であることを知らないのだ。そんなことも知らないのなら、イエスは預言者ではないはずだ。

もしあなたが、シモンと同じ規範を共有しているのでなければ、たとえ同じ出来事を目撃したとしても、シモンとは別様に考えたかも知れない。しかし、それぞれの抱く規範意識に従って人や出来事について推測し、判断することは、誰にも馴染みがあるだろう。例えば、年長者の言うことに逆らってはならないと考えている人が、それに背く行為をする人を見て、適切な教育を受けていないのだと推測し、組織内で役職を与えるに値しない人物であると判断する。結婚は異性の二人の間の関係であるべきだと考える人が、それに反する文化について、病的なものと推測し、治療や矯正が必要であると判断する。こうした例は、現代社会においても枚挙に暇がなく、自分が判断される側である場合もあれば、判断して、その判断を正しいものとして疑わずにいる場合もある。

シモンの場合、「イエスは女が誰であるかを知らず、預言者ではない」と推測したが、実のところその推測は間違っていた。イエスは女が誰であるかを知っていた。相手が「罪深い者」であることを知りながら、触れ合い、彼らと共に食卓を囲むこと(食卓共同体)をむしろ重要視したイエスの姿、そしてそれを避けようとする律法学者やファリサイ派の人々に批判的な彼の姿を、ルカはこの箇所以外にも、その福音書で繰り返し記している。今、この論考で注目したいのは、この聖書の箇所でシモンによって表象される、忠実に規範を守り、それに基づいて考えながら、間違った推測に陥ってしまうことがある、私たち人間の姿である。シモンも、自ら好んで間違った推測をしたわけではない。何が彼の推測を誤らせたのか。そしてその何が問題なのか。このことについて考察しているアウグスティヌスの議論を参照しながら、倫理に関わる人間の判断と共同体のあり方について考えてみたい。

1　倫理的正しさを自負する人の盲目性

1.1　自己の存在についての理解の欠如

アウグスティヌス（Aurelius Augustinus, 三五四－四三〇）は、四世紀から五世紀の地中海世界に生き、その思想は、中世以降の西洋思想に大きな影響を与えた。著作の他、彼がキリスト教聖職者として行った数多くの説教の一部も、写本を通じて残されている。その内、四一一年頃のものと推測される説教の一つ（「説教」九九）は、先にその始まりの部分を引用した、「ルカによる福音書」七章三六節から五〇節についてのもので、そこでアウグスティヌスは、「罪深い女」の知とシモンの無知の対比を強調している。すなわち、女はイエスが誰であるか（人間以上の存在で、罪を赦すことができること）を知っており、且つ、自分が、イエスによってこそ赦されるべき罪を負った人間であることも知っていた。それに対してシモンは、イエスが誰であるかを知らず、彼自身がイエスによってこそ赦されるべき負債を負った人間であることも知らずにいた、というのである（「説教」九九、二－六節）。

ここではまず、シモンが、イエスについてのみならず、彼自身についても知らずにいたという指摘の根拠を確認し、シモンが負っているという「負債」が何であるかについてのアウグスティヌスの解釈を確認しよう。アウグスティヌスの指摘の根拠は、次のとおりである。シモンが間違った推測をした先述の場面の後、イエスはシモンに向かって、一つのたとえ話を語る。それは、債権者によって多くの負債を免除された負債者と、少ない負債を免除された負債者を、イエスに多くの愛を示した罪深い女と、そうはしなかったシモンにたとえた話である。より多くの負債を免除された負債者の方が、より多く債権者を愛する（感謝する）ことを示唆するこの話をした上で、イエスは、「赦されることの少ない者は、愛することも少ない」と語る。シモンに向かって語られたこのイエスの言葉は、解釈を要すると思われる。というのも、女と比べてシモンの罪が少ないことを咎めているように聞こえるからである。ならば、より多く愛するために、赦されるべきことを増やせとでも言うのか、もっと罪を犯すべきであるとでも言うのか。そういうシモンの反論があってもおかしくない。そこでアウグスティヌスは、イエスがここで指摘しているのは、シモンの罪が少ないことではなく、シモンが自分には罪が少ない、あるいはまったくないと「思っている」ことなのだと解釈した(同、六節)。シモンはそう自負していることによって、彼自身も罪深い女と同様にイエスによって赦されるべき負債を負う者であるのに、それを知らずにいた、と言うのである。

しかし、シモンにしてみれば、自分に赦されるべき負債があるなどと指摘されることは心外であろう。かの女は、罪を犯した(*com-mittere*)からこそ、赦し(*dis-mittere*)も問題となる。それに対して自分は、規範を守り、倫理的に正しく生きてきた。いったい自分の何が赦されるべきであると言うのか。こうしたシモンの思いは、自分は規範を守り、倫理的に正しく生きてきたと自負する多くの人にとって、共有し得るものではないだろうか。規範を守り、正しく生きてきた人に対して、罪人と同様に赦されるべき負債を負っているなどと指摘することは、たしかに一見したところ、的外れであるように見える。いったい、規範を守って生きてきた者についても、負債があるとみなす主張の根拠はどこにあるのか。

アウグスティヌスは、この当然予想される問いを念頭におき、シモン、ないし、自身についてシモンと同様に考える私たち一人ひとりに対する神の語りを想定して、次のように述べる。「おまえが姦淫を犯さないでいたのは、そうするように説得する者がいなかったからであり、おまえを説得する者がいなかったのは、私(神)がそうしないようにしたためである。場所と時間がなかったのだ。そして場所と時間がないようにしたのは私(神)である」(同、六節)。アウグスティヌスがここで指摘しているのは、人がこれまで罪を犯さず正しく生きてきたとしても、それはそのように生きること(存在すること)ができる場所と時間を与えられたからであって、その人自身の功績なのではない、ということである。自身の功績ではなく、そのような存在のあり方をよしとし、存在に至らしめた者(万物の創始者、神)のお蔭であり、その点で、罪を犯さずに生きてきた人は、神に借りがある（負債を負っている）と言うのである。「万物の創始者」を想定する、こうしたアウグスティヌスの存在論は教条的で、一見共有し難く感じられるかも知れない。しかし、何かが存在するとき、それが必ずしもその存在者自身の意志によって生じるのではないことは、信仰や信条とは関係なく多くの人にとって共有し得る理解ではないだろうか。じっさい、私たちは、あと何年生きたい（存在したい）と望んでも、寿命が思い通りになるものではないことを知っている。望まずに病気になったり命を失ったりする可能性を誰もが持っている。自らの環境や、身近な人との関係も、今日、街角で誰に遭遇するかも、自らの意志が決定し、存在せしめているのではない。しかし自らの意志によるのでないにしても、どういうわけか、人は生きている限りあらゆる瞬間において、その存在を享受し、他者との関係のダイナミクスの只中に置かれている。こうした、受動的なあり方を免れ得ない自らの存在についての理解の欠如を、アウグスティヌスは、自分は神に負債などないと考える人、すなわち、正しく生きてきたことを自身の功績と考える人の心に見出しているのである。

ここで留意する必要があるのは、「場所と時間」が受動的に与えられるからといって、自由意志が無いような仕方で（いわば奴隷的意志によって）、人間が行為を強制されているとは考えられていないことである。姦淫を犯すよう「強制する者がいなかった」、ではなく、「説得する者がいなかった」という先述の表現が示唆するように、あらゆる条件は本人の意志によらずに与えられたものであるとしても、それが強制でない限りは、姦淫を犯すか犯さないかという最終的な決定は本人に委ねられているとアウグスティヌスは考えている。そうであるとすれば、罪を犯さずに生きてきた人に一定の功績を認めてよいようにも見えるが、「説得する者がいなかった」シモンと、そうではなかった女を対比させるアウグスティヌスは、人それぞれに与えられた環境、すなわち「場所と時間」の違いを重視している。彼のこうした見方は、同時に生まれた双子でさえ、その人生においてはまったく同じ場所と時間を生きるわけではないことを根拠に占星術を否定する議論（『告白』七巻六章）とも通じている。それぞれに与えられた条件（場所と時間）が違うからには、ある人が仮に倫理的に正しく生きて来られたとしても、それを他の人よりも優れた自分の功績であるかのようにみなすことはナンセンスである。アウグスティヌスは、人間がそれぞれに生きる生の固有性、かけがえのなさについての理解の欠如をシモンの心に見出していると も言えよう。

1.2　目に見えないものを信じる心の欠如

このように、アウグスティヌスは、存在（そこにおいて人が倫理的に正しく生きることができる場所と時間）を神に負っているという意味での「負債」を、シモンは自らが負っていることを知らずにいたと解釈した。ではこう解釈する場合、負債を免除されること、すなわちその「赦し」とは何を意味するのか。アウグスティヌスはこの説教の中で、負債を免除されることは、自由な者（*liberi*）となることであると述べている（「説教」九九、五節）。また、自らの負債を自覚しないシモンのような人を、「自らの肉的欲から自由へと導かれ出るのを怠っている」と評してもいる（同、四節）。ここで言われている「肉的欲（*concupiscentia carnalis*）」は、一時的には快楽を得るとしても、究極的には当人を喜びから遠ざけるような欲がそれに当たる。「肉的」という表現は霊と肉を対比させるパウロの言説に由来するもので、精神と身体の対比とは別であり、「肉的欲」は身体的欲求に限らない。健康を害するほどの食欲や理性に従わない性欲の他、賭け事への依存的愛着などを例として挙げることができるかも知れない。私たち人間はしばしばそうした欲に囚われて、善いことや善い程度が何であるか分からなかったり、善いと分かっていることを行えなかったりするものだが、アウグスティヌスはそうした、愛すべきものを適切に愛さずにいる心の状態を、肉的欲に囚われた不自由なものとみなし、「赦し」を、そうした心の状態からの解放として理解しているのである。

この理解に基づくならば、シモンの「負債」とその「赦し」は次のように説明できるであろう。すなわち、シモンはその固有の存在を与えられ、規範に反することなく正しく生きてこられたのもその与えられた存在のお蔭である点において、存在の与え手である神に負債を負っている。そのことを自覚し、神を愛する（感謝する）ならば、その負債は赦されていると言える。なぜなら、このとき、愛すべき（感謝すべき）対象を愛しているからである。しかし神を愛さずに、正しく生きてきたことを自分の功績とみなすならば、その愛は自分自身に向かっており、愛すべき対象を愛していない。すなわち、「肉的欲」の支配下にあり、「負債」は未だ赦されていない。こうしたシモンの心を、アウグスティヌスは、「自らの肉的欲から自由へと導かれ出るのを怠っている」と評し、あるべきあり方をしていない自らの愛に囚われながらもそれを自覚せずにいる人の盲目性を指摘したのである。

「負債者」であるのはシモンばかりではない。先述の言説において、イエスはシモンと「罪深い女」とのいずれをも「負債者」にたとえ、罪の赦しを負債の免除として語っている。負債を免除すること（χαρίζομαι）と罪を赦すこと（ἀφίημι）は聖書のギリシア語原文では別の言葉であるが、アウグスティヌスが用いたラテン語訳の聖書では同じ言葉（*dismittere*）でもあり、「負債」と「罪」は密接に関係づけられている。（「負債としての罪」は、旧約聖書の一部と新約聖書でしばしば示される概念である。）したがって、「罪」の概念を、規範に背く行為を行ったか否かによってその有無を判断するものとして捉える限りなら、シモンの「負債」と女の「罪」は比べようもなく、イエスの言説が示唆する両者の「負債者」としての共通性を見出すことはできない。この問題を解決するためにアウグスティヌスが注目するのが、先に言及した「肉的欲」という表現が示唆する、人間の愛のあり方である。すなわち、愛すべきものを適切に愛しているか否かによってその有無が判断されるものとして「罪」の概念を捉えることによって、彼は、シモンと女のいずれをも、肉的欲の支配からの解放（自由）としての「赦し」を必要とする人間として、等しい土台に立たせている。

この「罪」の概念に基づいて解釈するなら、女が自らの「罪」として見出したのは、自らの愛のあり方である。アウグスティヌスは「説教」九九とほぼ同時期に執筆した著作において、「何を行うべきか、何を目指していくべきかが分かり始めても、（当人が）それを喜んで選び愛するのでなければ、それを行い、維持し、善く生きることはない」（『霊と文字』三章五節）と述べて、倫理に関わる行為の背景に愛の志向性があるという考えを示している。たしかに女は、その人生において、規範に背く罪を犯すよう「説得する」人や環境の中にあったかも知れない。そしてそのような状況を被らずに済んだシモンのような人と比べて、自らの不遇を恨んだこともあったかも知れない。しかし「強制」でなく「説得」である限りは、説得への同意、罪を犯さないよりも犯す方を選びよしとする彼女自身の心があったはずである。「罪」をみとめた女は、規範に背いた自らの行為の背景に、あるべきあり方をしていない自らの愛があったことを自覚したのだと解釈できる。

女がその「罪」の「赦し」を求めてイエスのもとに来たことは、彼女が、自身の力によって愛すべきものを愛するようになることができる、善く生きることができるとは考えていなかったことを示していると言ってよいだろう。そして、自らが善く生きることができるようになるためには、神の助けが必要であるという認識をもっていたと考えられよう。どういう過程を経て女がそうした認識を得たかは分からない。しかし次のように考えられるかも知れない。アウグスティヌスは先述の『霊と文字』において、自由意志も、律法（ユダヤ教社会で共有されている規範）も、愛（*caritas*）も、神によって与えられるものであり、そのお蔭で人は善く生きる可能性に開かれていると論じている（同、二章四節－五章七節）。たしかに、自由意志は、それによって人は悪く生きることもできるが、善く生きる可能性にも開かれていることを意味している。律法は、それによって人は自らの罪を自覚することができる。そして自由意志も律法も、努力して獲得するものではなく、人間であれば誰もがそれを有し得るとみなされるものである。いわば先述の「場所と時間」同様、存在の創始者（神）が人間に与えたものであり、それは神が人間に、善く生きる可能性を与えているということである。こうした神から人間への愛があるからこそ、人間は神を愛する可能性にも開かれている。アウグスティヌスはそれを愛（*caritas*）と呼んでいる。かの女も、自らがすでに有しているものは与えられたものであり、そのお蔭で自らもまた善く生きる可能性に開かれているという認識を持っていたのかも知れない。こうした、人間が善く生きることを可能にする、人間を愛する者としての神への愛が、女をイエスのもとに走らせたのではないだろうか。

この時、女がどうして、他ならぬイエスが神であると知ったか（信じたか）を聖書は語っていない。しかしアウグスティヌスは、「あの罪深い女は、主の内に、何かは（私には）分からないが、多くを見ていた」と述べて、女がイエスの内に一定の知を得ていたという考えを示している（「説教」九九、七節）。その知は、身体の目では見ることができないものに、いわば心の目を向けることによって得られるものだと思われる。というのも、これまでの議論が示したように、アウグスティヌスは、自らの行為の背景にある心のあり方に目を向けた女の知と、心のあり方に目を向けず、その結果、自分自身のことについてさえ知らずにいたシモンの無知の対比を強調しているからである。シモンは規範に背いた行為にのみ注目して彼女を「罪深い」とみなし、罪を自覚し善く生きようとしている彼女の心の内に気づかずにいた。シモンはイエスについても、「罪深い女」の接触を拒まない、その規範に背く行為にのみ注目し、預言者ではないという間違った推測に陥った。アウグスティヌスは、身体の耳では聞こえないものを聴くイエスの知にも言及している。すなわち、イエスは言葉に発せられない女の「告白」を聴き（同、一節、一三節）、シモンの心の声を聴いていた（同、三節、七節）。たしかに、神が知るのと同じ仕方で人が他人の心の内を知ることはできないかも知れない。しかし、そこに目には見えない、身体の感覚では捉えられない何かがあるかも知れないと信じ、それが何であるかを知ろうと努めることはできる。あるいは感覚で捉えられることの限界を自覚して、見えるものだけに基づいて人を裁くことを控えることもできる。女やイエスの知と対比させてシモンの無知を強調するアウグスティヌスは、シモンに、目に見えないものを信じる心の欠如を見出しているのである。

2 共同体と倫理

2.1 規範にしたがって人を排除する分断的思考

さて、アウグスティヌスがそう描写するように、女が知っていることをシモンが知らず、イエスが誰であるかについてシモンが間違った推測をしたところで、その何が問題なのであろうか。少なくともシモン自身に困っている節はない。彼は規範を守り、倫理的に正しく生きてきた。そうではない女のこれまでの生き方と比べれば、共同体の平和の維持という点で望ましいようにも見える。しかしアウグスティヌスは、まさにその共同体の平和の維持という点で、シモンのあり方に問題を見出している。彼は、「彼らは、『私から遠ざかれ、私に触れるな、私は清いのだから』と言う」という「イザヤ書」（六五章五節）の言葉を引用し、シモンはこう言って人を排除する「高慢な人たちの類だ」と述べている（「説教」九九、二節）。「イザヤ書」の言葉をシモンに関係づけることによって、シモンのもつ、「罪深い」人とそうでない自分の間を分けて自らを上位に置き、接触を避けて分断する傾向を強調しているのである。彼は更に、同じ「イザヤ書」の言葉を、自らの論敵で、キリスト教の異端とみなされたドナティスト派にも関係づけている（同、八節）。ちょうどこの説教の前に開かれた会議（四一一年六月、カルタゴで三回にわたって開かれた）において、ドナティスト派は、歩み寄りはおろか、アウグスティヌスらと同席することさえ拒んだ。このことに言及し、共同体に分断を生みだすものとして彼らを批判しているのである。

当時のアウグスティヌスにとって、共同体の分断についての危機感は、ドナティスト派をめぐるキリスト教内部の問題だけではなかった。蛮族がローマを略奪し、市民を恐怖と混乱に陥れたのは四一〇年のことであった。四一三年から公刊し始めた『神の国』の冒頭では、彼はこの四一〇年の出来事に触れ、不安定な情勢の原因をキリスト教徒に帰して非難する異教徒の存在に言及している（第一巻一章）。共同体の平和が、様々な側面で失われつつある現実に、アウグスティヌスは直面していた。そして、あるべき共同体のあり方に反する、「地の国」の人々のもつ特徴として彼が『神の国』で繰り返し言及するのが、シモンにもその表現を帰している、「高慢」(*superbia*)である。『神の国』の序文でアウグスティヌスは、「(地の国は、)人々が服従してもなお支配することを渇望し、支配欲(*libido dominandi*)によって自らが支配されている」(同、第一巻序)と評している。「地の国」に属する「高慢な人々」が、共同体の階層構造の中で自らを上位において人々を支配しようとする過度な欲を持ち、その欲によってむしろ自らが囚われ自由を失っている(のにその自覚がない)ことを指摘しているのである。「肉的欲」に囚われながらもそれに気づかずにいるという、「説教」九九におけるシモンの描き方と一致していることが分かる。

アウグスティヌスが、シモンのあり方を、共同体に分断を生むものとして問題視していることに留意すると、目に見えないものを信じる心の欠如をシモンに見出し強調していることも合点がいく。というのも、彼は既に小論『見えないものへの信仰』(三九九年頃)で、見えないものを信じる心は、安定した共同体の形成にとって不可欠であるという考えを示しているからである。この議論の中でアウグスティヌスが見えないものの例としてはじめに挙げるのは、友情である。彼は次のように論じている。見えないものへの信仰を要請するからと言ってキリスト教を嘲る人たちでさえ、見ることも聞くこともできない、友人の意志を信じている(二節)。友人の言葉や行為がその意志を示すと反論する人もいるかも知れないが、言葉や行為は確実にその意志を証明するものではないし、例えば友人のために命を賭すような、意志の証明となる行為も、友人の意志を信じるからこそ為され得るのであって、行為による証明の前に信じる心がある(三節)。友情について言えることは、家族や親族間の愛についても同様で、愛が目に見えないからと言って信じなければ、人間関係は混乱に陥る(四節)。歴史上の事柄や、行ったことがない場所についての事柄など、見たことがなくても私たちが信じている事柄は多い(四節)。したがって、「もし私たちが見えないものを信じないなら、人間社会そのものが、調和(*concordia*)が失われることによって、立ち行かなくなるだろう(*non stabit*)」(四節)。「説教」九九においても、見えないものを信じる心を欠く者としてシモンを特徴づけるアウグスティヌスは、シモンのあり方がイエスや女に対する友情の欠如、愛の欠如と結びついており、それは共同体の調和を損ない、安定性（*stabilitas*）を揺るがし得るものであると認識していたと考えられる。

しかし、おそらくシモン自身は、自分のあり方が共同体の安定性を揺るがし得るなどとは思っていなかった。むしろ、規範に背く人の行為こそ、共同体の安定性を揺るがすものだと考える人は、現代社会においても多い。アウグスティヌスも決して、律法を無視し、規範に背いてよいとみなしているわけではない。彼は、律法は、人が自らの罪を自覚するために、そして自らの意志の弱さを知るために（『霊と文字』九章一五節）必要であると述べている。彼が批判しているのは律法そのものではなく、その律法によって自らの弱さを知ることもなく、むしろそれを使って人を分断し、自らを人より優位に置こうとする人の高慢である。その分断は、単なるグループ分けではなく、階層的関係に人を固定し、下層に置かれた人の自由を奪うものだとも言えるであろう。じっさい「説教」九九でアウグスティヌスは、罪を赦された女に対してイエスは「行きなさい」と言った（「ルカによる福音書」七章五〇節）のに対し、ドナティスト派は罪を負った人に対し、自分たちが罪を赦してやるから「来なさい」と言うのだと述べている（「説教」九九、八節）。「行きなさい」と言われた女は自由を得たのに対し（同、五節）、後者は「来なさい」と言う者の支配下に置かれ、自由を得られないことを示唆している。過度な支配欲を持つ者が、その支配欲によって自分自身が支配されてもいるという先述の見解も含めて考えるなら、こうして分断された社会においては、誰も自由な者がいない、ということになるだろう。このように固定化された共同体の不安定さ、はかなさを、当時アウグスティヌスは目の当たりに見ていたのである。

2.2　見えない愛、見えない共同体

「説教」九九でアウグスティヌスが、あるべき共同体の形成を阻むあり方をシモンに見出していたと

すれば、彼は、「罪深い女」とイエスに、あるべき共同体の形成に適したあり方を見出してもいたのではないだろうか。それが何であるかを概観して、本章を締めくくろう。まず注目したいのは、いかに等しくイエスが人を愛していたかをアウグスティヌスが強調していることである。彼は、聖書でイエスが自らを医者に例える表現（例えば「ルカによる福音書」五章三一節）に倣い、イエスは女ばかりでなく「彼（シモン）のことも癒すことを強く望んでいた」（「説教」九九、三節）と説明する。もちろんこの癒しとは赦しのことであり、シモンが愛すべきものを愛するようになることを指している。さらにアウグスティヌスは、負債者のたとえ話はシモンだけでなく、食事会で同じ食卓についていた他の人たちも共に癒されて欲しいという意図を持って語られたのだと論じている（同）。そしてさらに、「良医は現在の病人を癒すだけでなく、将来の病人をも予見していた」（同、八節）と言って、ドナティスト派を癒しの対象に含め、さらには、「人間は、治療を必要とする病人に他ならない」と主張して、イエスの愛は時代を超えてあらゆる人間に等しく及ぶという考えを示している。債権者と負債者のたとえに加えて、医者と病人のたとえを用いることは、癒したい医者と癒されたい病人という、相互に循環する愛の関係のイメージを喚起するためにふさわしかったのであろう。イエスの愛のもとに形成される共同体は、時代も場所も超越し、癒し（赦し）を求める者として同じ方向に向かう愛を持つ人々の共同体なのである。

この、医者と病人の関係で語られる神と人間の関係において、たしかに神は階層的上位に置かれるが、上位にある神なるイエスの、シモンや女の心の声を「聴き」、「行きなさい」と言って自由を与える姿を指摘するアウグスティヌスは、階層的上位にある者のあるべき姿を見出していると思われる。彼は、『神の国』において、帝国の支配者と市民の関係や、主人と奴隷の関係など、社会の中に存在する一部の階層的関係を人間の罪の結果として否定的に捉えてはいるものの、それら階層的構造の破壊が必要であるとは主張していない。しかし、その構造上上位にある者が、「支配欲（*libido dominandi*）」によってではなく「世話をする愛（*consulendi caritas/consulendi officium*）」によって下位にある者と関わるべきであるとの考えを提示している（『神の国』第一五巻七章、第一九巻一四章）。「説教」九九では、自分の方へ「来なさい」と言うドナティスト派の高慢を指摘した上で、アウグスティヌスは、聖霊（イエスとならび、神の位格の一つ）は人間の方へ「来た」のであると繰り返し述べている（一一節）。彼は、高慢な支配欲によって人を階層構造の中に固定する共同体のあり方とは異なり、上位の者が愛をもって積極的に下位に降り、人には「行きなさい」と言って自由を与えるような、いわば愛（*Caritas*）に突き動かされる動的な関係の中に、安定性を持つ共同体のあり方を見出しているのである。

こうした、相互に循環する愛の関係の中で人に与えられる「自由」は、本章の前半で確認したように、愛すべきものを愛し、善く生きる自由である。ただし人は、自分が愛すべきものを愛している、善く生きているという固定的な知を得ることはできないと思われる。じっさい、かの「罪深い女」は、イエスのたとえ話によれば「負債を赦された者」であり、赦されたからこそ赦した者を愛し、イエスのもとへ来て愛情深いもてなしを行った。しかしイエスに愛を示したこの行為は、彼女にとっては赦しを求める行為でもあり、じっさいイエスは「あなたの罪は赦された」と言って彼女に赦しを与えた。このことは、赦しと愛、すなわち、善く生きる自由が与えられることと善く生きる自由を求めることが常に互いを生むものとして入れ替わり、一度与えられたからもはや求める必要はないということが起こらないことを示している。いわば、与える者の愛と与えられる者の愛が融合する瞬間の中に、善く生きるという「倫理的」生が現れる。じつに、「ひょっとして私は自由なのかもしれない」（斎藤『私は自由なのかもしれない』）という仕方で出現するのだ。瞬間には時間の幅がないからには、それを人は見ることができない。しかし、そうした自由の可能性に開かれた瞬間を生きるそれぞれの人の心の内に、アウグスティヌスは、あるべき共同体を形成する「調和の結びつき（*vinculum concordiae*）」（『神の国』第一二巻二二章）が生まれ得る場を見出しているのである。

おわりに、に代えて

斎藤慶典『私は自由なのかもしれない』に学ばなかったら、私はアウグスティヌス「説教」九九に、「不可視性」、「倫理」、「自由」、「共同体」といったテーマを読み取ることはできなかったと思う。本章で論じたアウグスティヌスの議論を、アーレント、斎藤の議論と照らして吟味することは、紙幅と私の力量の不足により本章では叶わなかった。その楽しみを読者諸氏に委ねたい。

・文献

アウグスティヌス「説教」九九（*Sermo 99*）

――――『告白』（*Confessiones*）

――――『神の国』（*De civitate Dei*）

――――『霊と文字』（*De spiritu et littera*）

――――『見えないものへの信仰』（*De fide rerum quae non videntur*）

斎藤慶典『私は自由なのかもしれない――〈責任という自由〉の形而上学』、慶應義塾大学出版会、二〇一八年。

冒頭の「ルカによる福音書」の引用は *Novum Testamentum Graece, Nestle–Aland,* 27版から、アウグスティヌスの引用はMigne版（Patrologiae Cursus Completus, Series Latina）から訳出したものである。『告白』『神の国』『霊と文字』『見えないものへの信仰』の邦訳は『アウグスティヌス著作集』（教文館）各巻に所収されている。

第16章 自由と政治
〈ただ共にある〉ことを護る

斎藤 慶典
Yoshimichi Saito

はじめに

私たちの生きるこの現実の根底には、自由がある。この自由は、根源自由、応答的自由、限定的自由へと変貌を遂げつつ、私たちの現実をより「よい」方向に導いてくれる可能性を秘めている。この可能性は、政治の内で「純粋な可能性」として護られることで揺るぎないものとなる。この筋途を、以下でスケッチしよう。

1 根源自由

「何か」が〈現に〉「ある」。「ある」ところの「何か」が、そのようなものとして〈現に〉姿を現わしている。これが、私たちの世界の原初の佇まいだ。世界というすべてはこの次元から、そしてこの次元からのみ、発する。このことをかつてデカルト(René Descartes, 一五九六－一六五〇)は「われ思う」あるいは「私にはそのように見える」(『省察』(一六四一年))と表現し、フッサール(Edmund Husserl, 一八五九－一九三八)は「超越論的主観性＝領野」(『イデーンⅠ』(一九一三年))と、ハイデガー(Martin Heidegger, 一八八九－一九七六)は「現に(da)」(『存在と時間』(一九二七年))と表現した。そこにおいて世界が今・ここで＝現にという仕方で(時空的に)開け、「ある＝存在」が「何か＝存在者」として現象する。これはすなわち、この次元を根底で統べているのが「ある＝存在」であることにほかならない。すべては「ある」のであり、その「ある」が〈「ある」ところの「何か」〉としていわば溢れ出たところに成り立つのが、私たちのこの現実なのだ。

そのようにして「ある」すべてを前にして私たちの思考が発する第一にして最後の問い、すなわち究極の問いが、「なぜ、すべては「ある」のか」「「ある」であって「ない」ではないのか」だ。ライプニッツ(Gottfried Wilhelm Leibniz, 一六四六－一七一六)はこれを「形而上学の第一の問い」と名づけた。少し考えてみれば明らかなように、この問いに答えはない。ありえない。もし「ある」に根拠が「あれ」ば、それもまた「ある」のだから、「ある」の根拠ではありえない。その「根拠」が「ある」のはなぜかをあらためて問わなくてはならず、以下どこまでもこの遡及が続いて、いつまでたっても答えに辿り着くことが叶わないのだ。

「ある」に根拠は「ない」。「ある」はそれを根拠づけ、条件づけ、その制約となる一切から解き放たれた無条件的なものなのである。「ある」はいかなる制約によっても規定されない「自由」なものなのだ。世界がその原初にして根源において自由以外の何ものでもないこと、世界の根底をなす「ある」の自由、これを「根源自由」と呼ぶことにしよう。「なぜ」ということなしに「ある」が与えられていること、すなわち「ある」の贈与、その「到来」(venir)という「出来事」(événement 到来するもの)の無条件性、つまり今「根源自由」と呼んだ事態、これに言及することをジャック・デリダもまた忘れてはいない。忘れていないどころか、このことこそ彼の思考の端緒をなすものであることをこれから明らかにしよう。「何よりも出来事こそが、その在り方の根本からして無条件的なものなのだ。それも、その出来事性において無条件（＝自由）なのである」（『ならず者たち』）。

2　積極的＝応答的自由

私たちの現実がその根本において自由であることが、「何か」が〈現に〉「ある」ところ（の今・ここ）で明らかとなる。だが、そのことも含めて、〈現に〉「ある」ところのもの／こととして姿を現わすすべての「何か」は、あくまで何らかの特定の視点（それに対して何かが姿を現わす原点）に対してのみ「ある」。すなわち、現われは徹頭徹尾パースペクティヴ的なものである。このパースペクティヴがそこから開ける原点それ自体は、「ある」ところの何かではないことに注意しよう。「ある」ところの何かがそれに対してのみ姿を現わす虚焦点、それがこの原点だ。世界には、その原初の佇まいにおいてすでに、いわば穴のようなものが開いている。世界がそこからその外部に抜けてしまうような、穴である。と同時に、この穴から、世界はその現出のエネルギーをくみ取ってもいるに違いない。

「ある」ところのすべてがそれに対して、その無条件性＝自由において姿を現わすこの原点の下に（傍らに）、それらすべてを（そのパースペクティヴ的な現われにおいて）そのようなものとして受け止め・担い・「はい」（me voci 私はここにいます）と応える（応じないことができない）何者かが立ち上った可能性がある。確かにそこには、誰かが佇んではいないだろうか。この誰かとは、いったい何者だろうか。だが、そのような者の存立は、あくまでその可能性の内にとどまっている。なぜか。ここには少なくとも三つ、定かでない事柄が定かでないままであり続けているからである。

第一に、「はい」と応えるその者は、いったい何に対して応じているのか？「ある」のすべてを受け止め・担い・以てそれに対して応じる次元は、「ある」がそこから到来した次元である以上、「ある」の外部、「ある」の他者、「ある」の否定としての「ない」となるほかないが、「ない」に対して「応じる」「応える」ということが成り立つだろうか。だが、他人に対しては言うに及ばず、端的な「ない」かもしれない（あるいは、単なる「ある」への回帰かもしれない）死に対してすら、私はしかじかの振る舞いをなす／した者として、おのれが何者で「ある」／「あった」かを証ししてしまうのではないか。そのような「証し」としておのれを差し出すことは、もはや不可避ではないか。

第二に、〈現に〉が（「何か」として「ある」）すべての最終的な起源をなす次元として唯一無二のものなら（デカルトもフッサールもハイデガーも、そのように考えた）、そこで〈現に〉姿を現わしたすべてをおのれの下に担って応じる何者かもまた唯一無二の者となるが、そのような唯一無二性は（一切の比較の対象がないのだから、単なる錯覚や思い込みと区別がつかないのだから）、はたして成立するだろうか？それは、各人が各人なりの仕方で「あった」、「生きた」ということ（数多性 plurality）と何が違うのか。だが、世界が〈現に〉姿を現わすそのさまを、そのパースペクティヴにおいて現われるがままに見て取り・受け止めた者は、その原点に位置する私以外ではないようにも思われるのだ。

第三に、この「はい」という肯定は、おのれに対して姿を現わしたすべてを当の原点が「よし」として受け止め、おのれの欲したものとして担うがゆえの、したがってその意志以外の一切の制約なしの、すなわち自由なものとなるが（ニーチェ（Friedrich Wilhelm Nietzsche, 一八四四－一九〇〇）はこれを「運命愛」と呼んだ）、はたしてそのような自由など存在するだろうか？すべては何らかの制約の下で、そのようなものとして受け入れざるをえないものだったのではないか。私が自ら欲したと思っても、それは（本能その他によって）欲するように「させられた」のではないか。「させられた」のであれば、それは自由でない。だが、私が何かを、ただ私がそれを「よし」としたがゆえにのみ欲するということは、一切不可能なのか。私のなすことはすべて、何から何までそう「させられ」ているというのは本当だろうか。

私の自由に関するこれらすべての疑念に対して、それらを斥ける決定的な証拠を私は挙げることができない。世界の内で生ずるすべてには、それがそのように生ずるに相応しい・然るべき根拠(原因)を挙げることができるように思われるからだ。自然の根底に原因と結果の必然的結合を看て取る近代自然科学は、そのようにして大きな成果を収めたのではなかったか。だが同時に、何ごとかを「よし」と欲し、以て肯定する私の思い＝意志に、それに対応する因果の系列(たとえば、脳内の電気的過程と神経経路を伝わる電気的刺激)を指定することができても、このことは当の意志が物理的・電気的過程によって規定されていることを必ずしも意味しない(一見このことを証明したように見えるB・リベット(Benjamin Libet, 一九一六－二〇〇七)の研究がその目的を果たしていない点については、『生命と自由』第1章で論じた)。

そうであれば、自由はなお可能であり続けている。ただしそれは、それを斥ける決定的証拠も、それを立証する決定的論拠もないままに、そうなのだ。何ごとかを「よし」と欲する私の思いが〈現に〉姿を現わしていること、それだけが「確か」なのであり(デカルトが「われ思う」に認めた強い意味での不可疑性だ)、ここを出発点として自由をその可能性の内で護り続けることが決定的なのである。このような自由を、(先の「根源的自由」と区別して)「積極的＝応答的自由」と呼ぼう。この自由は、その反対項として「現実」をもたない「純粋な可能性」の内に厳としてその存立を維持している(カント(Immanuel Kant, 一七二四－一八〇四)が思考＝理性に対してのみ姿を現わす「叡知界」においてその存立を認めた自由とは、このような自由のことだった)。

3　自由の拮抗と共存

さて、私の生きる〈「何か」が〈現に〉「ある」〉世界の内には他人たちも「ある」「何か」の一類型として姿を現わしており、生の維持・再生産に有用なもの・有害なものとのやり取りの中で、彼らとも日々やり取りが行なわれている。生命という存在秩序においては他人たちもこの有用・有害のカテゴリーの中に包摂されており、彼らの恣意的・無法則的な振る舞いは私の生存を脅かす有害なものとなりかねない。そうであれば私はその他人に対して、自らの個体としての生存の確保のために私の近隣から立ち去ることを要求できる。この要求に他人が従わないなら、強制的に他人を排除することもやむを得ない。もちろん、その力があればの話であって、私にその力がなければ逆に私がその他人によって排除される。T・ホッブズ（Thomas Hobbes, 一五八八－一六七九）の言う「自然状態」における「万人の万人に対する戦争」状態である。

だが私たちには、これとは別の途も開けている。常に互いが生存の脅威に晒され続けている戦争状態に代えて、互いの生存を脅威に晒す危害を加えないと約束し合うのである。もしこの約束が守られるなら、絶えず他人たちによる危害に晒され、それへの警戒と対策を怠ることのできない状態に比べて、はるかに生命にとって「よい」状態が実現する。このことは、力の弱い者にとっては言うに及ばず、現時点で力の上で優位に立っている者にとっても、間違いなくより「よい」。将来、それら他人たちが力をつけてこちらを襲う可能性は、常にあるからだ。広義の理性によるこうした計算に基づく約束は、両者が理性を共有しているかぎりで、確かに可能である。このような約束によって私と他人たちは一つの共同体の成員となる。すなわち、「根源契約（社会契約）」によって自然状態から「市民（ないし国民）状態」へと移行する（この間の事情は、たとえばカント『永遠平和のために』（一七九五）を参照）。

だが、これだけではない（かもしれない）。先に、私が自由な者として〈現に〉「何か」で「ある」すべてを担って「よし」として立つ可能性について触れた。もし私にそのことが可能なら、その私と同類のようにも見える他人たちもまた、ひょっとしたらそうなのかもしれない。だが、そのような他人が自ら「よし」と欲してなした何らかの行為が、それ以外の者たちの自由を阻害するかもしれない。そうであれば、私の自由と他人たちのそれを、すなわち複数の自由をその可能性において（あくまで可能性において）両立・並立させる何らかの仕組みの下にそれらを包摂する以外に、自由の存立する余地はない。

　複数の自由が並立しうる仕組みが要請される理由は、もう一つある。私とは、（その最も基本的なあり方においては）〈現に〉「ある」「何か」がそれに対して姿を現わすパースペクティヴの原点だった。この原点が開かれることなしには、世界は決して現象しない。つまり、「何か」が〈現に〉「ある」という事態が成り立たない。ところが、〈現に〉成立しているこの世界には、私が位置しているのとは別の所にもこの原点が開けているかもしれなかった。私が〈現に〉アクセスできるのは当の私が占めている原点から以外ではないが、この唯一無比の〈現に〉に至る別の原点が他人たちの下にも開けているのかもしれない。それらの原点に対して〈現に〉世界がどのように姿を現わしているかは、一つのこの原点でしかない私には一切「見えない」。

　とはいえ、唯一無比にも見える〈現に〉に他人たちや他のものたちが姿を現わしており、それらと私がその現われを介してやり取りしていることは間違いない。〈現に〉姿を現わしている「何者か」の背後に隠れてそれら別の原点が「見えない」以上、開けているか否か定かでないし、どのようにそれらに対して世界が〈現に〉現われているかも定かでないこれら原点は、このやり取りにとってあってもなくてもよい遊び駒のようなものだ。しかし、それが開けている可能性はやはり排除できない。しかも、私が〈現に〉私が占めているこの原点であることに何の根拠も見出せない以上（私は1世紀のローマに生まれてもよかったし、25世紀の中国に生まれてもおかしくない。そもそも存在しなくても別に不思議はない）、私がそれら別の原点で〈現に〉「ある」可能性も排除できない。このことは、自由な者としての私はいつ・どこで・誰の下においても存立しうることを意味する。つまり、自由の存立を擁護するためには、可能なすべての原点に対して等しく（平等に）、それを認めなければならないのである。

4　法の下での消極的＝限定的自由

かくして、この自由の次元においても、その存立のためには互いが約束を交わすことが不可欠となる。この目的の達成は、自由を、それが他の自由を侵害しないかぎりで互いに保証するという約束による以外にない（「各人の自由を他のすべての人の自由と合致させる条件へと制限すること」（カント「理論と実践に関する俗言」））。自由の観点の下でも、自然状態から約束を経ての市民状態への移行は、より「よい」のである。と同時に、この移行地点は、力の論理（弱肉強食の下での生命の維持・再生産）に基づく戦争状態から市民状態への移行に、自由の次元が合流する地点でもある。なぜなら、自由の存立を目に「見える」形で、つまり実効的に保証するためには、一方の自由が他方の自由に対して（市民共同体の維持に必要最低限の場合を除いて）何ら強制を加えないことを約束するほかないからだ。何を「よし」として自らの自由を発揮するかは当の私の意志以外にその源泉をもたないから、予め約束のしようがない。約束できるのは、そのような自由の発揮を先の最低限の必要以外では阻害しないということだけなのである。このようにして約束によってその存立が実効的に保証された自由が「法」(Recht) 的自由、すなわち「権利」(Recht) としての自由であり、カントに倣ってこれを「外的な」自由と呼ぶこともできる。

彼はこの外的・法的な自由を「他人の強制的恣意からの独立」と定義づけた上で、次のように述べる。「自由は、これが他の各人の自由と或る普遍的法則に従って両立しうるかぎり、あらゆる人間にその人間性に基づいて帰属する唯一の根源的な権利である」（『人倫の形而上学』）。今や自由は外的自由として、誰の目にも明らかな「唯一の根源的な権利」として法の下でその存立を保証されたのである。このとき「よさ」を追求する自由は、（それが他の自由を損なわないかぎりで）「正しい」(recht) ものとなったのだ。法が「誰の目にも明らかな」次元に属すること（翻って、積極的な意味での自由は「道徳性」という「内的」次元にとどまること）については、次のように述べられる。「法的共同体を形成するような人間的法則は目に見える行為の適法性だけを目指して立てられていて、［…］（内的）道徳性を目指しているわけではない」（『単なる理性の限界内における宗教』）。

ここで確認しておくべきことがある。生命と自然の論理（力の論理）によるにせよ、自由の論理によるにせよ、約束する者は、そこで約束される事柄に相手を服させると同時に、自分もまた服すのでなければならないから、その「服す」ことにおいて等しい者でなければならない点だ。「何びとも他人を何かに法的に義務づける〔約束される事柄に服させる〕ためには、自分が逆に他人によって相関的に同じような仕方でまた義務づけられる可能性があるという法則に同時に服することなしにはそうしえないようにするところの、人々相互の関係」、これをカントは「外的（法的）平等」（『永遠平和のために』）と規定している。約束される法にこのような仕方で互いに等しく服することで設立された共同体においては、それら約束を交わした人々は等しく当の共同体の設立主体となる。民主主義とは、こうした平等な「人々（people 民）」を設立主体とする統治制度なのである。

カントはこのようにして設立された統治制度を「共和制」と呼んで、次のように総括している。「共和制とは、第一に社会の構成員の（人間としての）自由の諸原理に従って、第二にすべての人間の（〔法に服する〕臣民として）唯一であり共同的である立法への依存の諸原則に従って、第三に彼ら人間の（市民としての）平等の法則に従って、設立された体制」（同）である。つまり、①自由を護るために、約束によって②法を立ててそれに服し、その下ですべての人々が③平等であるような体制が、ここに成立したのである。

5　法の支配への異議申し立て

定立された法は機能しなければならない。約束は履行されねばならない。だが、単なる約束はしばしば反故にされる。実行が伴わなければ、契約は意味をなさない。したがって、約束＝法は強制的に（力を以てでも）実行され（実効的で）なければならない。かくして法を執行する機関への権力の付与、これを以て共同体の体制形成は完了する。この共同体は、その設立主体である「人々」の一般意思を集約して個別の法を定立し（立法機関がこれに当たる）、執行機関（政府）にその実現を委ねる（法に関わるこうしたすべてが適切に運営されているかを監督する機関が、司法である）。

この一連の過程において一般意思の集約の仕方や法の執行の仕方に人々から見て不適切な点が認められれば、人々はその各々に対して異議申し立てないし抵抗する権利を保証される。とりわけ、法の執行にあたっては権力という力が行使されるため、不当な力の行使を被らないためにも異議申し立てないし抵抗の権利の保証は、人々の自由を根源に据える民主主義にとって不可欠の装置と言える。そのため、近代政治哲学においてもこの抵抗権をめぐっては、それを認めないホッブズから、何らかの仕方でそれを認めるロック（John Locke, 一六三二－一七〇四）やルソー（Jean-Jacques Rousseau, 一七一二－一七七八）に至るまで多くの議論が費やされた。カントにとっても異議申し立てを認める発言の自由、すなわち「言論の自由」による抗告権は、決定的に重要である。「言論の自由こそは、国民（「人々」）の権利のための唯一の保証（守護神）である」（「理論と実践に関する俗言」）。

だが共同体における力の行使をめぐる問題は、こうした共同体内の権利をめぐる問題にとどまらない。では、力の行使をめぐって、なおどのような問題があるのか。外的・法的に権利を保証された平等な人々の定立自体が、或る種の力の行使とはじめから一体化している点である。そもそも、契約による法の定立以前には、単独で世界のすべてを担って他者へと向かう／応じる私の自由は、あくまで「純粋な可能性」の内にのみ垣間見られるものにすぎなかった。また、ここで私の向かう「他者」は、「何か」として〈現に〉「ある」すべてに回収できないかもしれない次元を孕むかぎりで、他人から死や無にまで及ぶ。つまりこの次元における他人は、一方で、世界内に姿を現わす他のものたちと同様、有用・有害の基準で測られる存在者にすぎないと同時に、他方で、いかにしても私の（限定・規定の）力が及ばない強い意味での「他者」性を孕んでもいる可能性があるのだ。そうであれば、ここには私と他人の間に根本的な非対称性がある（少なくとも、同型性を予め前提できない）。

ところが、法に基づく共同体である民主主義体制の根底に置かれているのは、すでに根源的権利として保証された自由をそれぞれが等しくもつ複数の人々（市民・国民）なのである。無限定な他者ないし無に（そんなことが本当に可能かどうかも定かでないままに）単独でおのれを差し向けんとしている私と、根源的権利としての自由をすでに付与されたこの複数の平等な人々との間には明らかにギャップ・断絶があり、この断絶を一挙に跳び越える形で、いわば力づくで人々に根源的権利が付与されている。無限定な他者と単独者でしかない私のいずれもが、強引に「平等な人々」に回収されていると言ってもよい。

しかも、ここで単独者たる私と無限定の他者を等しい人々（私たち）へと回収した力は、法の定立に際してはじめて姿を現わし作動するのだから、この意味で法の定立に先立っていることになる。そうであれば、その力は何ら法の定める「権利」によって正当化されていない「非合法＝不正」ないし「没合法」な力以外ではない。それは不正な力の行使、すなわち暴力と見分けがつかないのだ。「〔共同体を〕設定＝創設する行為が孕む前－合法的暴力〔法に先立つ力の行使〕、いまだ厳密には非合法ではないにせよ没合法的な暴力によってこそ〔法と政治という〕制度が存在するようになるのだが、この暴力が打ち出されるのはまさに〈〔法＝〕政治的なもの〉そのものの「本質」のようなものとしてであり、少なくともそれなくしては〔法＝〕政治も制度もなくなってしまうだろうし、単に自然だけがあることになってしまうだろう」（ベニントン「創設」）。「民主的平等を歴史的に見れば、それは同一者同士に限定されてきたのであり、主として国民国家の領土の境界線内部に囲い込まれた市民に限定されてきた」（チャー「『デモクラシーの時ならぬ秘密』」）。ここで行使される「没合法的な暴力」は、非合法＝不正な暴力がそのようなものとして告発されることを可能にする力、この意味で単なる自然の力を超え出ているが、なお法＝政治以前に位置する力だ。この力は、生と力の論理の延長線上にある計算する理性と、自由の可能性を思考し実践する能力である理性の、二つの顔をもつ。

逆向きの二つの顔をもつ双面神ヤヌスの如きこの力は、いったいどこからやって来たのか。今見たように、その出どころは、根源契約を実効的たらしめるために計算をめぐらす理性以外ではないだろう。理性が行使するこの「没合法」な力に異議申し立てをし、それに抗う「権利」(Recht) は存在しない。「権利」は「法」(Recht) の下にしか、「法」の定立以後にしか存在しないからだ。にもかかわらず、つまり何ら権利としての保証もないままにそれを〈現に〉なし得る者があるとすれば、それは〈世界のすべてを担って無限定な他者へ向かう単独者としての私〉以外にない。かりに他人がそのような声を上げ、抵抗を試みたとしても、その行為は何ら保証された権利をもたないから、いとも簡単に無視され押し潰される。その声を聴き取り、その行為を「よし」として、単独者である私が自らの名の下に声を上げ、行為する以外にできることはないのである。たとえその私の声と行為もまた同様に、いとも簡単に無視され押し潰されるとしても、確かに私はそれが「できる」のだ。カントが「内的」と呼んだ、あの積極的＝肯定的＝応答的自由である。

それは、法という誰の目にも明らかな次元の下で確立された権利の手前で、はたして自由なのか否かも定かでないままに行使される、いや試みられる。「〔従来の〕民主主義の哲学に欠如している［…］のは、既得(本性によるにせよ、権利によるにせよ)とみなされてきた諸自由の保持の手前ないし彼方にある、このような原初の次元に関わる思考である。［…］それは、［…］すでに得られたものとしてではなく、自らの開始とその再-開の行為において自分自身を獲得するような自由の思考である」(ナンシー『自由の経験』)。この試みを予め圧殺しないために単独者(私)の肯定的自由が要請したのが、法の下での(「言論の自由」の形を取った)「外的」自由でもあったのだ。つまり、「没合法」な計算する理性が発揮する力の内には、「私の肯定的＝応答的自由」が居合わせていたかもしれないのだ。

この自由だけが、法定立時に暗黙の内に作動していたかもしれない「没合法的」な力（たとえばそれは、法定立の署名机に誰が着くか、誰が平等な人々の一員かを決定する際に、すでに作動している。合衆国の独立宣言で言えば、先住民たちは予めその机から除外された）への「否」の声を上げることができる。だが、繰り返せば、この「否」の声（の内実）は何ら権利として保証されていないのだから、いとも簡単に抹消される。再び「否」の声を上げることが出来ない程までに、抹消されうる（あるいは、現に抹消されている）。そうさせないためには、何らかの仕方でこの声を法の平等な署名者の次元に届ける試みを粘り強く継続する以外の途はない。かくして単独者の内的な、積極的＝肯定的＝応答的な自由は、外的な、消極的＝限定的＝法的な（必要最低限の強制――すなわち何らかの限定・制限――の下にある）自由を要請しないことはできない。自らの変容という代償を払ってでも、そうせざるをえない。「民主主義は、それが実効的なものとなるためには、力による侵犯へと自己自身を与えなければならない。しかしそれはまた、民主主義は決して力の中で十全に現前的なものとなることはなく、力に縮減されえないということでもある」（チャー前掲書）。

内的自由を護るために要請された外的自由の下で、自由はその内実を大きく変える／変えざるをえない。そもそも自由とは一切の制限・限定のないことの謂いだったのに、外的・法的自由はあくまでも一定の制限の下にあるのだから、それはもはや自由ではないと言うこともできる。「自由がその本質上無条件的であり、分割不可能であり、計算及び計量＝尺度とは異質であるところに、平等は尺度と計算を（したがって条件性を）導入しようとする」（『ならず者たち』）。いわば、おのれの実現のためにはおのれを解体せざるをえないというアポリアを、自由ははじめから抱えている。したがって、自由が自由であり続けるためには、変容した外的自由を絶えず変容以前の内的自由へと変容化の力に抗って差し戻し、そして再び外的自由へと変容してゆく往還をいつまでも続けるほかない。

内的自由がおのれの「よし」とするところに従って没合法的な声を上げ・行為することによってとも

かくも外的次元に身を晒すのは、この自由にとって「よい」ことでもある。何らの権利によっても支えられないその声（の内実）はいとも簡単に、そして大抵は無視され抹消されるが、それは、単独な私以外にそれが自由に値するか、少なくとも許容されるかを判断する者がいないこの声が容易に陥る「独善」を防いでくれるからだ。もちろんこのことは、内的自由が外的自由に回収されることを意味しない。無視と抹消の力に遭遇しながらもなおそれを欲し、「よし」とし続けることはあくまで可能であり、それが内的・積極的自由の内的・積極的である所以だからだ。

自由がはじめから孕むこの不可避の変容を往還する動向を政治体制の次元で唯一反映しているのが、そして反映しうるのが、デリダによれば民主主義である。民主主義だけが、自身を自由の名の下に批判しうるからだ。「民主制は、その内で原則として何でも公的に批判する権利がある、あるいは〔そうした権利が〕獲得される唯一の体制、唯一の国政上の範型」、「自己批判への権利、あるいは改善可能性への権利と呼ばれるあの自己免疫性の定式を迎え入れる唯一の体制」なのだ。「問い質しへの、批判への、脱構築への、無際限な権利を保持すること」とも言われる。かくして「民主制なくして脱構築はなく、脱構築なくして民主制はない」。「自己批判への権利、〔…〕これは民主的なものの本質的で独特な、決定的かつ固有の可能性として、その歴史性そのものとして、自己免疫のもう一つの形式であり、この歴史性は、それが他のどんな政体とも分有しない内在的な歴史性である」（以上、同書）。

ここで「自己免疫性」とは、「ある生体の中で他者に対して当の生体を保護しているもの、他者の攻撃的な侵入に対する免疫を当の生体に与えているものを、まさに当の生体が自律的な仕方で自発的に破壊しうるという論理」である。「他者の到来に無制限に晒されていること」「無条件な歓待」とも言われる。「自己免疫性は他者に晒されること、すなわち到来するものないし者――したがって計算不可能にとどまるほかないもの――に晒されることを可能にする」（以上、同書）。それは、他者に対して自己を守っている免疫システムを自己自身に差し向けることで自己を攻撃し、以て自己を解体してしまう。

民主主義に即して言い直そう。民主主義が民主主義であるためには、その他者（民主主義たろうと欲しない他者）をそこから排除する力を機能させるしかない。だが、そのことによって民主主義は自由を自らの力によって抹消してしまい、その根底に置いたはずの自由もろとも解体してしまう（これも自己免疫の一形態と言える）。とはいえ、自由が失われてしまっては元も子もないのだから、唯一自由を根底に置く体制である民主主義は何としてもおのれを維持ないし再建せねばならない（たとえ免疫抑制剤を用いてでも）。こうして自己解体と自己維持＝再建の狭間を絶えず往還し続ける中でかろうじておのれであろうとする運動としてしか、民主主義は可能でないのだ。これが、決して実現することがなく、にもかかわらず実現せんとする運動の中にのみ〈現に〉ある（あるとすれば）民主主義、すなわち「来たるべき民主主義」なのである。「来たるべき」(à venir) という到来の動向の内にのみあって、それ以外のどこにもない民主主義である。「確実に明日には到来するだろうものではなく、つまり未来 (futur) の（国民的および国際的な、国家的あるいは超‐国家的な）民主主義ではなく、約束の構造を、つまり今ここで［〈現に〉］来たるべきもの＝将来 (avenir) を孕んでいるものの記憶という構造をもつはずの民主主義」（同書）だ。

6　もう一つの、別の共同体

ここには、政治的共同体制としての民主主義に影のように寄り添うもう一つの、別の共同体、もはや共同体という意味をほとんど失った「無の共同体」とでも言うべき次元が微かに姿を見せていないだろうか。等しい者たちへの限定と回収の力に抗う〈単独者たる私〉が自由でありうるのは、私が（「よし」と欲して）それへと向かう「他者」（死や他人の内に孕まれる「限定しえないもの」ないし「無」）との関係において以外ではなかった。「自由は何ものによっても測られない。つまり自由は、存在が無において、かつ無へと向けて超越することでおのれを測るということだ。自由とはすなわち、無でおのれを測ることなのだ」(『自由の経験』)。そのような無に直面しつつ、〈いま・ここで＝現に〉姿を現わしているすべてをその現われるがままに受け止め・担い・それに服する者は、私しかいなかった。だが、そのような世界の内に姿を現わす他人たちの下でも、この無への突破口がひょっとしたら開かれているのかもしれない。とはいえ、その無に照らされて浮かび上がる世界のすべてをその現われるがままに受け止め・担い・服することのできる者は、その当の他人以外にはいない。そのすべてに私は指一本触れることができないのであり、私がその他人と「共に」担いうる何ものも存在しない。この意味では、そのような他人との共同(体)はありえない。

私がそれに接することの一切叶わないものをただ一人担い、それに服しているのかもしれない者に向けて私がなしうることがあるとすれば、それは、挨拶の如きものを送ることだけなのだ。「他人への、あるいは到来するものへの挨拶(salut)」(『ならず者たち』。邦訳書はこれを「礼」とも訳している)。私がそれへと向けて挨拶を送るという仕方で(のみ)関わる、とはいえそれに出会ってしまった以上、それが到来してしまった以上、挨拶しないわけにはいかず、応答しないことができないという仕方で関わる他人との、共にする何ものももたない「共同体」である。できることといったら、〈ただ共にある〉ことくらいなのだ。ナンシーの言う「無為の共同体」という言葉を、ここで用いてもよいだろうか。このような「共同体」をその内に孕み、護ることのできる公共的政治体制としての民主主義への送り返しが、ここで再び始まる。この絶えざる送り返しすなわち往還は、個々の、そのつどの、そのたびごとに何らかの内実を伴った――とはいえ、決して共にすることのできない無を孕んだ――不可避の応答の中で実地に歩み抜かれる(実践される)しかないものなのだろう。そのような法と政治体制の根底に置かれた「自由」は、それが「到来すべき」ものであるかぎりで「疑うことのできない実践的実在性をもつ」(「理論と実践に関する俗言」)。

▪文献

カント、イマヌエル『カント全集第10巻　単なる理性の限界内における宗教』、北岡武司【訳】、岩波書店、二〇〇〇年。

――「理論と実践に関する俗言」、小倉志祥【訳】、『カント全集第13巻』（理想社、一九八八年）所収。

――「永遠平和のために」、小倉志祥【訳】、『カント全集第13巻』（理想社、一九八八年）所収。

――『カント全集第11巻　人倫の形而上学』、樽井正義ほか【訳】、岩波書店、二〇〇二年。

斎藤慶典『生命と自由――現象学、生命科学、そして形而上学』、東京大学出版会、二〇一四年。

チャー、フェン「デモクラシーの時ならぬ秘密」、フェン・チャー他編『デリダ　政治的なものの時代へ』（藤本一勇ほか【編訳】、岩波書店、二〇一二年）所収。

デリダ、ジャック『ならず者たち』、鵜飼哲・高橋哲哉【訳】、みすず書房、二〇〇九年。

ナンシー、ジャン＝リュック『自由の経験』澤田直【訳】、未來社、二〇〇〇年。

ベニントン、ジェフリー「創設」（Geoffrey Bennington, “Foundations”, in *Encountering Derrida*, Continuum, 2007.）。

あとがきに代えて

本書を編んでくださった荒畑靖宏さん・吉川孝さんのお二人から、私のこれまでの哲学遍歴を振り返ってあとがきに代えるよう命じられた。そう言われて来し方を振り返ってみても、哲学遍歴と銘打って皆さんに開陳するほどのはかばかしい来歴も出来事も見当たらない。こうした状況に立ちいたって、想い出したことがある。わが国を代表する哲学者の一人・西田幾多郎が、定年で哲学教師の職を辞すにあたって述べた言葉だ。これまでの自分の人生を振り返ってみれば、それは黒板に向かってぐるりと一回りしたにすぎないというのだ。その前半は黒板に向かって坐し、後半はそれを背にして立ち、ふと気付いたらふたたび黒板を前にするときを迎えていた、というわけである。

西田ほどの大哲学者が言うのであればこの言葉にも味わいがあるけれど、私のような小物《こもの》では文字通り一回りしただけで何の変哲もない。書くに窮して眼の前の白紙と睨めっこをしていて（今や旧時代の遺物だろうが、原稿を書くときはいまだに手書きである）、一つ言い訳を思い付いた。そのような小物であっても、ああでもないこうでもない、こうでもあろうかああでもあろうかと、ひたすら考えることをやめずに（やめようとしてもできなかっただけなのだが）ともかくも生きてこられたこと（現にこうした文章を書いている以上、これは事実だ）、このことだけを伝えられればそれでいい（ほかに伝えることなどないのだけれど）。ひょっとして私と同じように、考えるのをやめることができない人がいて（私の観察によると、一握りではあるが世間にはそういう人がいるようだ）、そのような人の眼に小文がとまれば（あまり多くは期待できないが）、まあ何とかやって行けるだろうとちょっとした励みになるかもしれない（こういうのを「励み」と言っていいのか自信はない）……。こう自分に言い聴かせて、無理やり振り返ってみた。

私が哲学に触れたのは、そんなに早くはなかったように思う。急いで付け加えれば、ここで（つまり私にとって）哲学とは、（上述のように）ひたすら考えること以外ではない。何かがどうしてそのようであるのか納得がいかなくて、ともかくもいったんは納得するまでああでもないこうでもないと考えつづけること、それ以外ではないのだ。もちろん、いったんは納得しても、しばらくするとまたぞろ納得できなくなって、以下同じことの繰り返し（そして今日にいたる）なのだけれども。ともかく、そのように考えつづけるのをやめられなくなったのは、高校生になってしばらくしてからのことだったように思う。人によっては、これを哲学という病に罹《かか》った、と表現する。この伝でいけば、それ以降私はこの病に罹りっぱなしで、この先死ぬまで治る見込みはなさそうなのだ。

この病が厄介なのは、真に、骨の髄までこの病に冒された者は、もはや治りたいとは思わなくなってしまうことだ。もちろん、これはマズいと思って一生懸命治そうとする人はいる。あるいは、そのような段階はある。これはつまり、病がまだ軽いということだ。これも私の観察によれば、圧倒的に多くの人たちは、かりにこの病に罹っても早々に恢復する。ところが一握りの重症者たちは、もはや治ろうなどと夢にも思わなくなるのだ。まさに、病膏肓《こうこう》に入るというやつだ。なぜそんなことになるかと言えば、考えるそのたびごとに何とかいったんは納得するところまで辿り着くと、それまでうすぼんやりと靄に包まれているように見えたこの世界がにわかに晴れ渡り、視界が開け、何だそういうことだったのかと、まことに清々《すがすが》しい心持ちになるからだ。つまり、愉快で仕方がないのだ。

もちろん、そうこうしているうちにふたたび世界に靄が立ち籠め、ああでもないこうでもないがまた始まるのではあるが。それでも、そのつどの納得は決して無駄にはならず、次の納得に向けての足場（捨て石と言ってもいいけれど）になってくれるのだ。こうなるともはや考えるのをやめる理由はなくなり、気が付くとまたぞろ考え始めているということと相成る。

こうした状態に私が陥ったのは、高校生活を始めてしばらくしてのことだった。それまでの私は（自分で言うのもなんだけれど）どちらかと言えば素直で物分かりの良い、要するに大人の言うことをそのまま受け容れて取り立てて怪しむところのない子供だった。そのような私が今や、どうにも腑に落ちない、何か納得できない、物事は（些細なことの一々でも）世間が考えているのとは違うのじゃないかと、考え始めたのだ。こうなると、少なくとも自分なりに納得できるところに辿り着くまで、考えるのをやめるわけにはいかなくなる。

それで高校生の私はどうしたかと言うと、自分の部屋で机に向かっていても埒があかないので、夜中に家を脱け出すのである。脱け出すといってもそんなに遠い所に行くわけではない。せいぜい近くの公園のような所に出かけていって、そこで何でもいいから体を動かすのだ。どっちに向かって考えても暗礁に乗り上げてごちゃごちゃになった頭の中を、いったん空っぽにするのである。たとえば、道端で拾った枯れ枝などの棒切れをやみくもに振り回し、居合抜きみたいなことを繰り返す。あるいは、公園の縁をめぐっているガードレールの上に立ち乗って、落っこちないようバランスを取りながら行けるところまで行くことを繰り返すのだ。おかげで随分と平衡感覚が鍛えられ、ガードレールから落ちることはまずなくなった。つまり、いつまでもガードレールの上をぐるぐると回っているのだ。

お分かりの通り、かなり怪しげな行動に出たわけだが、幸い人に見付かることもなく（親には、散歩に行くとか言って出ていったように思う）そんなことを繰り返していると、そのうちに頭の中が整理されてくる。ふむ、そういうことだったのか。とりあえず今日のところは、ここまで納得できたからよしとしよう。その先は、また明日……。もちろん、そうそう順調に納得が得られるわけでもなく、いつまでも同じ所を堂々巡りして一歩も先に進まないことはしょっちゅうだったけれども、たまには靄が晴れることもあり、そうなるともうやめられないのだ。

そうこうしているうちに、こうしたことを飽きもせずつづけていても叱られない（怪しまれない）のが哲学という学問らしいとどこかから聴き付けて来て、大学は哲学科というものがある文学部に進むことに決めた。さてしかし、学生として過ごすのはそれでいいとしても、卒業したらどうするのか。食べていかなければならないが、哲学などで食べていけるのか。これは望み薄だ。まず、無理だろう。とはいえ、始めてしまった哲学は、やっぱり面白い。もう、考えるのをやめるわけにはいかない。それに、考えれば考えるほどその先があるので、つまりそれだけ哲学は奥が深いので、大学院に進んで学びつづけることにした。哲学で食べていけるかどうかは分からないが、さしあたりやれるだけやってみて駄目だと知れたらその時点で諦めよう、というわけだ。ここまでなら、哲学を学ぶ大学院生（今でも絶滅していない）の多くと、状況はそれほど変わらないのではないか。

だが私の場合、ともかくも修士論文を書き上げて（ほかにやることもないので）博士課程に進もうかというときに、一波乱が生じた。博士課程への入学試験をしくじってしまったのだ。振り返ってみれば当たり前で、まったく試験のための勉強などせず（私が興味をもっていた分野はドイツ語圏とフランス語圏の文献がほとんどだったので、試験科目に入っていた英語はまるで読んでいなかった）、論述問題も私の関心を惹くテーマではなかったのでいい加減なことを書いてお茶を濁す始末だったのだから。これでは採点する先生方も、点をあげようにもあげられなかったに違いない。すべてわが身から出た錆で、一介の素浪人となったわけである。

さて、どうしよう。どうしようもこうしようも、ともかく食べていかなくてはならない。学部卒業と同時に親元を出て生活費はアルバイトで稼いでいたが、修士課程在学中はいくつかの奨学金に助けられていた。それらすべてがなくなったのだから、これまで片手間で済んでいたアルバイトに本腰を入れなければ食べていけない。主として大小の学習塾の講師をしていたから、学校が休みになる春・夏・冬の講習時は書き入れどきだ。連日、朝から晩まで出ずっぱりで働いた。授業の準備もしなければならないから、晩の講習を終えて帰宅してもテキストと首っ引きだ（担当科目の選り好みなどしていられないから、可能な限り何でも引き受けた）。さすがにくたびれ果てたが、そのとき私にとって一つの発見があった。

翌日の授業の準備を泥縄式にようやく終えてさて寝なくちゃという段になって、何と寝る間も惜しんでいそいそと哲学書を開く自分がいたのだ。これをするために稼いでいるのであって、そうでなければ何のためにあくせくしているのか分からない。実際、そのようにして紐解いた哲学書を読むことの、何と楽しかったことか。やるべきことをやっている深い安堵感のようなものが、そこにはあった。そのとき、覚ったのだ。ああ、こいつはどんな仕事をしていても、哲学することだけはやめないな。このようにして一生あれこれ考えつづけることさえできれば、それで満足なんだ。やめろと言われてもやめられない、諦めろと言われても諦めないことに、妙に自信をもってしまったのだ。まあ、腹が据わった、ということなのかもしれない。腹が据わってしまえば、別にあれこれ思い悩むこともない。何をしていても、考えつづけている自分がいるだけだからだ。

不思議なことに、いったんそうと分かってそのようにしていたら(ほかにすることもできることもないのだから、当たり前だが)、何だか運がこちらに向いてきた。翌年には無事、博士課程に入ることができたし(もちろん、今度はそれなりに試験勉強をしましたよ)、数年後に所定の単位を取り終わっても案の定、職はないが、まあそんなものだろうと思ってかつてと同様アルバイトに精を出していたら、いつの間にか哲学で食べていくことができるようになってしまったのだ。もちろん、これは運が良かったのだ。哲学で食べていくにあたって、お礼の言葉も見つからないほどお世話になった何人もの方たちのおかげなのだ。たまたまそのときその場で、わずかしかない哲学教師のポストが空き、加えて先方の出す条件に私が合致していた、ということもある。だが、どう見ても私より哲学の才能があると思われる人たちを差し置いて、たまたまそこに私がいたから仕事に就けてしまったというのが実情なのだ。ただ、今や自信をもって言えることが一つだけある。先に述べたあの発見だ。かりに哲学教師のポストに恵まれなくても、やっぱり哲学だけはしていただろうということだ。

それから数十年が経ち、今、黒板の前を一回りしてふたたび一介の哲学徒に戻った私がいる。ともかく、この齢になるまで哲学をしながら食べて来られて、これから何年それをつづけられるかは定かでないにしても、どうやら飢え死にをすることはなさそうなのだ。何とも有難いことだと、つくづく思う。本書に対してもまた、然りだ。三十過ぎで哲学教師の職に就くことができて以来、専任校も含めていくつもの大学で教える機会を与えられたが、その間にさまざまな形で一緒に哲学のテキストを読み、ああでもないこうでもないと議論を重ねた仲間たちからの、何ものにも代えがたい贈り物だ。彼ら／彼女らがこのところ最も関心をもって考えていることを、一般の皆さんにも読んでもらえるよう心を砕きながら呈示してくれた。ささやかながら、私の一篇もそこに加えてもらった。その私のものも含めてまだまだ言葉が足りないと皆さんからはお叱りを受けるだろうけれど、考えてみたら面白いこと、考えるに値することが世界にはなおこんなにあることに気付き、皆さん自らが考え始めてくれたら、こんなにうれしいことはない。編集の労を取ってくださった先のお二人を含めて力作を寄せてくれた執筆者の皆さん、ますます厳しさを増す出版事情のもとで敢えてこのような本の出版に手を貸してくださった晃洋書房とその編集者・井上芳郎さん、そして何よりも、そのようにして出来上がった本書を手に取ってくださった読者の皆さんに、衷心よりお礼を申し上げます。

ただただ考えることだけでわずかに繋がっているようにも見えるこのような集まり、繋がりと言えるか否かも定かでないような繋がりについて、最近思いを新たにすることがあった。運には恵まれたが平凡極まる私の哲学遍歴を振り返るお目汚しの小文を閉じるに際して、そのことを皆さんに報告して責を塞ぎたい。話は、私がようやく哲学らしきことを始めた高校時代にふたたび遡る。今から五十年も前のことで、つい最近までまったく忘れていたのだが（その中には、今回初めて知ったに等しいこともある）、当時の級友O君からちょっとしたことで連絡があった。一別以来だから、彼とも五十年ぶりだ。用件のついでの四方山話の中で、高校時代のある授業のことが話題にのぼった。当時、おそらく国文科の大学院を出られたばかりだったのではないかと思われる鈴木康正《やすまさ》先生の国語（あるいは古文）の授業だ。

この授業で扱われたある主題のことは記憶の奥底でしっかり保持されていたらしく、今回のO君とのやり取りの中で鮮烈に想い出すことができた。それは、平安末期から鎌倉初期にかけて活躍した歌人・西行の次の歌の解釈をめぐる授業だった。

さびしさに堪えたる人のまたもあれな　庵《いお》並べむ（ん）冬の山里

北面の武士として上皇に仕えていた佐藤義清《のりきよ》は、思うところあって弱冠二十数歳で妻子を捨てて仏門に入り、以後七十三歳で吉野に没するまで漂泊の詩人として日本各地をめぐり、歌を詠みつづけた。その彼がおのれの孤独を見つめて謳ったものだ。私と同様、わが身の孤独に堪えている人がもしほかにいてくれたなら、滅多に人の訪れることもない冬のこの山里でその寂しい住まいを並べて過ごそうではないか。おおよそこのような意味かと思うが、康正先生いわく、この歌のポイントはあくまで「庵並べむ」であって、決して「一緒に住もう」とか「互いに孤独を慰め合おう」とかいうことではない。私もあなたも、おのれ一人が担うしかないものの方をまっすぐ向いたまま生きていくのであって、そこに互いが共有できるものは何一つない。それでも、そのような人が私の傍らにいて（「並べむ」である）、私には指一本触れることのできないそれに向かい合いつづけているのを目にすることほど心強いことはない、というのだ。

まだ、ものを考え始めて日の浅い私は、ただ「ふ〜ん、そんなものかな」と思うばかりで、それ以上何かを考えた記憶はない。ただ、歌を詠む／読むというのは面白いものだなと思ったことだけは、よく覚えていた。この歌も、五十年ぶりのその場ですらすらと全文が暗唱できた。そして今、あらためて思い返してみれば、それは、〈現に〉姿を現わした世界のすべてに対して「はい、たしかに世界のそのような現前に参与しました」と自らの名の下で応じる／つねに応じてしまっている単独者としての私の在りように、正確に対応しているのだ（詳しくは、本書所収の拙論参照）。本書のもとに集まってくれた執筆者の皆さんとの繋がりとも言えないような繋がりもまた、然りである。それを私は、何も一緒に行なうことのない／できない者同士の「不在の」繋がり／繋がりの「不在」（M・ブランショ）、「無為の共同」（J・-L・ナンシー）と呼んでもみたのだった。何やらここでも、黒板を前にしての一回りが生じたような錯覚にとらわれたのだ。

恥さらしの小文を閉じるにあたって、恥ついでに一つだけ皆さんに伝えたいことがある。この康正先生（それこそ一別以来まったくお会いしていないので、お元気でいらっしゃるかどうかすら知らない忘恩の徒を、どうかお許しください）が当時の私に付してくれた枕詞《まくらことば》にして（おそらくはいささかの揶揄を込めての）ニックネームが、「詩人の〔!〕斎藤君」だったというのだ。これは今回のO君とのやり取りの中ではじめて知ったことで、当の私の記憶の中にはまったくなかった。同君によれば、先生は授業中にたびたび「それで、詩人の斎藤君はどう思う?」と声をかけてくださったという。黙って拝聴していたつもりだったのだが、どうやら頭《ず》に乗って何やら思うところを述べていたらしい。「詩人」の称号を奉られたのは後にも先にもこのとき限りで赤面のいたりなのだが、からかい半分であるにせよこの称号を今、私は密かに誇らしく思っている。先生のこの呼びかけに、（これまでも、これからも）私はどう応じてきた／いくのだろうか。

二〇二二年霜月　例年よりも足早に訪れた晩秋の金色の光の中で

斎藤　慶典

◆ 執筆者紹介 ◆

（五〇音順）※は編著者

秋葉 剛史（あきば たけし）——第2章——

慶應義塾大学大学院文学研究科博士課程修了，博士（哲学）
千葉大学文学部准教授
主要業績：『真理から存在へ：〈真にするもの〉の形而上学』（春秋社，2014年），「性質間の実現関係と特殊科学の自律性」（『科学基礎論研究』49，2022年）など．

秋保 亘（あきほ わたる）——第8章——

慶應義塾大学大学院文学研究科博士課程単位取得退学，博士（哲学）
玉川大学文学部講師
主要業績：『スピノザ　力の存在論と生の哲学』（法政大学出版局，2019年），「スピノザ『知性改善論』における方法の問題——「道具」と「途」の形象を中心に——」（『論叢 玉川大学文学部紀要』62，2022年）など．

※荒畑 靖宏（あらはた やすひろ）——はじめに、第1章——

フライブルク大学哲学部博士課程修了（Dr. phil.）
慶應義塾大学文学部教授
主要業績：*Welt – Sprache – Vernunft* (Ergon, 2006),『世界内存在の解釈学——ハイデガー「心の哲学」と「言語哲学」』（春風社，2009年），『世界を満たす論理——フレーゲの形而上学と方法』（勁草書房，2019年）など．

植村 玄輝（うえむら げんき）——第6章——

慶應義塾大学大学院文学研究科博士課程単位取得退学，博士（哲学）
岡山大学学術院社会文化科学学域准教授
主要業績：『真理・存在・意識：フッサール『論理学研究』を読む』（知泉書館，2017年），『ワードマップ現代現象学』（共編著，新曜社，2017年）など．

岡嶋 隆佑（おかじま りゅうすけ）——第3章——

慶應義塾大学大学院文学研究科博士課程単位取得退学，博士（哲学）
新潟大学人文学部准教授
主要業績：「初期ベルクソンにおける質と量の問題：『意識の直接与件についての試論』から『物質と記憶』まで」（日本哲学会編『哲学』第71号，2020年），（共訳）アンリ・ベルクソン『時間観念の歴史：コレージュ・ド・フランス講義 1902-1903年度』（書肆心水，2019年）など．

小手川 正二郎（こてがわ しょうじろう） ――第11章――

慶應義塾大学大学院文学研究科後期博士課程修了，博士（哲学）
國學院大学文学部准教授
主要業績：『甦るレヴィナス――『全体性と無限』読解』（水声社，2015年），『現実を解きほぐすための哲学』（トランスビュー，2020年），「経験の記述は，なぜ批判的なのか？――フェミニスト現象学への諸批判に対する応答」（『現象学年報』36号，2021年）など．

小林 徹（こばやし とおる） ――第9章――

パリ第一大学パンテオン・ソルボンヌ校大学院博士課程修了（Dr. phil.）
龍谷大学文学部准教授
主要業績：『経験と出来事：メルロ＝ポンティとドゥルーズにおける身体の哲学』（水声社，2014年），「野生を取り戻す：メルロ＝ポンティと現代人類学」（『メルロ＝ポンティ研究』第26号，2022年），（翻訳）フィリップ・デスコラ『自然と文化を越えて』（水声社，2020年）など．

斎藤 慶典（さいとう よしみち） ――第16章，あとがきに代えて――

慶應義塾大学大学院文学研究科博士課程単位取得退学，哲学博士
慶應義塾大学文学部教授
主要業績：『思考の臨界――超越論的現象学の徹底』（勁草書房，2000年），『「実在」の形而上学』（岩波書店，2011年），『生命と自由――現象学、生命科学、そして形而上学』（東京大学出版会，2014年），『私は自由なのかもしれない――〈責任という自由〉の形而上学』（慶應義塾大学出版会，2018年）など．

佐藤 真基子（さとう まきこ） ――第15章――

慶應義塾大学大学院文学研究科後期博士課程単位取得退学
前富山大学教養教育院教授
主要業績：“Living as Singing: Augustine’s Understanding of the Voice of Creatures in the *Confessiones*” in *Augustine and Time* (Lexington Books, 2021),『アウグスティヌス著作集 19/I 詩編注解 (3)』（共訳，教文館，2020年）など．

田口 茂（たぐち しげる） ――第4章――

ヴッパータール大学大学院博士課程修了，哲学博士（Dr. phil.）
北海道大学大学院文学研究院教授，同大学人間知・脳・AI研究教育センター（CHAIN）センター長
主要業績：*Das Problem des ‘Ur-Ich’ bei Edmund Husserl* (Phaenomenologica 178, Springer, 2006),『現象学という思考――〈自明なもの〉の知へ』（筑摩選書，2014年），（共著）『〈現実〉とは何か――数学・哲学から始まる世界像の転換』（筑摩選書，2019年）など．

武内 大（たけうち だい） ――第7章――

東洋大学大学院博士後期課程満期退学，博士（文学）
立正大学文学部教授
主要業績：“Phenomenological Metaphysics of the World : Eugen Fink’s Meontic”, in *Vitality of Phenomenology*, G. J. Giubilato (ed.), (Traugott Bautz, 2019),「エリファス・レヴィにおけるタロット占いの意義」(『ユリイカ』（総特集「タロットの世界」），青土社，2021年)など．

中 真生（なか まお） ——第14章——

東京大学大学院人文社会系研究科博士課程単位取得退学，博士（文学）
神戸大学大学院人文学研究科教授
主要業績：『生殖する人間の哲学 ——「母性」と血縁を問いなおす』（勁草書房，2021年），“The Otherness of Reproduction: Passivity and Control,” *Phenomenology of Pregnancy*, ed. J. Bornemark & N. Smith (Södertörn University Press, 2016),「老いゆくこと、他者との関係 ——「ずれ」の経験と葛藤」『フェミニスト現象学 —— 経験が響きあう場所へ』（ナカニシヤ出版，2023年）など.

中村 佑子（なかむら ゆうこ） ——第13章——

慶應義塾大学文学部卒業
ドキュメンタリー作家，立教大学現代心理学部映像身体学科講師
主要業績：映画『はじまりの記憶　杉本博司』（テレビマンユニオン，2012年），映画『あえかなる部屋　内藤礼と、光たち』（テレビマンユニオン，2016年），『マザリング 現代の母なる場所』（集英社，2020年）など.

村上 暁子（むらかみ あきこ） ——第12章——

慶應義塾大学大学院文学研究科博士課程修了，博士（哲学）
慶應義塾大学文学部助教
主要業績：（共著）『入門・倫理学の歴史——24人の思想家——』（梓出版社，2016年），（共著）『レヴィナス読本』（法政大学出版局，2022年），「レヴィナスとリクールの思想から責任と罪責性の連関を考える」（『エティカ』第14号，2021年）など.

村田 憲郎（むらた のりお） ——第5章——

一橋大学社会学研究科博士課程修了，博士（社会学）
東海大学文学部文明学科教授
主要業績：“How Is Time Constituted in Consciousness? Theories of Apprehension in Husserl's Phenomenology of Time” in *New Phenomenological Studies in Japan,* ed. N. de Warren & S. Taguchi, (Springer 2019),（共訳）フッサール『間主観性の現象学』I〜III（ちくま学芸文庫，2012〜15年）など.

※吉川 孝（よしかわ たかし） ——はじめに、第10章——

慶應義塾大学大学院文学研究科後期博士課程修了，博士（哲学）
高知県立大学文化学部准教授
主要業績：『フッサールの倫理学』（知泉書館，2011年），（共編著）『ワードマップ 現代現象学』（新曜社，2017年）など.

人名索引

な

は

ま

や

ら

あらわれを哲学する
——存在から政治まで——

2023年3月30日　初版第1刷発行　　＊定価はカバーに表示してあります

編著者　荒畑靖宏
　　　　吉川孝　©
発行者　萩原淳平
印刷者　藤森英夫

発行所　株式会社　晃洋書房
〒615-0026　京都市右京区西院北矢掛町7番地
電話　075-(312)-0788番㈹
振替口座　01040-6-32280

装丁　浦谷さおり　　組版　(株)金木犀舎
印刷・製本　亜細亜印刷（株）

ISBN978-4-7710-3707-6